집짓기 전에
반드시 알아야 할
101

집짓기 전에 반드시 알아야 할 101

초판 1쇄 발행 2017년 12월 11일
초판 3쇄 발행 2019년 10월 18일

지은이 최재철
펴낸이 백미옥
펴낸곳 리더북스
출판등록 2004년 10월 15일(제2004–106호)
주소 경기도 고양시 덕양구 지도로 84, 301호(토당동, 영빌딩)
전화 031)971–2691
팩스 031)971–2692
이메일 leaderbooks@hanmail.net

ISBN 978–89–91435–87–2 03610
잘못 만들어진 책은 구입하신 서점에서 교환해 드립니다.

집짓기 전에 반드시 알아야 할

101

건축디자이너

최재철 지음

행복지수 1위 국가 덴마크에서 배운

안락하고 건강한 집의 가치

리더북스

추천의 글

　행복지수 1위 국가 덴마크를 포함한 유럽, 미국, 캐나다 등에서는 자연에 순응하는 친환경적인 집에 대한 연구를 꾸준히 해오고 있다. 그들은 생명이 나고 자라고 그 생명이 유지되어야 할 곳이 집이라는 개념을 확실하게 가지고 있다. 반면 우리는 집의 실내환경보다는 소위 '예쁜 집'에 초점을 맞추고 있는 경우가 많다. 혹여나 건축주가 화려하고 멋있어 보이고 예술작품과 같은 집을 짓기 원하더라도 건축전문가는 집의 가치를 먼저 생각할 수 있도록 도와줘야 한다. 동화 속에서나 볼 수 있는 예쁘고 멋진 스타일의 집도 좋지만 그 안에 사는 거주자의 심신에 병이 들게 하는 집이 되어서는 안 될 일이지 않은가?

　집은 '생명을 담은 그릇'과도 같다. 나는 "집은 그 안에 있는 생명, 즉 거주자를 위해 존재해야 한다. 거주자를 생각하는 집인 동시에 거주자의 라이프스타일에 딱 맞는 집이어야 한다"는 저자의 말에 전적으로 동의한다. 우리나라에서 지어지는 집은 언젠가부터 거주자를 위한 건축이 아닌 건축물 그 자체를 위한 건축이 유행처럼 번지고 있다고 해도 과언이 아닌 상황이 되었다. 애초에 잘못된 개념을 가지고 지어지는 건축물은 그 안에 있는 생명을 병들게 할 수도 있기 때문에 더욱 신중해야 한다. 집을 지을 때 생명을 병들게 하는 건축물과 생명을 건강하고 안락하게 하는 건축물, 어느 쪽을 선택할 것인가?

저자는 집이 갖추어야 할 핵심적인 가치 중에 하나를 '건강과 웰빙'이라고 말한다. 거주자의 건강과 웰빙의 측면에서 나무만큼이나 우리들에게 혜택을 제공해 주는 건축재료도 없을 것이다. 이런 맥락에서 보면 목조주택은 생명을 병들게 하는 건축물이 아니라 생명을 살리고 행복하게 하는 건축물이다.

저자와는 오래전부터 알고 지내온 막역한 사이다. 그는 20여 년 동안 세계 여러 나라의 주거문화, 특히 목조주택에 관한 이론과 실무를 익혀 왔고, 그 경험들을 국내에 전하는 노력을 해 오고 있다. 이번에 그가 건축을 전공하지 않은 일반 대중들도 쉽게 읽으면서 교양을 쌓을 수 있는 책을 펴냈다. 풍부한 사진 자료 또한 눈여겨볼 만하다. 이 책에 쓰인 내용은 하나도 꾸며진 것이 없다. 실제로 저자가 경험한 사실들을 썼기 때문에 읽는 내내 고개가 끄덕여질 수밖에 없었다. 이 책을 읽는 독자들도 아마 나와 같은 경험을 하게 될 것이라 확신한다. 이 책에서 제시하는 내용들은 우리가 지금까지 간과했던 집의 가치를 통찰하고 있기 때문에 국내 주거문화에도 크게 기여할 것이다.

_박찬규(㈜엔에스홈 대표)

집을 지으려는 예비건축주들은 어떻게 예산 계획을 세워야 할지, 공정별로 체크해야 할 내용들은 어떤 것인지, 설계할 때는 외부 스타일과 공간적인 부분을 어떻게 고려해야 할지, 집을 잘 짓기 위해서는 어떤 시공 기술이 필요한지에 대하여 관심이 많다. 그래서 관련 정보를 인터넷에서 찾고 시중에 나와 있는 책을 사서 읽어보기도 한다.

이 책은 집을 지을 때 필요한 정보를 알려주는 기존의 책들과는 전혀 다른 개념으로 접근하고 있다. 집을 지을 때 먼저 생각하고 더 깊이 고민해야 할 요소는 '삶의 가치'라는 것이다. 이런 책은 국내에서 눈 씻고 찾아봐도 없다. 단연 독보적이고 색다른 책이다.

집짓기는 평생에 한 번 있을까 말까 한 일생일대의 기회다. 그리고 누구라도 그 기회를 망치고 싶어 하는 사람은 없을 것이다. 시행착오를 줄이려면 기본으로 돌아가야 한다. 저자는 "곧 지어질 그 집 안에서 내가 어떻게 살기를 원하는지, 나와 내 가족이 그 집에 얼마나 잘 어울릴지에 대해 묻고 답하기를 반복하면서 길을 찾는 일"이 무엇보다 중요하다고 강조하고 있다. 이 책은 후회 없이 즐겁고 행복한 집짓기를 통해 소중한 가족과 함께 편안하고 안락하며 건강한 삶을 살고 싶은 예비건축주들이 반드시 짚고 넘어가야 할 내용을 중점적으로 다루고 있다.

이 책의 저자는 건축디자이너, 건설사 대표, 대학에서 건축학도들을 가르치는 강사, 그리고 건축주로서 집에 대한 풍부한 이론과 실무를 겸비한 명실상부한 전문가다. 20년 동안 건축전문가로서 일해 온 내공이 이 책에 모두 들어 있다. 우리의 삶이 풍요롭고 행복해질 수 있는 이유, 즉 집은 삶의 가치와 깊은 연관이 있다는 사실을 이 책에서 찾을 수 있을 것이다.

_안정원(건축디자인 신문 에이앤 뉴스 대표)

이 책의 가장 큰 성취는 집을 짓기 전에 놓치기 쉬운 가장 중요한 요소들을 건축 관련 전문 지식이 없는 일반 대중들의 눈높이에 맞춰 쉽고 자세하게 설명하고 있다는 점이다.

집짓기를 계획하고 있는 건축주들은 어디서부터 어떻게 일을 시작해야 할지 막막할 때가 많다. 무엇을 우선순위에 놓을지조차 모르기 때문에 마음이 복잡하고 불안하다. 집을 잘 짓고 싶고, 잘 마무리하고 싶고, 그곳에서 잘 살고 싶은 마음은 굴뚝같지만, 집짓기를 시작하기 전에도 불안하고 막상 첫 삽을 뜨고 나서도 그 불안감은 쉽게 사라지지 않는다. 집을 짓는 목적이 불분명해서 방향을 잃었기 때문이다.

저자는 이 책에서 방향성을 상실한 채 헤매고 있는 건축주들에게 집의 가치는 삶의 가치와 밀접한 관련이 있다는 사실을 명확하게 제시하고 있다. 집짓기를 계획하고 있는 예비건축주라면 이 부분을 반드시 알아야 할 것이다. 부디 이 책을 읽고 건강하고 안락한 집짓기를 통해 그 안에서 행복한 삶을 살아가기를 기원한다.

_오관진(작가, 한국미술협회 이사, 태양의 후예 등 다수 드라마 작품 협찬)

집, 삶의 가치를 말하다

2015년 4월 덴마크 코펜하겐에서 나는 집의 가치에 대한 생각이 그전과는 완전히 다른 쪽으로 흘러갈 수밖에 없다는 불길한(?) 예감을 경험했다. 덴마크에서 머무는 4일 동안 도대체 내게 무슨 일이 일어났던 걸까? 건축 디자이너로서 집에 대한 실무와 이론적 경험을 쌓아 온 20년의 생각이 4일 만에 무너지다니!

최근에 내가 아는 지인이 도심지에 개발된 땅을 계약했다. 그토록 꿈에 그리던 단독주택을 지으려고 말이다. 그로부터 불과 며칠이나 지났을까. 건설사에서 평면 계획을 전달받았다며 나에게 검토를 부탁해왔다. 검토를 해주겠다는 약속을 하고 나서야 뭔가 잘못 돌아갈 수도 있겠다는 생각이 문득 머릿속을 스쳐 지나갔다. 집을 짓겠다고 마음의 결정을 내리고 나면 그때부터는 마음이 조급해지기 마련이다. 하루라도 빨리 새로 지은 집에 들어가고 싶은 마음이 앞서기 때문이다. 조급한 마음 때문에 집을 짓기 전에 반드시 고민하고 생각해야 할 아주 중요한 요소들을 놓치기 쉽다. 집은 전자제품과 같은 소모품이 아니기 때문에 내 마음에 들지 않는다고 몇 년 만에 쉽게 교체하거나 다시 지을 수가 없다. 한 번 집을 짓고 나면 아마도 평생을 함께해야 할지도 모른다.

나는 건축디자이너다. 이 분야에서 일을 시작한 지 기억을 더듬어보니 20년이 훌쩍 넘었다. 국내에서뿐만 아니라 뉴질랜드, 영국, 미국, 캐나다 그리고 유럽 여러 나라에 살면서 또 건축 여행을 하면서 그들의 주택문화를 접할 기회를 가졌다. 1999년에 뉴질랜드에서 돌아와 2000년에는 경기도 용문에 위치한 목조 펜션을 설계했다. 국내 최초의 펜션이었다. 2003년에는 영국으로 건너가 6년 동안 살면서 건축디자인을 공부하고 영국 목조주택 회사에서 건축디자이너로 근무했다. 2009년부터는 캐나다 연방정부 산하 비영리협회인 캐나다우드 한국사무소에서 기술이사로 근무하면서 품질이 우수한 캐나다 목조주택의 기술 전수와 교육을 담당했다. 캐나다 현지 기술진과 함께 전국에서 시공되고 있는 목조주택의 품질관리를 위해 수많은 현장을 다니며 실무경험을 축적했다. 그뿐만이 아니다. 한때는 단독주택을 시공하는 건설사를 운영하기도 했다. 현재는 단국대학교 건축학과 학생들에게 목구조를 가르치고 있다. 지난 20년간 나는 건축디자이너, 건설사 대표, 기술컨설턴트, 대학교의 겸임교수로 다양한 이론과 실무경험을 쌓았다. 내 이력을 밝히는 데는 분명한 이유가 있다.

건축디자이너로서 지난 20년간 나는 수많은 예비건축주들과의 만남을 통해 주택 프로젝트를 진행해왔다. 그런 내게도 엄청난 기회가 찾아왔다.

바로 내 집을 지을 수 있게 된 것이다. 2015년에 그토록 갈망해왔던 내 집 짓기를 시작할 수 있었다. 건축디자이너, 건설사 대표, 겸임교수가 아닌 건축주로서 내 집을 지을 수 있다는 것 자체만으로 흥분되는 일이었다. 전문적인 이론과 실무경험을 가지고 있었기에 자신감도 넘쳐 있었다. 하지만 그 자신감은 그리 오래가지 못했다. 건축주가 된 나와 건축에 관한 전문지식과 실무경험을 가지고 있는 나는 그 역할이 너무도 달랐기 때문이었다. 나는 건축에 관한 전문지식이 깊고 실무경험도 풍부했지만 건축주로서의 역할에 미숙했다. 내게는 지식과 경험이 크게 도움이 되지 못했다. 그 결과 나는 건축주로서 엄청난 시행착오를 겪을 수밖에 없었다.

건축분야에서 오랫동안 일하고 있는 소위 건축전문가인 나도 건축주로서 내 집을 지을 때 수많은 시행착오를 겪었다. 하물며 건축 지식이나 경험이 전혀 없는 일반 예비건축주들은 얼마나 고민되고 마음이 불안할까? 이 책은 이런 고민으로부터 시작되었다. 집짓기를 계획하고 있는 대부분의 예비건축주들은 무엇을 어디서부터 어떻게 시작해야 할지 막막할 때가 많다. 집을 설계하고 짓는 것이 예비건축주들의 전문분야가 아니기 때문이다. 집을 한 채라도 지어본 경험이 있다면 그나마 시행착오를 줄일 수 있겠지만 집짓기는 평생에 한 번 찾아올까 말까 하는 일생일대의 큰일이다. 일반적으로 여러 번 경험해 볼 수 없는 일이기 때문에 시행착오가 있을 수밖에 없다. 처음 겪어보는 익숙지 않은 일을 시행착오 없이 완벽히 해내는 사람은 많지 않다.

불안한 마음을 가지고 시행착오를 줄이기 위해 예비건축주들은 집짓기에 관한 정보를 최대한 확보하려고 노력한다. 인터넷을 뒤지고, 관련 책들을 사서 모으고, 주변에 있는 지인들에게 의견을 묻기도 한다. 제대로 집짓는 방법을 배워보려고 자투리 시간을 내고 비용을 들여 교육받는 것도 주저하지 않는다. "내가 이렇게 노력하는 만큼 집을 지을 때 도움이 될 수 있을 거야"라며 막연한 희망의 끈을 놓지 않는다. 어느 정도 정보력을 갖추었다 싶으면 설계자를 찾아간다. 물론 설계자를 먼저 찾아가는 대신 건설사로 바로 가서 설계와 시공, 건축비 상담을 받고 집짓기를 시작하는 경우도 있다. 마침내 설계를 끝내고 이제 부푼 기대를 가슴에 안고 집짓기를 시작한다. 집짓기는 십중팔구 이런 단계를 거치면서 시작된다. 부푼 기대를 가슴에 안고 시작한 집짓기의 결과는 그야말로 천차만별이다. 결과에 만족하는 건축주가 있는가 하면 집을 짓는 내내 속앓이를 하여 십 년이 늙은 건축주도 있게 마련이다.

적게는 수백 세대에서 많게는 수천 세대까지 크기도 모양도 실내마감도 똑같은 아파트에 입주하는 사람들은 단독주택에 입주하는 사람들과 비교해보면 만족도가 떨어지지 않는다. 아파트는 천편일률적인 평면구조를 가지고 있는데도 말이다. 그런데 사는 사람의 개성에 따라 다양한 모습으로 지어지는 단독주택에 대한 거주자들의 만족도는 아파트에 비해 매우 낮다. 심지어 그렇게 꿈꿔왔던 단독주택을 짓고도 몇 년이 안 되어 다시 아파트로 돌아가는 사람들도 상당수 있다. 정말로 아파트 생활에서 탈피하기를 원했고 나름 철저하게 정보를 수집하며 집짓기를 준비했지만 시작과 달리 결과가 만족스럽지 못한 이유는 무엇일까?

이 책은 집짓는 기술이나 시공 과정을 자세히 설명해주는 시공서가 아니다. 따라서 집을 짓기 위해 어떤 시공방법을 채택해야 하는지에 대한 정보는 없다. 좋은 설계는 어떻게 해야 하고, 싸고 좋은 집을 지으려면 어떤 방법으로 접근해야 하는지도 알려주지 않는다. 시공할 때 어떤 점을 주의해야 하고, 좋은 설계를 하려면 무엇에 초점을 두어야 하는지 등의 정보를 담고 있지도 않다. 이런 내용을 담은 책과 정보는 서점이나 인터넷에 수두룩하다. 따라서 건축주가 마음만 먹으면 설계, 시공 전문가 못지않은 정보력을 갖출 수도 있다. 그럼에도 불구하고 집을 지을 때 예비건축주들에게 수많은 시행착오가 일어나는 이유는 무엇일까?

집짓기는 정보가 부족해서 시행착오를 겪는 것이 아니다. 집짓기에 대한 접근 방법이 달라야 한다. 정보력만 가지고 집짓기에 임한다면 또다시 시행착오를 겪을 수밖에 없다. 집을 지을 때 중요한 것은 진짜 거주하는 공간으로서의 집을 생각하며 준비하는 것이다. 편안함과 안락함을 제공하는 집은 생활공간, 즉 실내환경이 건강한 집이다. 건강한 집에 사는 사람은 몸과 마음이 건강하다. 몸과 마음이 건강한 사람은 행복한 삶을 누릴 수 있다. 행복한 집짓기를 계획하고 있는 예비건축주는 집을 짓는 기술이나 방법을 찾아 헤매는 시간을 줄여야 한다. 대신 '왜 집을 지으려고 하는지'에 대한 근본적인 해답을 찾기 위해 노력해야 한다. 집을 지으려는 근본적인 이유는 결국 그 안에 사는 사람들, 즉 나와 가족이 '안락하고 건강하게 행복한 삶'을 누리기 위한 것이 아닌가? 이런 맥락에서 이 책은 '삶의 가치', 더 나아가 '집의 근본적인 가치'를 실현하기 위한 안내서와 같다.

집짓기에 관한 설계사례, 시공사례와 같은 정보를 알려주는 책은 시중에 많이 나와 있다. 하지만 정작 집을 지을 때 가장 근본이 되는 '집의 가치'

를 담고 있는 책은 없다. 집짓기에 있어 가장 중요하고 필요한 요소임에도 불구하고 말이다. 이 책을 기획한 이유는 집짓기를 계획하는 사람들이 대개 '나는 왜 집을 지으려고 하는지', '왜 집에서 삶의 가치를 높여야 하는지', '삶의 가치를 높이려면 어떤 집을 지어야 하는지'에 대해 깊이 생각하지 않고 돈과 시간에 쫓겨 급하게 집짓기를 시작하기 때문이다. 그로 인해 시행착오가 생기고 치러야 하는 대가는 너무나 크다.

집은 수익을 창출해야 하는 상업용 건물과는 접근 방법 자체가 달라야 한다. 철저하게 그 안에 사는 사람을 위해 지어져야 한다. 건축전문가라면 혹여나 건축주가 화려하고 멋있어 보이고 예술작품 같은 집을 원하더라도 '집의 가치'를 먼저 생각할 수 있도록 도와줘야 한다. 충분한 예산을 확보하지 못한 건축주라면 더더욱 그렇게 해야 한다. 집을 지으려고 계획하고 있다면 예술적이고 독창적인 건축에 대한 욕심을 내려놓는 것이 바람직하다. 평생에 한 번 찾아올까 말까 한 기회라는 것은 알지만 잘못하면 그 기회가 오히려 독이 되어 자기 스스로를 옭아맬 수도 있기 때문이다.

이 책은 집을 짓는 과정에서 예비건축주들이 흔히 놓치기 쉬운 '삶의 가치'를 찾을 수 있도록 도움을 주는 팁을 담고 있다. 지난 20년간 건축디자이너로서 다양한 건축주들과 함께했던 경험 중에서 예비건축주들이 꼭 알아두면 좋을 만한 내용을 선별해서 이 책에 담았다. 뿐만 아니라 덴마크, 영국, 캐나다와 같은 '주택 선진국'에서 직·간접적으로 경험했던 사례들도 건축전공자가 아닌 일반인의 눈높이에 맞게 제시하여 쉽게 읽고 이해할 수 있도록 배려했다.

이 책의 내용은 철저하게 건축주의 입장에서 최대한 객관적인 자료를 얻을 수 있도록 구성되어 있다. 모쪼록 이 책을 읽는 예비건축주들이 '사는 buying 집'이 아닌 '사는living 집'으로서의 가치를 인식하고 그런 가치가 잘 적용된 집을 짓고 안락하고 건강하며 행복한 삶을 누릴 수 있기를 바란다.

행복이 가득한 집에서

최재철

목차

PART 1

**삶의 가치를
담은 집**

1장 집에 대한 생각의 패러다임을 바꿔라!

2장 단독주택, 개성에 맞게 짓는 노하우

3장 단독주택, 로망과 실제는 다르다

PART 2

건강한 집에 사는 행복한 사람들

PART 3

숨 쉬는 집, 그 안에 내가 산다

PART 4

햇빛, 건강하고
행복한 집의 원천

PART 5

햇빛이 가득한
집에 산다는 것

PART 6

건축디자이너로서
햇빛이 풍부한
목조주택에 2년간
살아보니

PART 1

삶의 가치를 담은 집

⌂

집에 대한 생각의 패러다임을 바꿔라!

집은 재테크
수단이 아니라 사는 곳이다

집은 거주dwelling하는 곳, 즉 '사는 곳'으로서의 기능을 가지고 있는 건물을 의미한다. 사는 곳으로서의 집은 거주자에게 편안하고 안락한 환경을 제공해야 한다.

아파트 가격이 폭등했던 시절이 있었다. 그때는 어떻게든 아파트 한 채를 분양 받는 것이 사람들이 생각하는 꿈 목록 1순위였다. 그만큼 분양권을 따내기 위한 경쟁도 치열했다. 분양 받을 아파트가 우리 가족의 생활패턴에 잘 맞을지, 실내는 아늑하고 따뜻한지는 관심도 없었다. 그런 이유보다는 일단 내가 원하는 평수의 아파트를 손에 넣었다는 게 더 큰 의미였으니까. 하지만 지금의 상황은 그때와는 많이 달라져 있다. 재테크 수단으로만 보았던 집에 대한 사람들의 생각도 점차 바뀌기 시작했다.

집은 재테크의 수단으로 '사고파는 집'이 아니라 '사는 집'이어야 한다.

우리나라에서 재테크 수단의 대명사는 아파트다. 이 사실에 대해서는 누구라도 '아니다'라고 말할 수 있는 사람은 많지 않을 것이다. 1960년대 초부터 시작된 우리나라의 아파트 건설 붐은 불과 얼마 전까지도 하늘을 찌를 듯이 일었다. 빠르게 증가하는 인구를 수용하기 위해서 고층의 아파트는 유일한 대안인 것만 같았다. 도심의 아파트를 찾는 사람의 수는 늘어나는데 공급이 부족하다보니 아파트 가격 폭등으로 이어졌다. 끝도 없이 오르는 아파트 가격을 안정시킨다는 이유로 전국적으로 더 많은 아파트가 들어섰다.

국토교통부 통계에 의하면 2016년 주택 착공 수는 약 65만 동으로 그 중에 50만 동이 아파트였다. 이는 지난 5년 평균치에 비해 무려 33% 증가한 수치다. 통계 자료를 통해서 정부는 이미 아파트 세대수가 과잉공급-아파트를 찾는 사람의 수보다 지어지는 수가 더 많은-상황에 이르렀다고 판단하고 있다. 그럼에도 불구하고 여전히 도시마다 아파트가 넘쳐나는 기이한 현상이 전국적으로 나타나고 있다.

프랑스 지리학자 발레리 줄레조 교수는 한국을 '아파트 공화국'이라고까지 표현하며 전 세계적으로 유래를 찾아볼 수 없는 기이한 현상에 대해 연구를 해왔다. 우리나라의 아파트에 대한 연구를 계속하는 이유는 다른 나라들에서는 찾아볼 수 없는 대단지의 고층아파트 건설이 급격하게 늘어나고 있고, 한국인들이 아파트를 얻기 위해 열광하는 것이 그들 눈에도 이상하게 보였기 때문이다. 선진국의 저밀도 공동주택 정책과 달리 여전히 우리나라에서 고밀도의 고층아파트가 인기를 끌고 있는 이유는 무엇일까?

투자 목적으로서의 아파트, 재테크 수단으로서의 아파트

"한국에서 아파트는 재화the products인 동시에 현대화의 상징이다. 동시에 한국인들에게 아파트는 어떤 의미에서 투기의 목적으로 여겨지고 있다."

줄레조 교수의 말이다. 한국에서 아파트는 사는 곳으로서의 의미와는 정반대 의미를 가지고 있음을 정확히 지적하고 있다. 줄레조 교수는 한국인들이 아파트에 이처럼 열광하는 이유를 '투기'라고 단정하고 있을 정도로 우리의 시대적 상황을 꿰뚫어보고 있다. 우리 입장에서는 받아들이기 씁쓸하지만 인정할 수밖에 없는 현실이기에 그저 안타까울 따름이다.

아파트 단지는 단순해 보이지만 매우 복잡하게 얽혀 있는 주거형태다. 수백 수천 명의 개개인이 밀집해서 한 장소에 살고 있기 때문이다. 개인마다 생활하는 방식이나 패턴은 다르다. 따라서 주거 공간도 사람들의 생활 방식에 맞게 계획되어야 하는 것이 맞다. 하지만 아파트에서는 똑같은 주거패턴이 정해져 있다. 그리고 개개인은 그 패턴에 맞춰 살아야 한다. 업계 관계자들은 좁은 공간에 더 많은 사람들을 거주시키는 가장 효과적인 방법이 아파트를 짓는 것이라고 생각한다. 하지만 이것만이 유일한 대안일까?

아니 그렇지 않다. 여전히 많은 전문가들은 "대규모 아파트 건설만이 유일한 해결책은 아니다"라고 얘기한다. 나도 이 의견에는 전적으로 동의한다. 아파트는 양이 늘어난다는 것이 문제라기보다는 오히려 '주거의 질'과 깊은 관련이 있다.

아파트를 선호하는 사람들은 아파트는 살아가는데 필요한 모든 것을 다 갖추고 있다는 인식을 갖고 있다. 그렇다보니 아파트는 '몸만 들어가도 되는 집'이라는 인식이 아직도 크다. 그러나 가족구성원마다 생활방식이 다르기 때문에 사람이 거주하는 집으로서의 사는 집은 우리가 필요한 것들을 모두 갖추기가 쉽지 않다. 공간을 사용하는 시간대도 다르고 취향도 다르다. 중요하게 생각하는 것도 다르다. 집에 거주한다는 것은 그 안에 사람이 산다는 의미다. 따라서 그 안에 사는 사람이 주체가 되어야 한다. 그런데 이런 맥락에서 아파트는 사는 사람이 주체가 되지 못한다. 다시 한 번 강조하지만 집은 '사는 것이 아니라 사는 곳'이다. 말장난 같기도 하지만, 집의 의미를 이보다 더 함축적으로 잘 표현하고 있는 예가 또 있을까 싶다.

집짓기를 계획하고 있는 예비건축주들이 궁금해하는 건축비용에 대해 간단히 말하자면, 아파트를 짓는 비용은 단독주택을 짓는 비용보다 훨씬 적게 든다. 대개는 그렇다. 아파트를 구성하는 세대 수가 많다보니 똑같은 공간구조와 인테리어 콘셉트를 가지고 대량 생산해내듯 양산하기 때문에 그만큼 비용 절감 효과가 크다. 아파트는 단독주택과 달리 맞춤형 대량 생산이 가능해서 공정별 공사비용을 낮출 수 있다.

단독주택을 지을 때 가장 큰 부담이 되는 요소는 땅값이다. 반면 아파트의 경우는 모든 세대가 땅에 대한 지분을 나누어 비용을 부담한다. 따라서 땅값에 대한 부담이 단독주택에 비해 월등히 적다.

아파트는 단독주택에 비해 분명히 건축비용이 적게 드는 것이 사실이다. 그렇다고 아파트가 팔리는 가격이 단독주택에 비해 정확하게 비례하지는 않는다. 단독주택보다 상대적으로 저렴한 건축비를 들여서 지은 아파트지만 팔리는 가격은 대개 단독주택보다 더 높게 책정되는 경우가 많다. 상대적으로 저렴한 건축비로 지어지는 아파트는 왜 실제 부동산 시장에서는 단독주택의 매매가격보다 훨씬 높게 책정될까?

아파트는 가능한 많은 사람들에게 맞도록 보편적으로 계획되다 보니 사기도 팔기도 쉽다. 수요와 공급이 늘 공존하니까 부동산으로서의 가치는 정부의 정책 변경이나 경기침체와 같은 특수한 상황이 아니고서는 떨어지는 일도 거의 없다. 사고팔기 쉽고 가격이 떨어지지 않는 아파트는 그 안에 사는 사람들의 삶의 가치보다는 재테크로서의 가치가 더 높을 수밖에 없다. 인정하고 싶지 않지만 부정할 수 없는 사실이다.

나중에 팔 때를 생각하고 지어라?

집을 짓고자 할 때 예비건축주에게 가장 흔하게 찾아오는 유혹이 하나 있다. '나중에 팔 때를 생각해서 집을 지어야 하지 않을까?'라는 생각이 그것이다. 집을 지으려는 예비건축주의 마음 한구석에는 늘 이런 생각이 자리 잡고 있다. '내 마음대로 지었다가 나중에 팔리지 않으면 어떡하지?'라는 고민을 하는 순간 나만의 개성 있는 집짓기는 물거품이 되고 만다. 나는 아파트 자체를 폄하하고 싶은 생각은 조금도 없다. 오히려 대도시의 고층아파트는 나름대로 그 역할을 하고 있다고 생각한다. 그러나 도심을 벗어난 곳에서까지 고층아파트를 지어야 하는지에 대해서는 부정적인 의견을 갖고 있다.

우리나라에서는 아파트가 여전히 많은 사람들에게 인기를 끌고 있다. 관리시스템, 택배시스템, 지하주차장에서 세대로 접근이 쉽고, 멋진 단지 조경도 한몫을 하고 있기 때문이다. 그리고 또 하나의 이유를 꼽으라면 마음만 먹으면 쉽게 되팔 수 있기 때문이다. 마음에 들지 않으면 팔고 다른 아파트를 찾아 이사 가면 그만이다. 집짓기를 계획하고 있는 예비건축주가 나중에 팔 때를 생각한다면 내가 살 집이지만 내가 원하는 요소를 마음대로 적용하지 못한다. 나는 마음에 들어도 앞으로 살 사람이 행여나 마음에 들지 않으면 쉽게 팔 수 없을 테니까 말이다. 따라서 이런 유혹에서 벗어나지 못하면 절대로 나와 가족이 꿈에 그리던 집은 실현할 수 없다.

사람들이 갖고 있는 집에 대한 관심은 대부분 부동산으로서 얼마의 값어치를 가지고 있느냐에 집중되어 있다. '집은 부동산이고 큰 재산이다'라는 생각이 아직도 지배적이다. 이런 생각은 아파트뿐만 아니라 단독주택을 지으려는 건축주들의 마음속에도 늘 자리 잡고 있는 듯하다. 다시 한 번 강조하지만 집은 살고 싶고 살아야 하는 거주 공간이다. 나와 가족의 삶의 이야기가 고스란히 담긴 그야말로 '살고 싶은 집'. 이것이 우리들 모두가 꿈꾸고 지향해야 할 집으로서의 가치가 아닐까 싶다. 나와 가족의 삶을 담은 집, 마음 편하고 따뜻한 정서가 묻어나는 집을 꿈꾸는가? 그렇다면 더 이상 집을 재테크 수단으로 생각하지 말라. 집은 '사는 것buying'이 아니라 '사는 곳living'이다.

왜 집짓기는
여전히 두렵고 어려울까?

아파트를 사는 것buying은 마치 가전제품을 구입하는 것과도 같다. 사용자가 기호에 맞는 것을 쉽게 고를 수 있기 때문이다. 이미 만들어져 있는 것을 보고 마음에 들면 사면 된다. 그러니 집을 짓는 일과는 비교할 수 없을 정도로 그 과정이 단순하고 쉽다. 아파트를 매입한 사람들의 만족도는 대체로 높은 편이다. 입주하게 될 아파트와 똑같은 모델하우스를 통해 실제로 살게 될 공간구조와 인테리어까지 미리 경험할 수 있기 때문이다.

이와는 반대로 내 집을 짓는 일은 결코 만만한 작업이 아니다. 다 짓기 전에는 결과가 어떻게 나올지 모르기 때문에 신경이 곤두설 수밖에 없다. 집짓는 기간은 짧게는 4개월 길게는 1년까지도 소요된다. 이 기간 동안 집짓기에 모든 에너지를 쏟다보면 막상 준공을 마치고 입주할 때는 기쁨을 느낄 힘조차 없는 경우가 많다. 오죽이나 힘들면 '집 한 번 짓고 나면 십 년은 늙는다'라는 옛 속담까지 있을까. "전문가에게 모든 걸 맡기면 신경 쓰지 않아도 되잖아"라고 얘기하는 사람도 있겠지만, 그것 또한 말처럼 쉽지 않다. 건축을 전공한 사람도 어려워하는 일이 집짓기다. 이처럼 집을 짓는다는 것은 전공을 불문하고 모두에게 두렵고 어려운 일이다.

집을 지으려는 사람들은 대부분 아파트 생활에 익숙해 있다. 일상의 생활패턴도 아파트에 맞춰져 있다. 그래서인지 몰라도 단독주택을 지으려고 할 때도 사람들은 아파트 구조를 선호하는 경우가 꽤 많이 있다. 아파트에 사는 사람들과 다른 생활패턴으로, 다른 생활공간에 사는 것이 불안한 모양이다. 모든 면에서 아파트와 다른 단독주택에 대한 두려움은 그 때문에 생기는 것인지도 모를 일이다.

집을 짓고 싶어 하는 사람은 누구나 가족구성원 각자의 생활방식에 맞게 편안하고 안락하게 쉴 수 있는 집을 꿈꾸고 희망한다. 하지만 가족구성원들의 의견을 하나도 빠짐없이 설계에 반영하다보면 애당초 세웠던 예산을 초과하는 일이 다반사다. 설계자나 건설사로부터 가지고 있는 예산보다 건축비용이 초과될 수도 있다는 얘기를 듣는 순간부터 눈앞이 캄캄해진다. 어디서부터 무엇을 어떻게 해야 할지 막막해진다. 여기서부터 깊은 고민이 시작된다. 이처럼 예산은 집짓기 전반에 걸쳐 상당한 영향력을 미치는 강력한 힘을 가지고 있다. 가용할 수 있는 예산에 맞추기 위해 버리자니 아쉽고 원하는 것을 다 적용하려니 건축비가 한없이 올라가는 현실 앞에서 고민하지만 해결책을 찾기는 쉽지 않다.

집을 짓기까지의 과정은 생각만큼 단순하지 않다. 수많은 요소들이 복잡하게 실타래처럼 엉켜 있기 때문에 어디선가 잘못 풀다보면 더 꼬이기 쉽다. 꼬인 실타래를 풀어본 경험은 누구나 한번쯤은 갖고 있을 것이다. 풀리지 않는 실타래를 가지고 오랫동안 씨름을 하다보면 지치고 이내 쳐다보기도 싫다. 집짓기도 마찬가지다. 내가 원하는 것과 예산이 충돌하게 되면 마음이 복잡해진다. 이때쯤 되면 모든 것이 귀찮고 신경도 쓰기 싫어진다. 힘도 든다. 꼬인 실타래를 풀기 위해 신경 쓸 게 한두 가지가 아니기 때문이다. 집이고 뭐고 그냥 다 포기하고 싶은 마음이 간절해진다. 누군가 나 대신 이 문제를 해결해 줬으면 하는 마음이 굴뚝같다.

집을 짓기 위해서는 생각해야 할 것들이 많다. 집짓기 목록은 생각하면 할수록 계속 늘어나지 줄어드는 경우는 거의 없다. 따라서 꼭 필요한 것을 선택하고 그것에 오롯이 집중하는 마음가짐이 필요하다. 그렇다고 내 집을 짓는데 아파트와 같은 천편일률적인 구조와 인테리어로 마감할 수는 없지 않는가?

아파트와 달리 집을 지을 때는 가족구성원들이 원하는 것을 결정해서 적용하기가 쉽지 않다. 그래서 고민이 필요하다. 그 고민은 누가 대신해 줄 수 없다. 어차피 누군가 대신해 주지 못하는 고민이라면 받아들이고 즐기는 편이 낫지 않을까? 고민을 받아들이지 못하면 집짓기가 더 힘들고 어렵게 느껴질 수도 있다.

건축 관련 전공자에게도 집짓기는 그리 만만한 일이 아니다. 하물며 비전공자로서는 모든 것이 낯설게 느껴지는 것은 당연하다. 그렇다고 아무런 행동도 하지 않고 가만히 속으로만 끙끙거린다고 해결될 문제는 아니다. 모르겠으면 일단 주변 사람들에게 지금 처해 있는 상황에 대해 편하게 얘기해보자. 정보도 더 찾아보고 전문가의 의견을 구해보는 것도 도움이 된다. 힘들고 어렵다고 이런 고민의 과정을 건너뛴다면 당장은 속이 시원할지 모르지만 결국에는 그 결과로 인해 후회할 일이 생기고 만다.

어떤 집에서 살고 싶은지 또 어떤 집을 꿈꾸고 있는지에 대한 질문에 스스로 답하지 못한다면 집짓기 준비가 아직 안 되었다고 감히 말하고 싶다.

이 질문은 집을 짓는 과정에서 목표지점까지 갈 동안 길을 잃지 않고 안전하게 도달하도록 안내해주는 나침반과 같다. 따라서 집을 짓기로 마음먹은 순간부터 완성되는 날까지 매일매일 이 질문에 대해 스스로 답을 찾으려는 노력이 필요하다.

사실 어디서부터 무엇을 어떻게 해야 할지 막막하기 때문에 집짓기가 어렵다고 느낄 수 있다. 집을 짓고 싶어 하는 건축주가 쉽게 저지르는 실수는 집짓는 기술이나 방법을 먼저 배우려고 한다는 것이다. 그러나 그보다 먼저 필요한 것은 '살기의 방식'을 스스로에게 먼저 묻는 것이다. 그 안에서 나는 어떻게 살기를 원하는지, 나와 내 가족이 그 집에 얼마나 잘 어울릴지에 대해 묻고 답하기를 반복하면서 길을 찾아가야 한다.

단독주택에 살고 싶다면
아파트 평면은 잊어라

　도심지에 사는 대부분의 사람들은 어렸을 때부터 아파트에서 살았을 확률이 높다. 그 길고 긴 시간 동안 그들의 생활방식은 아파트에 맞춰져 왔다. 그러니 그들만큼 아파트 구조에 익숙해 있는 사람들도 없다. 아파트는 불특정 다수의 사람들을 만족시켜야 하기 때문에 대개는 평면구조가 심플하다. 성냥갑과 같은 6면체의 박스 안에서 거의 비슷한 평면구조를 갖고 있다. 그래서 아파트를 선택하는 기준도 단순할 수밖에 없다. 방이 몇 개 필요한지, 발코니를 확장할 수 있는 구조인지, 몇 층에 위치하고 있는지 정도만 고려하면 선택이 가능하다. 이 정도 요건만 만족스러워도 매입을 쉽게 결정할 수 있다.

　이렇게 아파트가 표준화된 평면구조를 사용하다 보니 방이 몇 개짜리인지 방의 크기가 어느 정도인지만 들어도 몇 평형인지 쉽게 알 수 있다. 예를 들어, 방 3개, 화장실 2개짜리 평면구조를 가지고 있는 아파트 면적(평)은 80~90㎡(24~28평형) 내외다. 물론 약간의 차이는 있을 수 있다. 하지만

28평형이면 '방 3개, 화장실 2개는 만들 수 있구나'라는 식의 계산법이 머릿속에 자리 잡게 된다. 면적당 방 개수를 산정하는 틀에 박힌 생각은 집을 짓고자 할 때 정작 예비건축주의 발목을 잡는 경우가 있다. 따라서 집을 짓고자 하는 사람들은 아파트 평면구조에서 벗어나려는 생각의 전환이 반드시 필요하다.

아파트 평면구조는 일반 사람들도 쉽게 머릿속으로 그려볼 수 있을 정도로 큰 틀에서 벗어나지 않는다. 방 3개, 화장실 2개짜리 아파트 평면구조를 머릿속으로 떠올려보라. 아마 생각보다 쉽게 전체 그림이 그려질 것이다. 엘리베이터 문이 열리면 바로 앞으로 현관문이 보인다. 아니면 왼쪽이나 오른쪽으로 현관문이 있는 경우도 있다. 보통은 두 세대가 붙어 있기 때문에 현관문이 나란히 있든지 아니면 멀리 떨어져 있다. 엘리베이터를 나와서 오른쪽 집을 살펴보자. 현관문을 열고 들어가면 오른쪽으로는 가족화장실이 있다. 화장실 맞은편에는 남향에 발코니가 딸린 작은방이 배치되어 있다. 작은방을 바라보고 왼쪽으로는 긴 복도가 있을 테고 복도 왼쪽에 주방과 식당이, 오른쪽으로는 거의 벽 전체가 대형 창문으로 된 거실이 있다. 거실의 방향은 물론 남쪽이다. 복도 끝에 가서는 또다시 왼쪽과 오른쪽에 방으로 들어가는 문이 있다. 오른쪽 방은 부부가 머무는 안방이다. 전용화장실도 있다. 왼쪽 방은 자녀가 있는 경우는 자녀 방으로 아니면 서재 또는 옷 방으로도 사용된다.

어떤가. 지금까지 따라 읽으면서 머릿속에 그려지는 평면구조가 지금 내가 살고 있는 혹은 과거에 살았던 아파트 평면구조와 닮았다는 느낌이 들지 않는가? 모르긴 몰라도 아파트에 살고 있거나 살았던 사람들은 이 구조에 상당히 익숙해 있을 것이다. 아파트 건설사 관계자가 "아파트에서 평

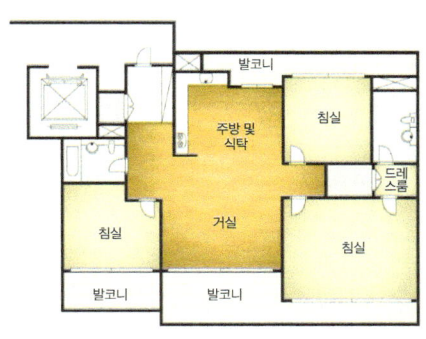

방 3개, 화장실 2개로 계획된 전형적인 아파트 구조(구 28평형)

면과 같은 하드웨어적인 부분은 거의 비슷해졌다"며 신문사와 인터뷰한 내용의 기사를 읽은 적이 있다. 보편적인 아파트 평면구조로는 마케팅의 한계가 있음을 하소연하고 있는 내용으로 해석할 수 있다. 그래서 그런지 요즘 지어지고 있는 아파트 분양 광고를 보면 평면을 강조하는 내용은 눈을 씻고도 찾아볼 수가 없다.

비록 똑같은 평면구조를 가진 아파트라 할지라도 그곳에 사는 사람들은 각각의 생활패턴이 다르고 가족구성원도 다르다. 무엇보다 각자가 추구하는 삶의 가치도 분명 다르다. 이런 관점에서 보면 아파트에 사는 사람들은 어느 정도의 희생을 감수하면서 살아간다고 해도 틀린 말이 아니다. 나와 가족의 생활패턴을 표준화, 정형화되어 있는 평면구조에 맞추며 살아가고 있으니 말이다. 뚜렷한 대안이 없으니 그냥 맞춰 사는 것이다. 충분히 이해가 가는 상황이다.

아파트는 제한된 면적, 흔히 '평형'이라고 하는 약속된 면적에 따라 벽을 나눠서 수평적인 공간을 분할한다. 건축법상 좁은 땅과 건물 높이가 제한된 상황에서 최대한 많은 세대를 만들어내야 한다. 따라서 각 세대 벽도 최소 높이로 지을 수밖에 없는 구조다. 단독주택과 같이 지붕 구조를 이용해 다락방을 만든다던지 지붕의 경사도를 그대로 살려서 높은 실내공간을 만들어내는 일은 꼭대기 층이 아니면 불가능하다. 아파트에서는 수직적으로 변화를 갖는 공간 구성은 생각할 수도 없다. 모든 실은 평평한 천장으로 막혀 있어 수직적인 보이드 공간(비어 있는 공간)을 만드는데 제약이 따른다. 이렇다 보니 아파트에서 다양한 공간 구성이 주는 다이내믹^{dynamic}한 경험을 누리기란 결코 쉽지 않다.

천편일률적인 공간배치가 주는 단조로움

아파트 평면구조는 단순하게 벽을 나누어 실을 구성할 수밖에 없기 때문에 다양성을 제공하는 데는 한계가 있다. 각 층마다 세대를 몇 개로 나누고 가능한 층수를 높게 해야 수익성이 나오기 때문에 주변환경을 평면에 크게 반영하지 않는다. 제한된 벽 높이 때문에 수직적으로도 변화를 주기가 어렵다. 현재 상황에서 최선의 방법은 단순한 벽 나누기로 변화를 주는 방법뿐이다. 대부분의 아파트는 모양이 직사각형의 박스 형태다. 그리고 그 박스 내부에 세대가 몇 개로 나뉘는가에 따라 세대 간의 벽이 생긴다. 남향으로 배치가 되어 있는 아파트는 동서쪽 벽은 다른 세대와 맞닿아 있는 구조다. 이렇게 되면 외부에 접하는 부분은 북쪽과 남쪽 벽 2개가 전부다. 벽 4개 중에서 2개가 외부와 단절된 상황에서 차별화할 수 있는 방법은 벽 나누기뿐이다. 요즘에는 채광과 통풍이 우수하다는 이유로 남향을 바라볼 수 있게 최대한 방을 배치하는 3베이^{bay}나 4베이 구조가 많다. 다른 아파트와 차별화된 변화를 주며 분양 확률을 높이기 위해서 건설사들은 부단한 노력을 하고 있다. 하지만 4각형의 단순한 평면구조에서 나올 수 있는 공간배치는 단조로울 수밖에 없다.

아파트가 공간적으로는 변화를 주기 어려운 단순한 구조이다 보니 소위 벽을 치장하는 것으로 단순함을 극복하려는 시도 또한 늘고 있다. 평평한 천장에 일부분을 따내어 우물천장을 시공하는 것도 단순한 수평구조에 수직적인 공간감을 조금이라도 더하기 위한 자구책이다. 모든 것이 다 갖춰진 새 아파트에 처음으로 입주할 때도 인테리어 공사를 다시 하고 들어가는 사람들의 수도 늘어나고 있다. 모든 사람을 위한 천편일률적인 공간 나누기와 보편적인 인테리어 장식이 마음에 들지 않는 사람들은 자신들의 취향에 맞게 비용이 들더라도 마음 편하게 꾸미고 싶어 한다. 아파트 분양가에는 분명 인테리어 비용이 포함되어 있다. 그럼에도 불구하고 개인적으로 추가비용을 투입해서까지 인테리어 공사를 진행하는 입주자들이 의외로 많다. 구조적으로 제한된 범위 안에서 자신들의 삶의 방식에 맞게 주거환경에 변화를 주고 싶은 입주자들을 보면 아파트에서는 해결되지 않는 구조의 한계가 분명 존재한다는 것을 알 수 있다.

아파트는 외부뿐만 아니라 내부에도 방들이 단절되어 있다. 그 안에 거주하는 사람들은 똑같이 나누어진 공간에서 자신들의 생활패턴을 바꿔서라도 맞춰 살아야 한다. 불편이 수반되지만 그것을 감수하고서라도 말이다. 애초에 아파트는 모두를 위한 건물로서 모든 사람이 살기에 적합하도록 최적으로 설계되어 만들어졌다고 한다. 그러나 이 얘기는 역설적인 의미를 담고 있기도 하다. 어느 한 사람에게 맞지 않으면 모든 사람에게 맞지 않는 건물이 될 수도 있다는 의미로도 해석할 수 있기 때문이다. 사람들은 각자가 집에 대한 생각이나 추구하는 가치가 다르다. 모든 사람을 위해 정형화되도록 설계된 아파트 평면이 나와 가족의 삶을 어느 정도 풍요롭게 할 수 있을까? 나에게 맞지 않는다면 다른 사람에게도 맞지 않는 건물이 될 수도 있다.

이제까지는 정형화된 아파트 공간에 나와 가족의 라이프스타일을 맞춰 살아왔더라도 집을 짓기로 마음먹은 이상 삶의 방식에 대한 생각의 전환이 필요하다. 즉, 나를 옥죄고 있던 아파트 공간에 대한 생각의 틀에서 벗어나야 한다. 생각의 틀을 깨면 기존의 방식에서 벗어나 조금 더 객관적으로 삶을 바라볼 수 있다. 그리고 그 삶은 고스란히 내가 생각하고 있는 집에 반영될 확률이 높아진다. 나와 가족의 라이프스타일에 딱 맞는 집을 짓고 싶다면 기존방식에 매여 있던 생각의 틀을 벗는 연습이 필요하다. '생각의 틀'은 우리가 잘 알고 있는 '고정관념'과도 그 맥락을 같이한다.

아파트 평면에 맞는 생활방식을 통해 틀에 박혀 있던 고정관념을 깨려면 어떻게 해야 할까?

우선 아파트 평면구조에 나와 가족의 삶을 맞추려는 생각을 바꿀 필요가 있다. 집짓기를 계획할 때 머릿속에는 '아이가 두 명이니까 방이 적어도 3개가 필요하고, 화장실이 한 개면 불편할 수 있으니 추가로 더 있어야 해. 그리고 거실은 커다란 소파를 배치해야 하니까 최대한 넓고 크게 해야지'라는 식의 고정관념이 자리 잡고 있다. 이렇게 '생각의 틀' 속에 갇혀 있다 보면 객관적으로 상황을 통찰하지 못한다. 그래서 한쪽으로 생각이 기울게 된다.

집짓기를 결단했다면 이제부터라도 나와 가족의 개성과 라이프스타일을 그 집에서 어떻게 표현할 수 있을지 진지하게 고민해야 한다. 가족은 각각의 구성원마다 다른 인격을 갖고 있다. 보이지는 않지만 나름의 위계질서를 가지고 있는 최소단위의 사회이기도 하다. 가족구성원 각자의 생각을 존중하고 의견을 모으며 그것들이 한쪽으로 기울지 않도록 균형을 잘 잡아 나가는 노력이 필요하다.

익숙한 아파트 문화를 벗어나면 두렵다?

일반적으로 방이 3개 있는 아파트 평면구조를 다시 한 번 들여다보자. 방은 면적과 방향에 따라 안방과 작은방으로 나뉜다. 안방에는 전용화장실이 있다. 필요하던 필요치 않던 화장실은 2개이어야 안심이 되니까. 나도 아파트에 살 때 안방에 화장실이 있었다. 1년 동안 사용한 횟수를 따져보면 불과 며칠뿐이었다. 사용 횟수가 저조하다 보니 아내는 화장실을 개조해 화장대가 있는 옷 방으로 꾸며 주면 좋겠다고 했었다. 자주 사용하지 않는 화장실보다 아내에게는 옷 방이 더 필요했기 때문이었다. 물론 아내의 바람은 이뤄지지 못했지만 아파트 평면의 한계를 느낄 수 있었던 단적인 예가 아닐까 싶다.

거실의 구조는 또 어떤가? 남향으로 발코니로 나갈 수 있는 커다란 발코니 창이 있다. 한쪽 벽에는 텔레비전이, 반대쪽 벽에는 소파가 마주하고 있다. 주방과 다이닝룸도 배치가 아주 심플하다. 집짓기는 아파트 평면처럼 제한된 면적을 쪼개서 방을 배치하는 단순한 작업과 많이 다르다. 왜냐하면 그 안에 사는 사람들만의 이야기를 풀어 나가는 일이기 때문이다. 어떤 가족은 화장실이 2개 필요할지 모르지만 우리 가족의 경우처럼 화장실을 더 만들기보다는 옷 방을 더 필요로 할 수 있다. 단순히 벽을 나누고 방을 배치하는 것은 아파트와 같이 획일적인 평면구조에서는 유용할지 모른다. 하지만 거주자의 라이프스타일에 맞는 집을 지을 때는 전혀 고려할 대상이 아니다.

아파트와 달리 단독주택은 생각하고 고민해야 할 요소들이 차고 넘친다. 집을 지을 땅을 살펴야 하고 주변 건물과의 조화도 생각해야 한다. 자연 환경을 최대한 활용할 수 있다면 그야말로 금상첨화다. 자연채광을 어떻게 집 안으로 끌어들일 것인지 또 실내 환기는 어떻게 시켜야 하는지 등등 생각할 게 많으니 고민이 깊어지는 건 어쩌면 당연히 받아들여야 할 숙명과도 같다.

아파트가 살기에도 편하고 관리에 신경 쓰지 않아서 편하다는 생각이 깊으면 깊을수록 아파트에서 벗어날 수 있는 확률은 점점 더 낮아진다. 그런 생활패턴에 몸도 마음도 익숙해져 있기 때문에 새로운 환경에 적응할 생각을 하면 머리가 아파 온다. 아파트를 떠나서 살아야 한다는 생각에 두렵고 떨리는 감정이 생기기도 한다. 하지만 이때가 바로 결단이 필요한 순간이다. 여행도 마찬가지다. 떠나기 전까지는 어떤 일이 벌어질지 몰라 출발 직전까지 두렵고 떨리고 불안한 마음을 쉽게 떨쳐버릴 수가 없다. 그러나 일단 발을 떼서 여행지에 도착하고 나면 복잡한 감정은 곧 행복한 감정으로 바뀐다.

아파트는 단독주택에 비해 생활하기에 편할 수도 있고 안전할 수도 있다. 아파트 문화에 너무나도 익숙한 나머지 집을 지어 사는 것에 대해 잘못 알고 있는 편견과 선입견이 많다. 우리는 남들과 조금이라도 다르면 불안해한다. 남들과 다르게 사는 것에 대한 불안감을 떨쳐버리기 위해 아파트 구조를 단독주택 부지에 그대로 옮겨 짓고 사는 사람도 의외로 많다. 그러나 아파트가 단독주택이 되는 상황은 마치 내 몸에 맞지 않는 옷을 입고 있을 때 불편하고 어색함을 느끼는 것과 별반 다르지 않다.

평당 건축비는 아파트에는 통하지만 단독주택에서는?

집을 지을 때 가장 큰 고민거리 중 하나는 바로 예산 문제다. 내가 가지고 있는 예산 안에서 집을 짓고 싶은 마음은 간절하지만 현실은 내가 원하던 바와 정반대로 흘러갈 때가 많다. 주변에 집을 지어 본 사람들의 말을 들어보면 하나같이 처음에 가지고 있었던 예산보다 훨씬 초과되었다는 말뿐이다. 분명 집짓기 전에 예산에 대한 계획을 세웠을 텐데도 예산 범위 안에서 집이 지어지는 일은 생각처럼 쉽지 않은 모양이다. 집을 지을 때 소요되는 건축비용을 정확하게 예측할 수만 있다면 집짓기를 결단하기도 한결 쉬울 텐데. 하지만 집짓기를 시작하면서부터 끝내기까지 변수는 생각지도 못한 곳에서 생기는 경우가 많이 있다.

단적인 예가 바로 기초공사다. 집의 무게를 지지하게 될 기초는 구조적으로 상당히 중요한 역할을 담당하게 된다. 건물을 아무리 튼튼하게 잘 지었다 할지라도 기초가 부실하면 건물의 구조적인 안정성을 보장할 수 없다. 기초는 단단한 땅 위에 세워져야 건물을 제대로 지지할 수 있다. 기초

공사는 땅을 파보고 직접 땅 밑의 상태를 보기 전까지는 예측하기가 쉽지 않다. 기초공사를 위해서 땅을 팠는데 지하수맥이 지나간다던지 암반이 나온다면 수맥을 차단하고 암반을 깨는 작업에 드는 비용이 기초공사 비용보다 더 나올 수도 있다. 이런 비용은 사전에 예측이 불가능하다.

아파트는 단독주택과 달리 평당 건축비를 예상하기가 훨씬 수월하다. 예측 불가능한 상황이 단독주택에 비해 거의 발생하지 않기 때문이다. "이 아파트는 평당 얼마짜리에요?"라고 누가 물으면 쉽게 답을 해줄 수도 있다. 아파트는 대개 획일화된 평면과 인테리어 그리고 심플한 공간으로 구성되어 있다. 박스 형태의 공간을 가지고 있어 수직적인 변화는 전혀 고려하지 않아도 된다. 평당 건축비에 맞는 마감사양도 모델하우스를 통해 미리 보고 체험할 수 있다. 아파트 분양업체에서 제시하는 평당 건축비와 마감사양이 머릿속에서 매치가 된다. 아파트를 매입하는 사람 입장에서는 건축비용과 마감사양을 비교해서 적당하다고 판단되면 선택하고 그렇지 않으면 선택을 안 하면 그만이다.

아파트는 단독주택처럼 공사 도중에 구조를 변경하거나 실내마감 사양을 바꾸는 것도 불가능하다. 공장에서 대량 생산하듯 똑같은 공간을 찍어낸다. 모델하우스에서 내 눈으로 보고 만져 본 그대로 100세대, 500세대, 1,000세대가 만들어진다. 아파트의 단점은 불특정 다수의 사람들에게 맞게 공간을 계획하다 보니 천편일률적이고 단순한 구조밖에 될 수 없다는 것이다. 하지만 건축주 입장에서는 집짓기를 하면서 생길 수 있는 큰 고민거리 하나가 해결되기 때문에 장점이 될 수도 있다. 똑같이 지어져야 하기 때문에 건축주라 하더라도 내부 공간구조와 인테리어 마감에 대한 변경을 요구할 수 없다. 혹시 인테리어가 마음에 들지 않거나 내가 원하는 주방가구가 설치되지 않더라도 변경을 하고 싶으면 입주할 때까지 기다려야 한다. 건축주의 입장에서 보면 입주할 때까지 변경사항으로 인해 발생하는 추가 공사비용 걱정을 하지 않아도 된다. 아파트가 지어지는 동안에 시공사와의 분쟁이 생기지 않는 이유가 바로 여기에 있다.

아파트 구매는 가전제품을 살 때와 그 절차가 비슷하다. 사고 싶은 가전제품이 있을 때 먼저 우리는 제품에 대한 사양을 검토한다. 내가 원하는 사양이고 가격만 맞으면 즉시 구매를 결정한다. 이렇듯 아파트를 사려는 사람들도 모델하우스에서 벽지, 바닥재, 욕실 타일 등 실내 마감사양을 확인하고 가격이 맞으면 구매 결정을 내리게 되는 것이다.

아파트와 달리 단독주택은 평당 건축비를 예상하기가 결코 쉽지 않다. 아파트는 직사각형 형태에 일정한 벽 높이를 가진 정형화된 공간을 가지고 있다. 반면 단독주택은 외부 형태만 보더라도 정말 다양하다. 형태에 따라 다양한 옵션을 가진 공간 계획도 가능하다. 주택의 스타일에 따라 지붕의 모양도 가지각색이다. 지붕 모양을 잘 활용하면 실내의 수직 공간을 의도적으로 변화시킬 수도 있다. 예를 들어, 지붕 내부에 다락공간을 만든다던지 지붕 내부를 오픈시켜서 실내가 높게 보이게 하는 등의 변화를 줄 수 있다.

단독주택은 아파트와 달리 그 형태도 스타일도 공간구조도 건축주의 성향이나 생활패턴에 따라 제각각이다 보니 건축비를 면적, 즉 평당으로 산정하기가 어렵다. 예를 들어, 주방가구 세트의 가격 차이만으로도 집 천체의 평당 건축비가 크게 차이날 수도 있다. 면적이 90㎡(약 30평)인 집에 400만 원짜리 주방가구를 설치하려고 했는데 1,000만 원짜리로 업그레이드를 시키면 600만 원의 가격 차이가 난다. 이 금액을 집의 면적(30평)으로 나누면 평당 건축비는 20만 원이 상승하게 되는 꼴이다. 주방가구를 고르다 보니 가격이 2,000만 원인데 마음에 들어서 설치하고 싶다면 그만큼 평당 건축비가 올라가는 것이다.

집에 들어가는 아이템이 어디 주방가구뿐이겠는가. 이외에도 수십 수백 가지가 있을 수 있다. 이런 아이템을 하나하나 선정하고 그 가격을 건축비에 합산해야 최종 건축비를 산정할 수 있다. 따라서 예산을 세우는 일은 이처럼 복잡하고 신경이 쓰일 수밖에 없는 일이다. "집을 지으려고 하는데 평당 건축비는 얼마나 되죠?"라는 질문은 그래서 무의미하다.

집을 짓고자 하는 사람들이 예산과 관련해서 명심해야 할 두 가지가 있다. 하나는 누군가가 "평당 얼마에 지어 드릴게요"라는 얘기를 했다면 꼭 의심해 보아야 한다는 것이고, 또 하나는 건축주의 입장에서 "평당 얼마에 지어 주세요"라는 얘기를 건설사에게 절대 해서는 안 된다는 것이다. 집짓기를 계획하는 예비건축주는 이 두 가지를 염두에 두어야 한다.

평당 건축비가 예산에 전부라는 생각은 금물

단독주택의 평당 건축비의 개념은 아파트와 다르다. 집을 짓는 동안 혹은 집을 완성한 이후에도 건축비에 대한 의견 차이로 인해 건축주와 시공자 간의 사이가 나빠지는 경우가 적지 않다. 공사를 시작하기 전에 건축비에 대해 건축주와 시공자 간에 의견 조율을 하고 상호 합의하에 계약을 체결했는데도 말이다. 계약대로 각자의 역할에 충실하면 별문제가 일어날 것 같지 않은데 꼭 문제가 생긴다. 이런 문제는 비단 건축주와 시공자 사이에서만 일어나지 않는다. 설계업무를 진행한 건축가와 건축주가 충돌할 수도 있고, 시공자와 건축가 사이의 충돌이 있을 수도 있다. 최악의 시나리오는 건축주, 건축가, 시공자 모두가 불협화음을 내는 경우다. 아파트 건축에서는 이런 경우가 드물다. 건축주가 직접 시공사와 아파트 설계자를 만나 의견을 교환할 일도 없고 의견 차이로 인해 충돌을 일으키는 경우도 없기 때문이다. 각 분야의 전문가를 만나면 문제가 해결되어야 하는데 오히려 불신의 골이 깊어지는 경우가 집짓기 과정에서는 의외로 많다.

이런 일이 심심찮게 발생하는 원인과 해결책을 찾기 위해서는 예비건축주가 집짓기를 결심하고 집을 완성시키기까지의 일반적인 과정을 먼저 이해할 필요가 있다.

건축주는 먼저 건축가를 찾아가 설계를 맡긴다. 건축가와 수차례에 걸친 미팅을 통해 꿈에 그리던 설계도를 완성한다. 시공사를 선정하는 일은 오롯이 건축주의 몫이다. 하지만 집을 지어 본 경험이 없는 건축주가 여러 조건을 갖춘 시공사를 찾기란 쉽지 않다. 결국 건축주는 설계를 진행한 건축가에게 시공사를 추천해달라고 요청한다. 건축가는 2~3곳의 시공사에게 시공견적을 의뢰하기 위해 설계도면을 보낸다. 설계도면을 받은 시공사는 그 설계도면을 바탕으로 견적작업을 한 후 건축가에게 전달한다. 시공사로부터 견적을 받은 건축가는 견적서를 취합해 검토한 후 건축주에게 의견을 제시한다. 건축주는 건축가의 의견을 참고해 최종적으로 시공사를 선정한다. 어떤가. 여기까지만 보면 시공사를 선정하는 일이 뭐 그리 복잡한 일도 고민할 일도 아닌데 호들갑을 떠느냐고 말할 수도 있다. 그러나 건축주 입장에서는 이때부터 상당한 스트레스가 몰려든다.

건축주 입장이라면 누구나 집을 지을 때 자기 집처럼 애정을 갖고 지어 줄 시공사에게 일을 맡기고 싶다. 게다가 공사비용도 저렴하면 금상첨화다. 하지만 이런 일은 쉽게 일어나지 않는다. 문제는 똑같은 설계도면을 가지고 견적작업을 해서 보내온 견적 내용이나 건축비가 시공사마다 차이가 있다는 것이다. 건축비용에 차이가 있다 보니 건축주 입장에서는 어떤 기준으로 시공사를 선정해야 할지 고민이 된다. 예산이 넉넉지 못한 건축주라면 최저가격으로 제안한 시공사를 선택하는 것이 최선의 방법일지도 모르겠다. 하지만 싼 가격만큼 시공 품질이 떨어지지 않을까 걱정이다.

같은 설계도면을 가지고 견적을 내는데 왜 시공사마다 공사비 내역이 다를까? 아파트와 같이 박스 형태의 평면과 수직공간의 변화가 없는 집을 가지고 견적을 받아본다면 시공사 간의 금액적인 오차는 별로 없을 것이다. 그런데 집은 설계도면에 모든 것을 표현하지 못하기 때문에 눈에 보이지 않는 여러 가지 요소들이 숨어 있다. 설계자의 의도와 건축주의 생각을 한정된 도면상에 다 표현할 수는 없기 때문이다. 설계도면상에서 보이지 않는 부분을 어떻게 해석하느냐가 시공사마다 다를 수 있다. 도면을 해석하는 차이는 고스란히 견적서에 나타난다. 설계 디테일에 따라 시공의 난이도가 높을 수도 있고 낮을 수도 있다. 시공의 난이도가 높으면 당연히 시공단가는 올라갈 수 있다. 그 난이도를 해석하는 차이가 크면 시공사마다 제시한 공사비의 차이도 커질 수밖에 없다. 똑같은 도면을 가지고 견적을 내는데 무슨 해석 차이가 발생하느냐고 반문할 수 있지만 사실이다. 도면의 해석 차이로 인해 건축주, 건축가, 시공자 간에 끊이지 않는 공방전이 실제 집짓기 과정에서는 많이 일어나고 있다. 인정하고 싶지는 않지만 이 모두가 돈과 연관되어 있기 때문이다.

이해를 돕기 위해 조금 더 쉽게 설명하겠다. 설계도면에서 벽 마감이 벽지로 되어 있는 경우에 견적작업을 한다고 가정해보자. 대개는 벽지 회사와 모델명은 설계도면에 표시되어 있다. 그러나 부자재와 인건비에 대한 표시는 없다. 이 부분은 시공회사가 판단해서 견적에 반영하게 된다. 여기서 해석의 차이에 의한 변수가 생기는 것이다. 도배작업에 투입될 인력을 몇 명으로 볼 건지, 어떤 작업자를 선별해서 투입할 것인지에 따라 비용 차이가 생긴다. 소위 A급 시공자와 B급 시공자의 인건비는 1.5배까지 차이가 날 수도 있다. 경력과 보유 기술 그리고 작업 시 꼼꼼함 정도에 따라 공정별 작업팀의 시공 품질 차이가 확실하게 난다.

예산과 상관없이 계획안대로 지을 수 있다면 무슨 걱정과 고민이 있겠는가. 하지만 한정된 예산을 가지고 집을 지어야 한다면 내가 가진 예산에 맞게 일부는 내려놓을 줄도 알아야 한다. 고품질의 마감사양으로 치장된 집을 원하면 그만큼의 비용을 투입하면 된다. 적절한 비용이 투입되지 않으면 아무래도 만족도가 떨어질 수밖에 없는 결과를 가져오는 게 어쩌면 당연하다. 혹시라도 '싸고 좋은 집'을 짓고 싶다면 내 마음속에 자리 잡고 있는 욕심을 버리자. 오히려 '하나를 얻었으니 다른 하나는 내려놓겠다'는 마음가짐이 필요하다.

05

싸고 좋은
집을 짓고 싶은가?

예산이 넉넉지 못한 예비건축주들 대부분은 '싸고 좋은 집'을 짓고 싶어한다. 집은 짓고 싶은데 예산이 부족하다 보니 가지고 있는 예산 안에서 잘 지어보겠다는 간절한 마음의 표현이 아닐까 싶다. 건축비는 집짓기 과정에서 설계나 시공만큼이나 가볍게 여겨서는 안 되는 중요한 요소 중 하나다. 설계가 만족스럽게 나왔더라도 가지고 있는 예산 때문에 설계대로 집이 지어지지 못하는 경우도 많다. 시공품질이 제대로 나오지 않는 대부분의 경우도 알고 보면 비용문제 때문일 가능성이 크다. 가지고 있는 예산은 한계가 있지만 품질이 좋은 집을 짓고 싶은 마음은 굴뚝같다. 싸고 좋은 집을 지을 수는 없는 걸까? 혹시나 하는 마음으로 기대를 갖고 방법을 찾아본다. 주변에 지인들에게 물어보기도 하고, 싸게 지었다는 집을 수소문해서 찾아가 보기도 한다.

누군가 나에게 "싸고 좋은 집을 짓고 싶은데 가능할까요?"라고 묻는다면 나는 1초의 망설임도 없이 "아니요, 불가능해요"라고 대답할 것이다. 다시 강조하지만 '싸고 좋은 집'은 없다. 절대로 없다! 사람들은 본능적으로 '싸고 좋은 것'을 원한다. 최소한의 비용과 노력을 들여서 최고의 것을 얻기 원한다. 이것은 어쩌면 사람들의 본능일지도 모르겠다. 하지만 싸고 좋은 것에는 역설적인 의미가 있다. '역설'의 사전적 의미는 '어떤 주장에 반대되는 이론이나 말'이다. 싼 물건은 그만큼의 값만 한다는 얘기다. 극히 드물게 예외는 있을 수 있지만 말이다. 따라서 싼 물건을 산다면 그 값어치 이상 해주기를 기대해서는 안 된다.

집도 마찬가지다. 싸게 집을 지으면 싼 만큼의 값어치만 한다고 보면 틀림없다. 싸게 짓기 원하면서 그 값어치보다 훨씬 나은 결과물을 가지려고 할 때 문제가 발생한다. 물론 싸고 좋은 집을 실현하는 것이 아주 불가능하지는 않다. 이것이 가능하려면 한 가지 조건이 필요하다. 집을 싸고 좋게 지으려면 누군가의 희생이 따라야 한다.

건축주 입장에서는 자신이 원하는 수준보다 눈높이를 낮춰야 건축비를 줄일 수 있다. 가령 한 세트에 가격이 1,000만 원인 주방가구를 설치해야겠다고 마음먹었다고 치자. 그런데 전체 건축비가 예상보다 초과되었다. 건축비를 낮추려면 즉 싸게 지으려면 어떻게 해야 할까? 그렇다. 사양을 낮춰서라도 500만 원짜리 주방가구를 설치하지 않으면 비용을 줄이지 못한다. 사양을 낮추면 전체 건축비를 낮출 수 있다. 다른 항목도 예외는 아니다. 건축비를 줄이려면 항목별 비용을 낮춰야 한다.

건축면적을 줄이는 것도 방법이다. 건축면적을 줄이면 원하는 사양을 그대로 유지하면서 건축비를 낮출 수 있기 때문에 비용에 구애받지 않으면서 좋은 품질의 집을 지을 수 있는 확률이 높아진다. 건축면적도 줄이고 싶지 않고 실내외 마감재료에 대한 눈높이도 낮추기 싫은데 집의 품질은 높이고 싶다면 방법은 두 가지뿐이다. 예산을 더 확보하던지 아니면 이대로 지으면 집의 품질이 높지 않을 수 있다는 사실을 인정하는 것이다. 그렇지 않으면 집을 지어주는 시공사에게 희생을 강요하는 수밖에 없다.

제한된 예산을 가지고 있는 건축주에게 집을 싸게 지어주려면 시공사는 마땅히 가져가야 할 기업이윤을 줄여야 한다. 이윤을 줄여야 거기서 확보된 비용을 가지고 시공에 투입할 수 있다. 물론 자재나 인건비를 낮추는 것도 방법이겠지만 이렇게 하면 전체적인 집의 품질에 나쁜 영향을 미칠 수 있다. 따라서 시공사 입장에서도 이윤을 포기하면서까지 추가비용을 투입해서 집을 지어주는 일은 결코 쉬운 결정은 아니다.

싸고 좋은 집의 문제는 건축주나 시공사가 얼마만큼의 희생을 원하느냐에 달려 있다 해도 과언이 아니다. 그렇다고 평생에 한 번 올까 말까 한 집짓기 기회를 가진 건축주가 예산 때문에 꿈 목록을 하나씩 지울 수도 없지 않겠는가. 시공사는 또 어떤가. 집을 짓기 시작해서 마무리까지 길게는 몇 개월의 시간이 소요된다. 그 기간 동안 현장을 운영하기 위해서는 자금이 필요하다. 운영자금은 회사 이윤을 통해서 마련된다. 그뿐만이 아니다. 향후 2년간 어디서 나올지 모르는 시공하자에 대한 비용도 확보해 두어야 한다. 이처럼 이윤을 줄인다는 것은 회사 운영에 적잖은 영향을 미칠 수 있다. 따라서 시공사가 이윤을 줄여서까지 집의 품질을 높이는 데 비용을 투입하는 것은 특별한 목적, 가령 마케팅 용도로 그 집을 활용하는 등의 목적 없이는 그 어떤 시공사도 희생을 감당하지 않을 것이다.

건축주 입장에서 집짓기는 평생 모은 돈을 다 투입해야 하는 일생일대의 투자다. 싸고 좋은 집이 말 그대로 실행될 수만 있다면 이보다 더 좋은 일이 어디 있겠는가. 그러나 현실은 그리 녹록지 않다. 그렇다고 내 집이 싸구려처럼 보이는 건 죽기보다 싫다. 싸고 좋은 집을 짓기 위해 인터넷을 들여다보고 지인들에게 조언도 구해보지만 그럴수록 머릿속은 더 복잡해진다. "내가 아는 사람이 최근에 평당 300만 원에 집을 지었는데 따뜻하고 좋다더라.", "회사에 맡기지 않고 작업팀을 시켜서 직영으로 공사하니까 비용이 엄청나게 절약되더라." 등의 말은 건축주의 귀를 현혹시키기 딱 좋다. 이 때문에 발품만 팔면 얼마든지 싸고 좋게 집을 지을 수 있다는 생각이 들기도 한다. '싸게 지어야 해'라는 생각의 틀에 사로잡혀 있다 보니 나도 모르게 주변에서 일어나는 모든 일에 의심을 갖게 된다. 특히 시공사에 대해서는 더욱더 의심의 눈초리로 바라보게 된다. "도대체 이 시공사는 내 집을 지어주면서 얼마나 남겨 먹을까? 분명 많이 남겨 먹을 텐데"라는 의심이 커진다. 요구하는 대로 다 주면 속는 거 같고 남들보다 더 비싸게 집을 짓게 되는 거 같은 불안감이 사라지지 않는다.

인터넷에는 '싸고 좋은 집'을 지어주겠다는 광고물로 홍수를 이룬다. 터무니없이 싼 집을 지어주겠다는 광고지만 어느새 그 광고 배너를 향해 마우스의 커서를 움직이고 있는 나를 발견한다. 그런 일은 일어나지 않는다는 것을 알고 있지만 속는 셈치고 해당 사이트에 들어가 본다. 하지만 결과는 역시 광고에서 얘기하는 것과는 정반대다. 예상보다 평당 건축비가 싼데는 반드시 이유가 있다. 눈에 보이지 않는 함정이 있을 수도 있고 공사를 진행하는 도중에 옵션이 추가되면서 별도의 비용이 발생하는 경우도 있다. 따라서 만족할 만한 결과를 내기 위해서는 싸고 좋은 집을 짓겠다는 생각의 틀을 벗어버리고 '내 예산에 맞는 경제적인 집짓기를 하겠다'라는 스마트한 생각의 전환이 필요하다. 이때는 반드시 각 분야 전문가의 도움을 요청해야 한다. 인터넷 정보를 팩트fact 체크 없이 그대로 받아들이거나 비전문가의 의견을 수렴하면 해결점을 찾지 못하고 오히려 문제를 더 키우게 될 수도 있기 때문이다.

욕심을 버려야 집짓기가 쉬워진다

경제적인 집짓기의 키워드는 '욕심 버리기'다. 집짓기에 필요한 주체는 건축주, 건축가 그리고 시공사다. 이들 모두가 만족하면 행복하고 재미있게 집짓기를 마무리할 수 있다. 반면 어느 한 사람이라도 만족하지 못하면 불협화음이 생기게 마련이다. 만족하지 못하는 이유는 바로 욕심 때문이다. 집짓기는 '욕심을 빼는 과정'이라고 해도 과언이 아니다. 욕심으로 인해 좋지 못한 결과가 발생한다. 좋은 결과를 내기 위해서는 각자 마음에 두고 있는 욕심을 내려놓고 각자의 전문성을 인정해주는 것이 중요하다. 이것이 가능하려면 서로 간의 신뢰가 바탕이 되어야 한다. 서로를 믿어주어야 한다는 말이다. 그리고 집짓기를 시작하기 전에 충분히 시간을 갖고 서로의 얘기를 경청해야 하는 일도 필요하다. 각자 원하는 바가 무엇인지, 어떤 고민을 갖고 있는지 각자의 상황을 허심탄회하게 다 털어놓고 시작해야 신뢰가 쌓이고 그래야 집짓기를 마칠 때까지 서로의 신뢰감이 유지될 수 있다.

설계나 시공 계약서에는 프로젝트를 맡기는 주체와 그 프로젝트를 수행하는 주체를 갑(甲)과 을(乙)로 각각 표기하고 있다. 여기서 갑은 대개 건축주고 을은 설계사무소 또는 시공사다. 하지만 공사를 시작해서부터 마감공사를 진행할 때까지는 갑과 을의 순서가 바뀌는 경우가 많다. 건축주가 을이 되어 건축가와 시공사의 눈치를 보게 되는 것이다. 건축가와 시공사는 설계와 시공 분야의 전문가라 할 수 있다. 따라서 그들은 프로젝트가 끝날 때까지 건축주가 불안해하지 않게 안내하고 안심시키면서 잘 리드해야 할 의무가 있다. 건축주는 전문성을 가지고 있는 건축가와 시공사를 의심하지 않고 인내하며 지켜봐 줘야 한다.

갑과 을 얘기로 다시 돌아가 보자. 사실 계약서대로 갑과 을의 역할이 정확히 나뉘어 서로를 견제하다 보면 결과가 좋지 않게 끝나는 경우가 다반사다. 그렇다고 신뢰만을 가지고 끝까지 밀고 가려니 건축주의 불안감은 커질 수밖에 없다. '돈은 다 줬는데 공사를 안 하면 어떡하지?'와 같은 불안감 말이다. 신뢰는 하루아침에 쌓이는 것이 아니다. 싸고 좋게 지으려고 궁리하는 사람은 계약서상에서는 갑이지만 실제로는 철저히 을의 위치가 될 마음의 준비를 하고 있어야 한다. 입장을 바꿔놓고 생각해보면 의외로 쉽게 이런 관계를 이해할 수 있다. 건축주가 시공사 입장이 되어 보면 회사 이윤까지 포기하면서까지 집을 지어 줄 수 있을지 생각해보게 된다. 시공사 입장에서는 인건비, 자재비, 안전관리비 등은 줄일 수 없는 비용이다. 반드시 투입되어야 기본적인 품질을 보장받을 수 있기 때문이다.

공사비에 대한 정보는 사실 쉽게 알 수 있다. 전원주택 관련 잡지를 보면 소개된 집에 대한 정보를 친절하게 적어 놓는다. 건축면적, 외부마감재, 내부마감재, 총공사비에 이르기까지 말이다. 하지만 이 정보를 액면 그대로 받아들여서는 안 된다. 내·외부가 화려한 집의 공사비를 보고 '저런 집을 어쩜 저렇게 싸게 지었을까' 감탄하기 쉽다. 하지만 지면상에서는 다 표현할 수 없는 숨겨진 추가 공사비나 각종 세금 인입비 등이 빠져 있는 경우도 많다. 따라서 이런저런 보이지 않는 비용까지 다 합하면 총공사비는 잡지에 소개된 비용보다 훨씬 높았을 가능성이 크다.

자! 이제부터라도 싸고 좋은 집을 짓겠다는 생각은 내려놓자. 싸게 지어

주겠다는 시공사가 설사 있다고 하더라도 시간을 갖고 잘 알아보는 여유가 필요하다. 시간에 쫓기다 보면 깊은 생각을 할 수가 없다. 마음이 조급하기 때문에 쉽게 결정을 내려버리는 오류를 범하기 쉽다. 그렇다고 싸게 지어주겠다고 하는 시공사 모두를 의심의 눈초리로 봐야 하는 건 절대로 아니다. 내가 싸게 짓는 만큼 '그래! 결과에 대해서도 만족해야지'라는 마음가짐을 갖고 있다면 괜찮다.

사실 영국이나 독일과 같은 유럽 선진국에서는 소셜하우징social housing 이라는 제도를 통해서 사회적 약자 층을 위해 가능한 싸게 집을 지어 보급하고 있다. 이들의 관심은 어떻게 하면 싸게 지어서 집 없이 사는 많은 사람들이 혜택을 보게 할지에 쏠려 있다. 따라서 가능한 싸고 유지관리에 추가비용이 들지 않는 자재를 사용한다. 인건비와 간접공사비를 줄이기 위해 아파트와 같이 똑같은 집을 공장에서 찍어내듯 제작하기도 한다. 모든 초점이 비용 절감에 있다고 해도 과언이 아닐 정도다. 소셜하우징에 입주하는 사람들은 일반적인 집보다 훨씬 싸게 지어진 집이라는 인식을 갖고 있기 때문에 대개 집의 품질에 대한 불만이 없다.

이런 목적으로 내 집을 짓는 것이 아니라면 시장에서 기본적으로 형성되어 있는 공사비보다 싸다고 해서 서둘러 계약하지 않기를 바란다. 조금 시간이 걸리더라도 내가 왜 집을 지으려고 하는지에 대해 깊이 생각하고 그 생각을 정리하는 시간을 갖는 것이 싸게 짓는 것보다 유익한 결과가 나올 확률이 훨씬 높다.

06

왜 집을 지으려고 하는지
스스로에게 먼저 물어라

"집을 짓고 싶은데 어떻게 해야 하죠?"라는 물음에 누군가가 "아무 걱정 말고 저한테 맡기세요. 제가 알아서 다 처리해 드릴게요."라고 답했을 때, 그 사람의 말에 귀가 솔깃한 건축주는 솔직히 집을 지을 '마음의 준비'가 되어 있지 않을 확률이 높다. 다른 사람에게 모든 것을 맡기면 마음이야 편할 수 있다. 여러 가지 복잡한 상황에 휩싸이지 않아도 되는 것처럼 보이기도 한다. 맡겨서 결과가 잘 나온다면 얼마나 좋겠는가. 하지만 모든 결과가 다 좋은 것만은 아니다.

내가 살 집인데 그 집에 대해 고민하는 것은 어찌 보면 당연한 일이다. 그런데 누군가가 알아서 처음부터 끝까지 챙겨주면 좋겠다는 생각은 내가 신경을 쓰지 않겠다는 마음이 밑에 깔려 있는 것이다. 내가 신경 쓰지 않으려고 많은 비용을 써가며 건축가에게 설계를 맡기고 시공사에게 공사를 맡기는 거 아니냐며 반문할 수도 있겠다. 내가 할 수 없는 분야에서 전문가의 도움을 받는 것은 지극히 당연한 것이다. 하지만 내가 할 수 있고 내가 해야 하는 일임에도 불구하고 그 부분까지 그들에게 떠넘기는 것은 문제가 있다. 건축설계에 대한 전문적인 지식을 가지고 있는 사람이 건축가라지만 땅만 가지고는 설계가 불가능하다. 그 땅에 집을 짓고 살 사람들 각자의 이야기가 필요하다. 그 이야기를 건축가에게 전달해 줄 사람은 바로 집을 지으려는 건축주다. 같은 땅이라도 그 땅에 집을 지을 사람이 다르다면 집도 다르게 설계되어야 한다. 삶의 이야기는 사람들마다 다르기 때문이다.

만약 집짓기를 계획하고 있다면 아파트 평면구조는 과감하게 잊어버리라고 앞에서 강조했던 것을 기억하는가. 아파트 평면은 나와 가족의 삶의 이야기가 전혀 반영되어 있지 않다. 그래서 내가 굳이 고민을 하지 않아도 된다. 결과에 대한 만족도가 높지 않더라도 불만은 없다. 주어진 공간에 내 삶을 맞춰 살면 되니까 그냥 살게 된다. 옆집, 앞집, 윗집, 아랫집에 사는 사람들도 똑같은 공간에서 사니까 큰 불평 없이 살게 된다. 하자가 생겼더라도 관리실 전화 한 통이면 시공사에서 다 처리해주기 때문에 내가 걱정할 일이 없다.

아파트 설계도면에는 내 삶의 이야기기가 단 한 가지도 적용되지 않았다. 설계에서 시공까지 내가 신경 쓸 일은 아무것도 없다. 중도금 지불에 대한 계획만 세워 놓으면 그만이다. 입주 날짜에 맞춰 몸만 들어가면 되니까 걱정이 없다. 아무 걱정도 고민도 없이 설계에서 입주까지 원스톱으로 해결할 수 있는 아파트에 여전히 마음이 끌리는가? 이럴 때가 선택과 집중이 필요한 때다. 내가 왜 집을 지으려는지 깊이 생각하고 고민하지 않으면 내가 원하는 삶을 구현해 줄 집을 짓기란 결코 쉽지 않다. 이런 생각과 고민은 그 누구도 대신해 줄 수가 없다. 고민이 깊을수록 정신적으로나 육체적으로는 힘이 든다. 하지만 고민을 토대로 지어진 집의 가치는 아파트의 가치와는 비교할 수 없을 정도로 크다.

집짓기를 계획하고 있다면 스스로에게 던져야 할 몇 가지 질문들이 있다.

어떤 집을 꿈꾸고 있는가?

나와 내 가족이 어떤 생활방식으로 삶을 살아가기 원하는가?

아파트와 다르게 계획된 집에서 산다고 아파트에서의 삶과 어떤 큰 차이가 있을까?

아파트를 벗어나는 것만으로도 행복한 삶을 누릴 수 있을까?

이런 질문들에 쉽게 답할 수는 없지만 그렇다고 결코 가볍게 넘겨서는 안 될 질문들이다. 집을 짓는 가장 큰 이유는 입주해서 안락하고 행복한 삶을 살고 싶기 때문이다. 그런 삶을 기대하고 집을 짓고 입주해 살아가지만 끝내 적응하지 못하고 몇 년도 지나지 않아서 다시 아파트로 돌아가는 사람들의 수도 꽤 많다. 그토록 꿈꾸어 왔던 집이었는데 왜 사람들은 그곳에서 적응하지 못했을까?

제주도에 오래전 이주해서 살고 있는 지인에게 어떻게 하면 제주도에 잘 정착해서 살 수 있는지 물었던 기억이 난다. "제주도에 이주해 온 사람은 3년 동안 적응하지 못하면 다시 떠나는 확률이 높아요. 하지만 3년을 채우는 사람들은 10년이고 20년이고 잘 정착해서 살지요."

익숙한 아파트 환경을 벗어나 낯선 곳에서 새롭게 정착해 산다는 것은 정말 어려운 일이다. 많은 시간과 돈을 투자하고 10년은 늙을 정도로 고민에 고민을 거듭하며 집을 지었는데 얼마 안 되어 다시 아파트와 같은 익숙한 환경을 찾아 돌아가는 사람들을 보면 안타까운 마음뿐이다.

사실 나도 집을 짓고 입주한 지 1년도 되기 전에 단독주택 생활을 포기하고 아파트로 돌아가려고 했었다. 그런 나와는 정반대로 아내는 처음부터 아파트를 떠나 단독주택에 들어가서 사는 것을 못마땅하게 여겼다. 초등학교에 다니는 딸아이가 맘 편하게 뛰어노는 환경을 조금이라도 어렸을 때 마련해 줘야 하지 않겠느냐는 나의 설득이 없었다면 아마 지금도 아파트에 거주하고 있었을 것이다. 그러던 내가 단독주택에서의 생활을 접고 아파트로 다시 이사 가자고 아내에게 제안했으니 그 얘기를 들은 아내는 무척이나 당황스러워했다. 그때는 이것저것 신경 쓸 게 너무 많아서 정말 집이고 뭐고 다 포기하고 편하게 아파트로 이사 가고 싶었다. 지금 생각해보면 그때 다시 아파트로 돌아가지 않은 게 얼마나 다행스런 일이었는지 모른다. 하지만 그때 내 심정은 그냥 모든 걸 다 포기하고 싶었다.

10년 전부터 아파트를 벗어나 단독주택에 사는 꿈을 가지고 있던 내가 왜 1년도 안 되어 꿈을 포기하려고 했을까? 이유는 간단했다. 그냥 단독주택에 살고 싶다는 꿈만 꾸고 있었지, 왜 지으려고 하는지에 대해 충분히 고민하지 않았기 때문이었다. 나보다 설계를 잘하는 건축가나 나보다 시공에 대해 경험이 많은 시공사에게 일을 맡기면 다 해결될 것이라는 착각에 빠져 있었던 거였다.

나도 대학에서 건축을 전공하고 건축업계에서 20년간 일을 하고 있지만, 지인에게 설계를 맡겼고 시공도 맡겼다. 빨리 지어서 입주하고 싶은 마음에 아내의 의견도 반영하지 않고 내 의견도 제시하지 못했다. 계약한 지한 달쯤 지나서 친구 건축가가 제안한 계획안을 대충 살펴보고 그냥 수용하고 말았다. 시간적인 여유를 갖지 못하고 빨리 설계하고 빨리 시공 끝내고 빨리 입주하려는 생각만 가지고 있다 보니 다른 것들을 둘러보지 못했던 것이 화근이 되었다. 이사 날짜에 쫓기다 보니 아직 마무리가 덜된 집에 들어가야 했고 자잘한 하자문제가 발생해서 신경 쓸 일이 한두 가지가 아니었다. 아파트에서 생활할 때는 생각하지도 경험하지도 못했던 자질구레한 일들이 생기다 보니 짜증이 났다. 아내와 딸아이의 눈치까지 보게 되면서 집이 그냥 싫어졌다. 단점들만 보이기 시작하니까 정작 충분히 누릴 수 있는 단독주택의 장점들은 아예 느낄 겨를도 없었다.

집을 짓겠다고 마음의 결정을 내렸다면 그곳에서 어떤 삶을 살 것인가를 먼저 고민하는 것이 중요하다. 내 의견뿐만 아니라 함께 살게 될 가족과 충분히 고민하고 의견을 모으는 과정도 필요하다. 가족이지만 각자가 원하는 삶의 방향과 라이프스타일은 너무나 다를 수 있다. 가족들과 공통적으로 누려야 할 삶의 가치는 무엇인지 '집의 존재에 대한 의미'도 고민해 보아야 한다. 집을 짓는데 이렇게 철학적인 고민까지 해야 하느냐고 반문할 수도 있겠지만 말이다.

모든 일에는 시행착오가 있을 수 있다. 어떤 일의 목표에 도달할 때까지 여러 가지 일을 시도해보고 실패를 되풀이하는 일이 시행착오다. 실행과 실패를 되풀이하면 시간이나 돈도 많이 투입되지만 시행착오를 통해 얻는 경험에 비하면 이 정도 투자는 감수할 만하다. 집을 지을 때 많은 사람들이 아직도 시행착오를 겪고 있다. 시행착오를 최소로 줄이기 위해 여기저기 알아보고 바쁘게 뛰어다닌다.

대부분의 사람들에게 집짓기는 평생에 한 번 찾아올까 말까 한 일생일대의 투자다. 좋은 결과를 내기 위해 가진 것 모두를 집짓기에 투입한다. 집짓기에서 시행착오를 겪는 것은 그야말로 다시 회복할 수 없는, 마치 되돌아올 수 없는 길로 떠나는 것과 마찬가지다. 집짓기는 한 번 실패하면 그 경험을 가지고 다시 지을 수 있는 일이 아니다. 그렇다면 시행착오를 줄이면서 후회 없이 내 집을 짓기 위해서는 어떻게 해야 할까?

우선 다른 사람들이 집을 지으면서 반복적으로 저지르는 실수를 내가 교훈으로 삼는 마음자세가 필요하다. '저런 일이 설마 나한테 벌어질까'라는 생각은 금물이다. '좋은 집'의 시작은 집을 지으려는 사람의 마음가짐에 달려 있다 해도 과언이 아니다. 남보다 싸게 짓는 것이 '좋은 집'의 의미는 결코 아니다.

집짓기를 시작하면 돈, 시간, 사람과의 관계 등 여러 가지 요소들이 복잡하게 얽히면서 나와 가족의 마음을 상하게 하는 경우도 흔히 발생한다. 이런 일은 피할 수 있으면 피하는 게 좋다. 그러나 제3자에게 모든 것을 맡긴다고 해서 해결되는 일은 아니다. 집짓기는 피할 수 없는 스트레스와의 싸움이다. 미국 심장 전문의 로버트 엘리어트는 《마음의 짐을 덜고 건강하게 삶을 사는 법》에서 '피할 수 없으면 즐겨라'라고 말한다. 어차피 일어날 일이라면 스트레스 받지 말고 그 상황을 즐기라는 의미다. 집짓기에서 꼭 필요한 마음자세가 아닌가 싶다.

피할 수 없으면 즐기자! 집짓기를 결정했다면 즐겁게 시간을 투자해서 고민해야 할 부분이 집에 대한 아이디어를 모으는 일이다. 나와 가족의 삶의 가치를 고민하고 집이 주는 존재 의미를 고민하는 일, 다른 사람들에게는 찾아볼 수 없는 나와 가족만이 가지고 있는 문제를 파악하고 해답을 찾는 일, 이것은 신경 쓰고 고민해야 할 일이지만 이 모든 과정을 통해 나와 가족이 즐겁고 행복하게 삶을 누릴 수 있다면 충분히 가치 있는 일이 아닐까 싶다. 이처럼 삶의 가치를 만족하는 집을 지으려면 나와 가족에게 맞는 집이어야 한다. 사전에 충분히 고민하지 않으면 나중에 "아! 이것만은 꼭 집에 적용했어야 했는데, 이 부분은 아내의 말이 맞았네."라며 후회하게 될 일들이 많아진다.

⌂

2장

단독주택, 개성에 맞게 짓는 노하우

사는 사람의 생각과 철학이
고스란히 녹아든 집

좋은 집을 짓기 위해서는 무엇보다 건축주의 마음가짐, 즉 생각이 중요하다. 건축주가 어떤 생각을 가지고 있느냐에 따라 집의 가치는 180도 바뀔 수도 있다. 나의 생각과 철학이 녹아 있지 않은 집은 단순한 쉘터shelter로서의 기능만을 수행할 뿐이다. 추위로부터 몸을 지키고 비바람을 견딜 수 있는 장소로서의 기능 말이다. 그렇다면 나의 생각과 철학이 담긴 집을 실현하기 위해서는 어떻게 해야 할까? 생각과 철학을 집에 담는다는 것은 왜 그렇게도 중요한 걸까?

영국 총리를 지낸 윈스턴 처칠은 "우리가 건축물을 만들지만 그 건축물이 다시 우리를 만든다."는 의미심장한 말을 한 적이 있다. 이 말은 잘 계획되어 지어진 건축물은 사람들에게뿐만 아니라 넓은 의미로는 사회 전반에까지 좋은 영향을 미칠 수 있고, 반면에 잘못된 건축은 사람들에게나 사회에 악영향을 미칠 수도 있다는 뜻이다. 윈스턴 처칠의 말은 내가 어떤 마음가짐으로 집을 짓느냐에 따라 그 집이 나에게 좋은 영향을 미칠 수도 있고,

아니면 악영향을 미칠 수도 있다는 것을 뜻하기도 한다.

내 집을 짓는데 다른 사람들이나 사회에 미칠 영향까지 고민해야 할 필요가 있는 것일까?

그렇다. 처칠의 말처럼 내 집이 주변과 사회에 좋은 영향을 미친다면 이 또한 의미 있는 일이지 않은가. 집의 가치를 중요하게 여기는 사람들이라면 처칠의 말은 되새겨 볼 만한 가치가 분명히 있다.

사람들은 아름다운 꽃을 보거나 예술작품을 감상하면서 감동을 느낀다. 감동을 느낀다는 건 마음이 움직였다는 것이다. 이처럼 아름다움에는 사람들을 감동시키는 힘이 있다. 누군가 나에게 "건축물도 사람들을 감동시킬수 있을까요?"라고 묻는다면 나는 한 치의 망설임도 없이 "그렇다"고 말할수 있다. 물론 개인적인 생각이지만 말이다. 2016년 덴마크 코펜하겐의 교회건물이 주었던 감동을 경험하지 못했다면 나 역시 이 질문에 바로 그렇다고 대답하기가 쉽지 않았을 것이다.

나는 대학에서 건축, 디자인을 공부하고 영국에서 6년간 살면서 유럽의 여러 나라로 건축여행을 갔다 온 경험이 있다. 2008년 다시 한국에 돌아와서도 건축업계에 몸담고 있다. 강산이 두 번 바뀔 시간 동안 건축업계를 떠나지 않고 있다. 그런 나도 100여 명 정도 수용할 수 있는 덴마크의 작은 교회에 가기 전까지는 건축물에서 감동을 느낀 경험은 갖지 못했다. 지금도 그 교회를 생각하면 그때의 감동이 물밀듯 밀려온다. 나도 모르게 눈물이 글썽일 정도의 진한 감동을 느끼게 해준 건물은 바우스배어Bagsvaerd 교회다. 덴마크 태생의 건축가 요른 웃존Jorn Utzon이 설계해서 1976년에 완공된 코펜하겐 근교의 작고 아담한 교회다.

나는 영국에 있을 때 시간 날 때마다 로마를 비롯한 유럽의 많은 나라를 돌아보며 유서 깊고 역사적 가치를 담고 있는 교회, 성당들을 직접 다니면서 다양한 경험을 가졌다. 그때 기억을 떠올려보면 신기하고 호기심에 여기저기 둘러보기는 했지만 그냥 좋다는 느낌을 받았을 뿐 큰 감동은 없었다. 그런데 규모도 작고 겉으로 보이는 모습은 박스 형태의 교회건물에 첫발을 내딛자마자 몰려들었던 감동이란…. 아직도 그 모습을 생각하면 그때 그 감동이 눈에 아른거린다. 그렇게 물밀듯 밀려온 감동은 과연 무엇 때문이었을까? 그날 내 심리적인 상태가 다른 때보다 더 센티멘털 했었던 걸까?

나는 그렇게 생각하지 않는다. 나 혼자만 느꼈던 감정이라면 의심의 여지가 있을 수도 있다. 하지만 그날 나와 같이 그곳을 방문했던 지인 두 사람도 내가 느꼈던 비슷한 감정 때문에 눈물을 흘렸다고 나중에 내게 고백했다. 그날 그 교회에서 나와 지인이 느꼈던 것은 건물이 주는 아름다움이었다. 지금까지 다른 건축물에서 경험하지 못했던 그 아름다움이 우리에게 그렇게도 큰 감동을 선사했던 것이다. 유럽의 여러 유서 깊은 교회·성당 건축물에서는 느낄 수 없었던, 말로 설명할 수 없을 정도의 감동이 왜 중세 종교건물과 비교도 되지 않는 작은 시골 교회에서 전해졌을까?

바우스배어 교회 방문 이후 1년 동안이나 뚜렷한 이유를 찾아내지 못하고 있었다. 그런데 2017년 5월 독일 베를린에서 '건강하고 친환경적인 건축'이란 주제로 열린 국제심포지엄에 참석했을 때 비로소 그 이유를 알게 되었다. "건축물 안에 있는 사람들은 그 안에서 좋은 기분을 가질 때 비로소 그 건축물이 아름답다고 느낀다"는 발표자의 말을 듣고 나도 모르게 맞장구를 치고 말았다. 아! 그렇구나. 바우스배어 교회에서 느꼈던 감동도 건물이 주는 평안하고 안락한 마음에서부터 나온 거였다. 교회 안에 들어서자마자 느꼈던 황홀한 감정이 내 기분을 좋게 만들었고 동시에 평안한 마음이 내면 깊숙이 자리 잡았던 것이다. 그리고 그 평안함의 중심에는 강렬하지만 교회 내부 전체에 은은하게 들어오는 자연광^{daylight}과 풍성한 수직 공간이 큰 몫을 하고 있었다.

천장 꼭대기 창에서 들어오는 자연 빛이 곡선 면을 따라 다양한 빛깔을 내고 있다

예배당 중앙에 높이 솟은 수직 공간을 통해 내부로 퍼지는 빛은 평안하고 안락함을 제공한다

바우스배어 교회는 아름다움과 인간의 감성을 자극하는 독특한 무엇인 가를 교회를 찾는 사람들에게 제공하고 있었다.

"사용자에게 아름다움(美)의 메시지와 감성을 제공할 수 있어야, 바로 그것이 건축이다." 멕시코 건축가 루이스 바라간의 말이다. 바우스배어 교회를 두고 한 얘기는 아니겠지만 그가 생전에 이 교회를 방문할 기회가 있었다면 "바우스배어 교회는 사람들에게 아름다움과 감성 그리고 평온함을 제공하고 있는데, 지금까지 내가 경험해본 몇 안 되는 감동적인 건물로 기억 속에 오래 남을 거 같아요."라고 말했을지도 모를 일이다.

집은 '잠을 자고, 밥을 먹고, 휴식을 취하고, 아이를 기르는' 등의 기본적인 활동을 하는 장소이자 동시에 '생명의 안전과 사생활의 보전' 등의 조건을 만족하는 기능을 가지고 있어야 한다. 더 나아가 '나와 가족의 건강과 휴식을 위해 즐겁고 편히 쉴 수 있는 곳'으로서의 기능도 제공해야 한다. 아직도 많은 사람들은 전자의 조건을 만족시키는 집에 살기 위해 집을 설계하고 시공하는 경향이 있다. 잠을 자는 방을 1층에 배치하는 게 좋을지 아니면 2층에 배치할지 고민하고, 면적은 작아도 방 3개는 있어야 한다며 무리해서라도 평수를 넓혀 설계를 고쳐야 할지 말지 노심초사한다. 주방에는 어떤 브랜드의 주방가구를 사서 넣을지, 몇 인용 식탁까지 배치가 가능한지를 고민하는데 시간을 허비한다. 휴식을 취하는 거실에는 몇 인치 크기의 TV를 어느 벽에 걸지, 일자형 소파가 나을지 L자형 소파가 나을지 고민하는 시간이 대부분이다. 이런 것에 시간을 쓰고 고민을 하다 보니 정작 '나와 가족의 건강과 안락함'을 제공하는 집으로서의 중요한 역할은 미처 생각지 못하고 넘어갈 때가 많다.

건축가 루이스 바라간은 "나의 집은 나의 피난처이자, 건축의 감성적인 부분을 표현한 것이다."라고 강조하고 있다. 이렇게 말한 이유는 집은 단순히 냉정한 기능의 편리함만을 추구해서는 안 되기 때문이다. 집은 사는 사람에게 기본적인 기능과 편리한 생활을 할 수 있도록 역할을 충실하게 제공해야 한다. 맞는 얘기다. 하지만 그것에 너무 집착하다 보면 다른 좋은 부분들도 놓칠 수 있다는 지적이다.

나의 하루 일과를 가만히 돌아볼 때 하루 중 외부에서 생활하는 시간보다 실내에서 보내는 시간이 훨씬 많다는 사실에 깜짝 놀라게 된다. 통계에 의하면 사람들은 하루 중 90%의 시간을 실내에서 보낸다고 한다. 따라서 실내공간이 사람들에게 미치는 영향은 상당히 높다. 실내에서 대부분의 시간을 보내다 보니 건물의 실내환경에 신경이 쓰이게 되는 것은 당연하다. 나쁜 실내환경은 실내에서 생활하는 사람의 건강과 기분에 직·간접적인 영향을 미치기 때문이다.

가족의 건강과 안락함을 제공하는 집을 짓기 위해서는 공기의 질Indoor Air Quality이 좋은 실내환경을 만들어 주는 것이 무엇보다 중요하다. 실내공기의 질을 높이려면 건강한 건축재료를 사용하고, 자연의 빛을 집 안 깊숙이까지 끌어들여 실내를 항상 밝게 유지하며, 오염된 실내공기를 기계장치에 의존하지 않고 자연적으로 환기시키는 등의 노력이 필요하다. 가족 중에 아토피와 같은 피부 질환이나 호흡기 질환을 앓고 있는 사람이 있다면 하루빨리 그 집을 떠나고 싶은 심정일 것이다. '물 좋고 공기 좋은 곳으로 이사 가서 나무집이라도 짓고 살다 보면 상황이 나아지겠지.' 이런 막연한 희망을 갖고 말이다. 그러나 아무리 공기 좋고 물 맑은 곳으로 이사 가더라도 내가 사는 집의 실내환경이 좋지 못하면 생각만큼의 큰 효과를 보지 못한다.

알랭 드 보통은 그의 책 《행복의 건축》에서 "장소가 달라지면 나쁜 쪽이든 좋은 쪽이든 사람도 달라진다."며 장소, 즉 공간의 중요성을 강조한 바 있다. 좋은 집은 사람도 달라지게 하는 마술과도 같은 힘이 있다. 흔히 집은 '사는 사람의 삶을 담아내는 그릇'이라고 표현된다. 나와 가족의 삶을 담는 그릇으로서 집이 어떤 방향으로 우리의 삶을 담을 수 있느냐는 중요한 문제다. 굳이 철학적으로 접근하지 않더라도 내가 집을 짓게 된다면 가장 중요하게 생각하는 요소가 무엇인지 깊이 고민해 보기 바란다.

집에 있을 때 나와 가족이 좋아하는 것은 무엇이고 어떤 것을 하고 싶은지 깊이 생각해 보라. 집은 사는 사람의 삶이 반영되기 때문에 그 사람을 닮는다. 나와 비슷한 성격, 말투, 행동을 가진 사람과 만나면 대개는 편안함을 느낀다. 집이 나와 닮아 있다면 최소한 낯설게는 느껴지지 않을 것이다. 낯설지 않고 익숙해지면 마음도 편안해진다. 나를 닮은 집을 만들려면 나의 생각이 그 속에 담기는 것이 중요하다. 이때는 내 모습을 그려보는 연습이 필요하다. 커피와 책을 좋아하고, 음악에 심취해 있으며, 낯선 곳에 여행 다니는 것을 좋아하는 나의 모습. 이런 식으로 가족의 모습도 하나씩 그려가다 보면 결국 나와 가족을 닮은 집이 서서히 완성되어 가는 것을 경험할 수 있을 것이다. 이런 집은 나와 가족에게 평안하고 안락한 환경을 제공할 뿐만 아니라 행복감까지 느끼게 해준다.

08

머물고 싶은 집

도심에 살고 있는 사람은 누구나 복잡한 도심을 떠나 한적한 곳에서 여유로운 삶을 누리고 싶은 생각을 한 번쯤은 하곤 한다. 도심 속 환경, 특히 고층의 콘크리트 타워가 즐비한 삭막한 환경은 남녀노소 상관없이 많은 사람들을 늘 긴장 속에 살도록 이끈다. 긴장감으로 인한 스트레스에 노출된 현대인들이 탈 아파트, 탈 도심을 꿈꾸고 있는 것은 어쩌면 당연한 일인지도 모른다. 하지만 스트레스로부터 탈출해 보고자 삶의 터전을 갑작스럽게 옮긴다는 것이 어디 말처럼 쉬운 일이던가. 게다가 쇼핑, 의료, 문화 예술, 교육 등을 위해 인프라 시설이 잘 구축되어 있는 너무나도 익숙한 도심을 떠나 살기란 생각만큼 쉽지 않다.

도심지 거주자들의 이런 상황을 반영해 최근 분양 중인 도심지 아파트는 작은 변화를 주고 있다. 단지 내에 작은 공원이나 소규모의 숲을 조성하고 있는 것이 단적인 예다. 인공적으로라도 자연적인 요소를 단지 안으로 끌어들여 거주자들이 도심지를 떠나 있다는 생각을 조금이라도 갖도록 하는 것인데, 탈 아파트, 탈 도심을 꿈꾸는 사람들의 시선과 관심이 자연적인 요소에 집중되어 있다 보니 자연과 관련된 내용을 가지고 펼치고 있는 분양 마케팅의 일부다. '숲속마을'이나 '숲 아파트'와 같이 자연을 연상시키는 단어를 아파트와 결합해서 마케팅으로 활용하는 사례가 대표적이다.

숲 아파트라고 해서 숲 속에 아파트 단지가 위치해 있을 것이라는 생각은 오산이다. 설사 숲 속에 아파트가 위치해 있다 하더라도 여전히 사람들은 고층으로 된 콘크리트 박스 안에서 하루 중 대부분의 시간을 보내야 한다. 이렇게 숲 마케팅을 하는 아파트 단지들은 외부적인 요소에 집착할 뿐 정작 신경 써야 할 주생활공간에 대한 얘기는 빠져 있다. 주생활공간을 다른 아파트 단지와는 다르게 특화시키는 일이 그리 만만한 작업이 아니기 때문이다. 그러니 상대적으로 시간과 돈을 적게 써서 눈에 띄기 쉽게 만들 수 있는 외적인 부분에 신경을 쓰고 있는 것이다. 이렇게 하는 것이 거주자들에게 과연 어떤 실질적 효과를 제공할 수 있을까라는 의문이 들기도 한다. 하지만 이런 우려에도 불구하고 일반적인 아파트 단지에 비해 인공적이지만 약간의 차이를 가진 숲 아파트가 인기를 끌고 있다고 하니 이런 외적인 요소를 강조하는 마케팅은 실제로 사람들의 이목을 끌기는 하는가 보다. 인간에게는 언젠가는 자연으로 돌아가고 싶다는 '자연회귀'의 본능이 정말 있는 것 같다.

집은 내 생각과 철학이 그 안에 잘 담겨져 있을 때 빛을 발한다. 그런 집은 내 몸에 잘 맞는 맞춤 정장처럼 어색하지 않고 편안하다. 편안한 집은 그 안에 사는 내가 심리적으로나 육체적으로 안락하고 행복하게 그 공간을 사용할 수 있는 환경을 제공한다. 집짓기를 결정한 사람들은 집을 짓고 나면 대부분은 그곳에서 오랫동안 살겠노라 결심한다. 그러나 그 결심이 오래가지 않는 사람들도 있다. 집에 대한 애정을 갖지 못하기 때문에 애착심도 떨어지게 된다. 물건에 대한 애착심이 없어지면 관심이 없어지고 결국에는 버려진다. 집도 마찬가지다. 애착심을 가져야만 오래 살고 싶은 생각이 지속된다. 집에 대한 관심이 낮아지면 낮아질수록 애착심이 떨어진다. 그런 집에 있으면 마음에 안정을 찾기가 어렵다. 집에는 사는 사람의 마음을 움직일 수 있는 요소들이 필요하다. 나와 맞지 않는 요소가 더 많으면 내 마음은 그 집에서 점점 더 멀어질 수밖에 없다.

인지신경과학자 콜린 앨러드는 그의 책 《공간이 사람을 움직인다》에서 장소, 감정, 결정의 연결고리 개념을 다음과 같이 설명한다. "장소는 사람들의 감정에 영향을 주고 그 감정이 결정에 영향을 끼친다." 집에서 느끼는 편안함, 안락함, 행복감 등의 감정은 내가 살고 있는 집의 환경에 따라 달라질 수 있다는 의미다. 앞에서 열거한 감정들과 정반대되는 감정들을 제공하는 집이라면 누구라도 더 이상 그 집에 살고 싶지 않을 것이다. 결국 떠나는 것만이 최선책인지 아니면 참고 더 살아야 하는지 최종 결정 단계에 이르게 된다.

나에게 맞는 집은 내 생각과 철학이 고스란히 담겨져 있어야 한다. 내 생각과 철학이 많이 반영될수록 그 집에 더 많은 애정을 갖게 된다. 집에 대한 애정이 느껴질 때에야 비로소 그곳에서 평온하고 안락한 생활을 누릴 수 있게 된다. 그럴 때 내 마음이 열리고 집과 하나 됨을 느끼게 된다. 내 몸에 딱 맞는 맞춤 정장을 입은 것처럼 말이다.

집은 소유물이 아니라 사는 곳living이라는 인식의 전환도 필요하다. 처음부터 몇 년 후에 상황이 변하면 팔고 다른 곳으로 이사 갈 수 있다는 것을 염두에 두고 집짓기를 시작하면 내 생각과 철학을 적용시키기 어렵다.

이런 사람들은 집을 여전히 소유물이나 투자가치로서 인식한다. 현재 나의 생활방식에 맞는 집을 계획하기보다는 나중에 이 집을 사게 될 사람을 먼저 생각하게 된다. 나만의 개성을 드러내지 못하고 여러 사람이 무난하게 사용할 수 있는 보편적인 집을 떠올리기 쉽다. 이를테면 보편적 주거형태의 대명사인 아파트 구조를 염두에 두게 될지도 모른다. 나의 생활방식을 가장 잘 표현해주는 집이 아니라면 어떻게 집에 대한 애정이 생길 수 있겠는가.

우리들이 마음속에 꿈꾸고 있는 집, 즉 머물고 싶은 집의 모습은 아마도 '마음이 편안한 집', '느낌이 좋은 집', '아늑하고 평온한 집', '햇살이 유난히 잘 비치는 집' 정도의 범위를 벗어나지 않을 것이다. 나도 이런 집이 있다면 당장이라도 그 집으로 이사 가고 싶은 마음이 저절로 생길 것 같다. 하지만 막상 집을 지을 기회가 왔을 때는 이런 생각들이 바로 떠오르지 않는다는 것이 문제다. 앞서 얘기한 내용 대신에 '크고 넓고 좋은 집', '멋진 집'이 머릿속에 먼저 떠오른다. '북유럽 스타일', '토스카니 스타일', '프로방스 스타일'과 같이 겉으로 보이는 건물의 형태나 스타일에 집착하다 보니 집이 우리에게 제공해 주어야 할 기본적인 가치를 잊어버리기 쉽다. "집이란 고독한 내 마음이 편히 살 수 있는 곳이어야 한다." 루이스 바라간의 말은 진정한 가치를 뒤로 한 채 눈에 보이는 것들에만 집중하는 우리들의 속마음을 오래전부터 꿰뚫어 보고 있었던 것 같다.

09

집의 가치를 느낄 수 있는
마음의 여유를 가져라

우리나라 사람들에게 집의 가치는 아마도 '값어치'라는 의미로 가장 먼저 머릿속으로 떠올려질 것이다. 예를 들어, '이 집은 얼마짜리'라고 정해놓은 값에 해당하는 가치 말이다. 지금보다 더 값어치가 나가는 집을 갖기 위해 살아가는 사람들이 유난히 많은 나라가 바로 대한민국이다. 이들은 자주 이사를 다니는 이유를 지금보다 더 나은 환경, 더 나은 집에 살기 위해서라고 강조한다. 하지만 실제로는 부동산의 값어치가 크게 오를 만한 곳을 찾아 떠나는 이유가 더 크다. 나도 예외는 아니었다. 몇 차례에 걸쳐 아파트를 팔고 사기를 반복하면서 시세 차익을 얻고 또다시 투자가치가 있는 아파트를 찾아 이사를 반복했다. 되돌아보면 그때 나는 아파트의 시세에만 관심이 쏠려 있었다. 따라서 '집의 진정한 가치가 무엇일까?'라는 고민은 아예 생각지도 못했다.

가치 있는 집짓기를 결심했다면 이제부터라도 '삶을 위한 집'에 대해 깊이 고민해 볼 필요가 있다. 지금까지 '집을 위한 삶'을 살았다면 과감하게 과거의 틀에서 벗어나 보자. 삶을 위한 집은 내 삶의 가치를 담아낼 수 있는 집이어야 한다. 내 삶의 이야기, 라이프스타일이 고스란히 담겨 있는 집은 여유로운 마음으로부터 출발한다. 마음이 조급해지면 불안해진다. 불안해지면 생각의 틀에 갇히게 되어 올바른 판단이 어려워진다.

마음의 여유를 갖지 못하는 이유는 마음속이 가득 차 있기 때문이다. 자꾸만 무엇인가를 더하려고 하니까 마음속 여유 공간이 없어지는 것이다. 더하려는 마음은 '어떤 것을 정도에 지나치게 탐내거나 누리고자 하는 마음'이다. 이런 마음이 바로 욕심이다.

살고 있는 곳에 무엇인가를 더하려는 대표적인 사례가 아파트 발코니다. 발코니는 건물의 내부와 외부를 연결하는 완충공간으로 '전망이나 휴식' 등의 목적으로 사용하도록 계획되어 있다. 외국에서는 발코니에 작은 테이블과 의자를 놓거나 해먹을 설치해 휴식의 공간으로 활용하고 있다. 발코니의 처음 계획 의도대로 내부와 외부의 완충공간으로 충실하게 사용되고 있다. 하지만 우리나라는 어떤가. 발코니는 실내 용도로 사용하는 보너스 공간이라는 인식이 대부분이었다. 아파트를 사면 제일 먼저 하는 일이 발코니를 확장해서 침실이나 거실 공간을 넓히는 것이었으니까. 정부에서도 2005년부터 발코니를 아예 '거실이나 침실' 등의 용도로 사용할 수 있도록 합법화시켜 버렸다. 발코니 확장공사는 실내의 일부분으로 다른 용도로 계획된 공간마저도 흡수하려는 생각에서 기인했다. 집을 조금이라도 더 넓혀서 그 공간만큼 더하려는 욕심이 오히려 주거환경의 질적인 저하를 가져오게 만들었다. 발코니는 발코니로서의 본래의 역할이 있었지만 사는 사람들의 욕심으로 인해 오히려 생활환경은 더 나빠졌다.

집의 내·외부를 연결하고, 전망이나 휴식을 제공하는 역할을 하는 발코니

　우리 마음속에 욕심이 채워지면 마음도 무거워진다. 마음이 홀가분해져야 평온함과 평안함이 찾아오는데 자꾸만 채우니까 빈자리가 줄어드는 것이다. 장소와 감정 사이에는 깊이 연관된 무엇인가가 존재한다. 마음속에 욕심을 버려야 생각이 자유로워진다. 마음을 열고 내가 생각하고 있는 집의 가치에 대한 본질을 스스로에게 따져 물어보자. 분명히 바른길이 보일 것이다.

　내가 강조하고 싶은 집의 가치는 사는 곳, 즉 주거로서의 가치를 말하는 것이다. 어떤 장소에서건 사람들은 잠시나마 마음 편하게 머물고 싶어 한다. 하물며 집에서는 그러고 싶은 마음이 얼마나 더 클까 싶다. 바쁜 일상을 마치고 스트레스 가득한 상태로 집에 돌아온 사람들은 대개 집에서만큼은 위로를 얻고 싶어 한다. 사람들은 힘들고 지칠 때 본능적으로 가족이 있는 안락하고 평온한 집이 떠오르게 마련이다. 더욱이 삶이 불안하고 위태로울수록 '위로와 위안'을 얻을 수 있는 집을 그리워하는 경향은 더욱더 커진다. 집이 제공하는 따뜻한 정서가 그립기 때문이다. 이런 집에서는 더 오랜 시간 동안 머물고 싶어진다. 위로와 위안을 주는 집이 되려면 주거환경이 질적으로 높아져야 한다.

주거환경의 질을 높이는 핵심요인은 쾌적성이다. 쾌적성은 '공기 따위가 몸과 마음에 알맞아 기분이 매우 좋은 성질'로 거주자에게 안락한 환경을 제공한다. 집이 실내외에서 쾌적한 환경을 제공하려면 화학적, 물리적, 심리적, 미학적 기준들이 조화를 이루어야 한다. 쾌적성을 떨어뜨리는 환경에 노출되면 몸과 마음이 쇠약해지기 쉽다. 쾌적한 환경에서 사는 사람과 그렇지 못한 환경에서 사는 사람은 삶의 형태가 180도 다를 수 있다는 점에서 상당히 중요한 가치가 있다.

⌂

3장

단독주택, 로망과 실제는 다르다

아파트에 살다가
단독주택을 선택한 사람들

통계청에서 발표한 2017년 4월 기준 전국의 아파트 수는 960만 가구다. 우리나라 전체 가구 수가 약 1,800만 가구라고 하니 2가구 중 1가구는 아파트에 거주하고 있는 셈이다. 전 세계에서도 그 유래를 찾아볼 수 없는 '아파트 공화국'다운 면모가 통계에서도 잘 드러나고 있다. 향후 거주하고 싶은 주택 유형을 조사하는 설문조사에서도 응답자의 48%가 아파트에 살고 싶다고 답했다고 한다. 그다음으로 단독주택을 선호한다는 응답자가 37% 정도였다. 통계만 봐도 여전히 우리나라 사람 절반이 향후 살고 싶은 주택 유형을 단독주택이 아닌 아파트라고 답하고 있다. 이처럼 아직도 많은 사람들이 아파트를 선호하는 이유는 그래도 생활이 편리하고 일단 사놓으면 값어치는 떨어지지 않는다고 믿고 있기 때문이다. 아파트를 떠나 단독주택으로 삶의 터전을 옮기고 싶은 사람들의 수도 적지는 않다. 이들은 왜 다른 주거 유형보다 단독주택에 살고 싶은 걸까?

건축디자이너로 강연자로 일하고 있는 나는 업무상 집을 지으려는 예비건축주를 만날 기회가 많다. 그들 중 대부분은 아파트에 거주하는 사람들이다. 그들이 말하는 아파트를 한마디로 요약해 보면 '개인 중심의 주거 문화가 뿌리 내린 주거 형태'라는 결론에 이르게 된다. 개인 중심적인 생활을 할 수밖에 없는 구조다 보니 주변 사람들과의 커뮤니티 형성이 어렵다. 이런 단점을 보완하기 위해 아파트 단지 내에 경로당, 놀이터, 공원, 도서관, 체력단련장 등 다양한 용도의 커뮤니티 시설을 만들어 놓지만 오히려 역효과가 생기기도 한다. 다른 사람과의 접촉을 피하기 위해 실제로 이용자가 많이 몰리는 시간대는 피해서 시설물을 이용하는 사람들이 많기 때문이다.

오죽하면 내 집을 나갈 때도 현관문 구멍을 통해 옆집에서 나오는 사람이 없는 것을 확인하고 난 후에야 문을 열고 나올까. 혹여나 엘리베이터에 다른 층 사람이 올라타기라도 하면 온몸이 움츠러들어 이내 머리를 숙이거나 엘리베이터 광고 문구만 말없이 쳐다보게 된다. 엘리베이터가 빨리 내려가기만을 바라면서 말이다. 이 모든 상황은 이웃 간의 교류에 심적으로 불편함을 가지고 있기 때문이다. 개인 중심의 주거 문화는 전체적으로 삭막한 분위기를 조성한다. 이러한 개인 중심의 문화를 상호 중심의 문화로 바꾸기 위해 다양한 노력이 전개되지만 도심지 고층아파트 주거 문화의 한계를 벗어나기란 쉽지 않다. 나는 개인적으로 아파트의 한계를 벗어날 수 있는 길은 주거 유형을 바꾸는 것 외에는 근본적인 대책이 없다고 생각한다. 그 대표적인 주거 유형이 바로 단독주택이다.

아파트를 떠나 단독주택에 살고 싶은 사람들에게는 몇 가지 공통점이 있다. 요즘은 어린아이가 있는 30~40대 젊은 층에서 단독주택을 선호하는 경향이 높아지고 있다. 주된 이유는 자녀들 때문이다. 하지만 자녀 문제 때문에 아파트를 선호하는 사람들도 많다. 아파트에서 아이를 키우는 일은 대단한 인내심과 강심장이 필요하다. 웬만한 인내심과 강심장이 아니고서는 아파트에서 아이들과 사는 스트레스에서 벗어날 수 없을 정도다. 아이를 키우는 일은 즐겁고 행복한 일이어야 함에도 불구하고 그 일이 싸움의 연속으로 전락하는 경우가 너무나도 많다.

'사람 잡는 층간소음'은 잊힐 만하면 다시 터지는 심각한 문제다. 아파트에서의 층간소음은 거주자의 행동을 자유롭지 못하도록 제한한다. 내 집에서 내 마음대로 행동하지 못한다는 것은 심하게 말해 자유를 빼앗기는 것과 비교할 수 있을 만큼 끔찍한 일이다. 나도 모르게 아랫집, 윗집, 옆집의 눈치를 보게 된다. 행여나 소리가 날까 노심초사 하다 보니 행동반경이 줄어든다. 나의 라이프스타일은 이웃들의 반응에 따라 결정되는 상황이 만들어진다. 어른들의 생활이 이렇다 보니 아이가 학교에서 돌아와서부터는 부모와 아이는 치고받는 몸싸움만 하지 않았지 마치 전쟁터를 방불케 하는 신경전이 계속된다. 마치 살얼음판을 걷는 것처럼 모든 것이 조심스럽기만 하다. 부모의 입 밖으로 나오는 말은 "뛰지 말고 살살 걸어 다녀라", "TV 소리 좀 줄여라", "이 시간에 피아노를 치면 어떡하니" 등등 모두 다 신경질적인 명령조다. 말하는 부모도 듣는 아이도 모두 스트레스다.

나도 오랫동안 살아왔던 아파트를 떠나 2015년부터 단독주택으로 삶의 터전을 옮겨 살고 있다. 한참 아파트 시세가 올라가던 시점이었다. 팔고 나면 당장이라도 수천만 원은 값어치가 올라갈 것이 눈에 보였던 터라 손해를 보면서 아파트를 팔려고 하니 아깝다는 생각이 앞섰다. 나름 잘 적응하고 있는데 낯선 환경으로 거주지를 옮기는 일이 생각처럼 내키는 일은 아니었다. 아파트는 물건처럼 수시로 사고팔기 쉬운 구조를 가지고 있다. 살고 있는 아파트를 팔고 다른 아파트로 이사를 가고자 해도 오랜 시간이 걸리지 않는다. 빨리 살 수 있고 빨리 팔리기 때문이다. 아파트를 선호하는 사람들은 얼마든지 많으니까 일사천리로 일이 진행된다. 반면 단독주택은 한 번 이사 들어가면 팔고 나오기가 아파트보다는 수월하지 못하다. 일단 규모, 외부형태, 내부 공간 구성이 개인의 취향대로 지어졌기 때문에 딱 마음에 들어 하는 수요자를 찾기가 어렵기 때문이다. 상황이 이렇다 보니 거래가 성사되는 시간도 아파트보다는 훨씬 오래 걸린다. 단독주택으로 삶의 무대를 옮기려는 사람들은 이런 위험부담도 감수할 수 있어야 한다.

얘기가 조금 빗나간 듯하지만, 내가 아파트를 떠나 단독주택으로 가고 싶었던 이유도 바로 초등학교에 갓 들어간 딸 때문이었다. 그 당시 초등학교 1학년이었던 딸은 학교에서 돌아온 이후의 시간 대부분을 아파트 거실에서 보냈다. 피아노를 가르쳤지만 1주일에 한 번만 피아노 소리를 들을 수 있었다. 피아노 선생님이 방문해서 가르치는 시간이 유일하게 딸아이의 피아노 소리를 듣는 시간이었다. 피아노 치는 것을 싫어해서 그랬을까? 단독주택으로 이사 와서부터는 아침에 일어나자마자 피아노 앞으로 가서 피아노를 친다. 심지어는 밤 10시가 넘어서도 치고 싶을 때 마음껏 치고 있다. 즐기면서 치는 게 눈에 보인다. 층간소음으로 인한 행동의 제약은 이처럼 아이의 즐겁고 행복한 생활마저 방해한다.

복잡한 도심을 벗어나 자연과 조금 더 가까이 생활하고 싶은 사람들도 마음에 두고 있는 주거 유형은 대개 단독주택이다. 자연을 접하는 삶을 원하면 콘크리트 숲에서 벗어나고 싶은 욕구가 강하기 마련이다. 콘크리트 환경을 멀리하고 건강한 환경을 제공해주는 진짜 집에서 살고 싶어진다. 단독주택하면 처음 떠오르는 이미지가 마당이다. 아파트에서는 좀처럼 경험할 수 없는 요소다. 그리고 단독주택이 자연과 접할 수 있는 중요한 매개체가 마당이기도 하다. 아파트는 비바람을 피하고 고단한 하루 일과로 지친 몸과 마음을 누일 수 있는 쉘터shelter로서의 기능에 충실한 구조다. 여기에 한 가지를 더 보탠다면 보안상 단독주택보다는 안전할 수 있다는 점이다. 그러나 보안 때문에 외부공간과는 완전히 단절되어 있어 자연을 체감하기 어려운 건물이 바로 아파트이기도 하다. 마당이 없는 아파트는 발코니가 외부와 소통할 수 있는 유일한 공간이다. 하지만 그마저도 실내공간으로 만들기 위해 확장공사를 감행한다.

위에서 나열된 여러 가지 단점들이 풍요로워야 할 거주자의 삶의 질을 낮추기에 충분함에도 불구하고 아직도 많은 사람들이 아파트에서의 삶을 선호하는 이유는 뭘까? 사람들은 '안전한 느낌을 주는 공간의 형태'에 끌린다고 한다. 미국의 한 대학교에서 사람들이 다양한 주거공간에서 어떻게 반응하는지 알아보기 위한 연구를 진행했다. 실험 참가자들에게 가상현실을 통해 유명한 건축가의 집들을 둘러보게 한 후 반응을 살펴보았다. 참가자들은 가상현실 속 건축가의 집들에서 흥미롭고 매력적인 느낌을 받았다고 한다. 하지만 '현재 주택시장에서 가장 구하기 쉬울 것 같은 집에 더 매력이 끌렸다'는 결과가 나왔다. 이런 결과를 종합해 보면 집에서 보고 느끼는 것과 직접 소유해서 사는 것 사이에는 분명 괴리가 있는 것이 틀림없다. 이 괴리감은 사람들의 과거 경험과 깊은 관계가 있다. 집에 대한 생각과 기억의 틀이 만들어지는 곳은 처음 살았던 집에서부터다. 그리고 첫 집에 대한 경험과 행동은 사실상 연결되어 있다. 아파트를 선호하는 사람들은 아마도 오래전부터 아파트에서 살아왔던 경험 때문에 수년이 지나서도 아파트에 마음이 끌리는 것은 아닌지 모르겠다. 단독주택에서 흥미롭고 매력적인 느낌을 받았음에도 불구하고 말이다.

단독주택에 살다가
아파트를 선택한 사람들

우리나라에서는 아파트가 주거문화를 지배하고 있지만 여전히 많은 사람들은 아파트를 떠나 단독주택으로 삶의 터전을 옮기고 싶어 한다. 단독주택에서 산다는 것은 사람들에게 여러 가지 의미를 부여한다. '언젠가는 조용한 시골로 내려가 아담한 집을 짓고 살리라'는 꿈을 갖고 있지 않은 사람은 아마 많지 않을 것이다. 내 아이들이 자유롭게 마음껏 마당에서 뛰어놀고, 주말이면 가족과 친구들을 초대해 불을 피우며 바비큐 파티를 하고 밤늦게까지 수다를 떨 수도 있으니 이 얼마나 아름다운 일상인가. 상상만해도 입가에 행복한 미소가 지어지는 즐거운 일상이 아닐 수 없다. 실제로 아파트 생활을 청산하고 집을 짓고 사는 사람들은 마음이 여유롭다. 행복한 아이의 모습을 보면 부모들은 덩달아 기분이 좋아진다.

이런 장점들이 있음에도 불구하고 단독주택에 살면서 아파트에서는 경험하지 못한 이유 때문에 아파트로 삶의 터전을 다시 바꾸는 사람들도 있다. 아파트에서의 생활과 비교할 수 없는 장점이 많지만 단독주택에 살면서 그만큼 감당해야 할 대가도 있다는 것을 명심해야 한다. '얻는 것이 있으면 잃는 것도 있는 법'. 둘 다 얻으려고 하다가는 오히려 모두 다 잃게 될지도 모른다. 그래서 더욱 신중하게 생각해야 한다. 여유로운 마음을 가지고 말이다.

단독주택에서 살면서 사람들은 삶의 가치에 대한 것들을 얻을 수 있다. 그렇다면 단독주택에 살면서 잃는 것은 무엇일까? 사실 따지고 들어가면 잃는 것도 아닐 테지만, 굳이 잃는 것을 표현하자면 아마도 집을 유지관리 하는데 필요한 시간과 약간의 신경 쓰기 정도가 아닐까 싶다. 때가 되면 잔디를 깎아 주고, 정원을 가꾸고, 마당 한 편에 만들어 놓은 텃밭을 조성하는 정도. 사실 이런 일들은 신경이 쓰이고 육체적으로 작은 노동력이 들어가기도 하지만 결과적으로 집의 가치뿐만 아니라 내 삶의 질을 높여주는 일이기 때문에 의미가 크다. 이외에도 아파트에서는 신경 쓰지 않았던 일들을 스스로 해결해야 할 상황이 빈번히 발생할 수도 있기는 하다. 뜨거운 물이 갑자기 안 나온다든지, 수도배관에서 물이 샌다든지, 페인트칠을 다시 해야 한다든지 등등. 이런 일들은 단독주택에 사는 한 내가 하나부터 열까지 다 챙겨야 할 일이다. 아파트에서는 전화 한 통이면 관리업체에서 대부분의 일을 다 처리해 주기 때문에 관리적인 측면에서의 불편함은 거의 없다.

단독주택에 적응하지 못하고 다시 아파트를 찾아 이전의 삶으로 돌아가는 사람들은 이러한 불편함을 견디지 못한다. 시간이 지나면 익숙해지기 마련임에도 불구하고 적응하지 못하는 사람들은 아파트에서의 편리함이 자꾸만 생각나서 마음이 아파트로 기울게 된다. 평온하고 안락한 삶을 누리기 위해 단독주택으로 왔건만 자질구레한 일 때문에 더 바쁘고 피곤한 것 같다. '이런 생활을 하려고 단독주택으로 온 건 아닌데'라고 후회가 들기도 한다. '불편한 단독주택은 뭐 하러 가냐'라며 얘기하던 주변 사람들의 말이 귓가에 다시 맴돌기 시작한다. 그때에야 비로소 더 늦기 전에 빨리 정리하고 아파트로 이사 가야겠다는 생각 때문에 조급해진다. 단독주택은 팔기도 어렵다고 하지 않던가. 자 어떤가! 나와는 전혀 상관없는 이야기 같은가? 단독주택을 떠나 아파트로 되돌아가는 사람들은 커다란 사건을 경험하거나 너무 견디기 힘든 무엇인가 때문에 예전의 삶으로 돌아가는 것이 아니다.

최근에 지인 한 분이 단독주택 생활을 청산하고 30층 아파트 맨 꼭대기 층으로 이사했다. 이유는 간단했다. 관리비가 많이 나온다는 것이었다. 남들이 다들 부러워할 만한 고급 단독주택에서 살다가 아파트로 이사 간 이유가 비싼 관리비 때문이라니. 고급 단독주택에 살고 있을 정도라 금전적으로도 여유가 충분히 있었음에 틀림없다. 그런데도 적지 않은 돈이 유지관리 비용으로 들어가니 '이건 아니다'라는 생각이 들었던 것이다. 겨울이면 난방을 위한 가스비용이, 여름이면 냉방으로 인한 전기세가 아주 많이 나왔다고 한다. 비용을 줄여보겠다고 겨울에 보조 난방 기구를 사용하고 창문에 단열 필름을 붙이는 등 여러 조치를 취했지만 냉·난방비를 줄이는 데는 한계가 있었다고 한다. "아파트로 이사 오니까 좋으세요?"라고 내가 물었더니 "관리비가 훨씬 적게 들고 신경 쓸 게 없다"며 단독주택에서 빠져나온 것에 만족해하고 있었다. 물론 살다보면 전에 살았던 단독주택이 생각나기도 하겠지만 지금 아파트 생활을 나름 즐기고 있다.

집을 짓자마자 아파트로 이사를 간 또 한 사람의 이야기를 소개한다. 아파트에 살다가 경기도 용인에 120㎡(약 40평) 규모의 단독주택을 지었다. 집은 큰 문제없이 완공되었고 이사 갈 날짜만 기다리고 있던 터였다. 그런데 건축주는 다 지어진 집을 보고 난 후 바로 아파트로 이사 가야겠다고 결정했다고 한다. 집에 큰 문제가 있지도 않은데 살아보지도 않고 이사를 간다는 것은 상식적으로 이해가 가지 않았다. 이유는 이러했다.

건축주는 바쁜 일 때문에 공사를 시작해서 완성하기 전까지 한 번도 현장에 가서 시공 과정을 지켜보지 못했다고 한다. "완공 후 처음으로 집에 들어가서 둘러보는데 공간이 너무 작게 느껴지더라고요." 건축주는 면적 때문에 그런 결정을 내렸던 것이다. 전에 살던 아파트보다 공간이 작은 느낌을 받은 건축주는 그 즉시 커다란 평수의 아파트를 알아보고 이사를 가기로 마음먹었다. 분명 설계과정을 통해 필요한 실의 면적과 집 전체 면적을 협의하고 확인했을 텐데 도대체 왜 이런 일이 일어났을까? 건축주에게 설계도면은 그저 흰 종이 위에 그려진 그림으로 인식될 뿐이었다. 설계과정에서 어떤 방식으로든 건축주가 이해할 수 있도록 설계된 집을 몇 번이고 설명하는 과정이 필요하다는 것을 잘 보여주는 좋은 사례가 아닐 수 없다.

설계와 관련된 또 하나의 에피소드를 소개하겠다. 소위 디자인을 잘 한다는 건축가에게 집 설계를 의뢰한 건축주는 설계자에게 거의 전권을 이양해 설계하도록 했다. 최종 설계가 완성되었고 건축주도 설계가 마음에 들었다. 그리고 그 설계도면을 바탕으로 누가 봐도 멋진 디자인 하우스를 완성했다. 그런데 정작 살아보니 설계도면에서 보고 설명 들었던 것과는 전혀 다른 느낌이었다. 특히 일반인들은 공간감이 없다보니 도면상 배치된 실면적과 높이가 어느 정도인지 감이 오지 않는다. 그런 상태에서 공사가 진행되면서도 그 부분을 놓치고 말았다.

이 집을 와서 보는 사람들은 하나같이 "멋진 곳에 살아서 좋으시겠어요"라고 말한다. 하지만 정작 그 집에 사는 사람은 불편하다. 집모양이 '브이'

자 형태로 생기다 보니 실의 기능적 분리는 잘 되어 있는지는 모르겠지만 사용 못하는 공간, 즉 데드 스페이스^{dead space}가 많아지게 된 것이다. 사람들이 모여 얘기할 수 있는 거실도 턱없이 좁다. 소파 하나 놓을 공간도 부족해서 손님들이 찾아오기라도 하면 주방에 놓은 6인용 식탁에서 담소를 나누게 된다. 사방 벽면에는 커다란 창문이 설치되어 있어 TV와 소파 배치가 애매해 소파에 앉으면 얼굴을 옆으로 돌려서 TV를 시청해야 하는 이상한 상황이 만들어졌다. 디자인은 만족스럽지만 집의 기능적인 부분은 만족을 채우지 못했던 전형적인 사례다. 디자인을 더 강조했는데 기능적인 면에서는 불편했던 것이다.

디자인과 기능 중 어떤 것을 강조해야 할지는 건축주의 성향에 달려 있다. 이 건축주는 이번 집짓기를 경험삼아 다시 곧 집을 짓고 싶어 한다. 이번에 지으면 디자인 요소는 최소화할 거라고 얘기한다. "다음에 집을 지으면 직사각형으로 집의 형태를 만들고 하나의 공간처럼 넓게 쓰고 싶어요"라고 말하는 건축주는 디자인이 주는 요소도 만족감을 주지만 살기에는 기능에 충실한 집을 짓는 것이 훨씬 만족도가 높을 거라는 얘기로 아쉬움을 남겼다.

디자인은 '삶 속의 다양한 의미를 실체화'해야 한다. 집짓기에 있어서 사는 사람의 삶과 동떨어진 디자인은 삶의 가치를 떨어뜨리는 원인을 제공할 수 있기 때문에 신중하게 결정해야 한다. 스페인의 건축가 알베르토 캄포 바에자^{Alberto Campo Baeza}는 집에 대한 나름의 정의를 이렇게 내리고 있다. "타인에게 보여주기 위한 집이 아닌, 자연을 느낄 수 있고, 건축의 공간성이 정신을 고양시키는 단순하고 간소한 집, 나의 영혼이 잠잠하며 고요히 묵상하며 쉴 수 있는 안식처라야 한다."

건강한 집은
내부에서 판가름 난다

생활방식으로서의 가치를 말할 때 대개 아파트는 '공유의 가치'를, 단독주택은 '독립적 가치'를 각각 가지고 있다고 한다. 아파트는 여러 세대가 하나의 건물 안에 거주하는 구조를 가지고 있다. 따라서 개인 세대의 독립성을 유지하기가 어렵다. 거주하기 편리하지만 이웃 간의 소통이 어렵고 3면이 막혀 있는 답답한 구조가 대부분이다. 다양한 커뮤니티 시설을 확보해서 거주자들 간의 소통을 직·간접적으로 유도해 보지만 이 또한 쉽지 않다. 반면 단독주택은 단독으로 세대를 구성하고 있으니 독립성만큼은 충분히 확보할 수 있다. 자유롭고 여유로운 생활도 가능하다. 이러한 장점들 때문에 단독주택을 선호하는 사람들이 많이 있다.

하지만 아파트에 비해 상대적으로 건축비용에 대한 부담이 크기 때문에 단독주택으로 쉽게 터전을 옮기지 못하는 것이 현실이다. 최근에는 아파트의 공유 가치와 편리함 그리고 단독주택의 독립적 가치와 합리적인 가격을 결합한 '새로운 주거 형태'라며 마케팅에 열을 올리는 주거단지가 많이 생겨나고 있다. 아파트도 아니고 단독주택도 아닌 '테라스하우스', '타운하우스town house'로 불리는 단지들이 그것이다. 타운하우스는 3층 이하의 주택이 한 건물에 수평으로 연속해서 붙어 있는 형태의 공동주택이다. 이들 타운하우스에서 예비건축주들의 관심을 끌기 위해 만든 홍보책자를 보면 공통적으로 내세우는 핵심 단어들이 있다. 그것들을 살펴보면 대개는 이렇다. '도심 속 자연환경, 편리한 교통망, 쾌적한 주거환경, 옥상정원' 등등. 심지어는 '야외 테라스에 승부를 겁시다!'라는 문구도 등장하고 있다. 주택의 스타일을 강조하면서 유럽의 나라이름, 즉 '스위스 마을', '독일 마을', '프랑스 마을'을 가지고 단지 콘셉트를 만들어 마케팅을 하는 곳도 여럿 있다. 눈을 씻고 봐도 '집의 가치', '삶의 가치'에 대한 얘기는 없다. 모두 외부적인 요소에만 초점이 쏠려 있다.

집은 사는 사람의 '삶을 담아내는 그릇'과 같다고 한다. 그릇은 그 안에 무엇을 담고 있느냐에 따라 가치가 달라진다. 가치 있는 물건을 담고 있으면 그 그릇의 가치도 자연스레 올라가지 않겠는가. 집에 거주하는 사람들은 평온함, 안락함, 행복이 어디에서부터 나올까? 집짓기를 결정한 다음에 설계도를 작성하고 시공해서 입주할 때까지는 많은 생각의 단계를 거친다. 설계단계에서는 집을 배치하고, 외부 형태를 잡고, 필요에 따라 실내공간을 구획하며, 마당과 실내의 연계를 고민하고, 전체 실내외 마감재료를 선정한다. 시공은 완성된 설계도면을 기준으로 진행되며 필요에 따라 상호 합의하에 변경도 이루어진다. 이런 단계를 거치면서 가장 소홀히 여겨지는 부분은 바로 실내 거주환경에 대한 고민과 배려다.

우리들의 생활패턴을 가만히 들여다보면 실외보다는 실내에서 대부분의 시간을 보낸다는 사실을 알게 될 것이다. 통계에 따르면 보통 사람들은 하루 중 10% 정도의 시간만 외부에서 보낸다고 한다. 따라서 외부보다는 실내환경이 그곳에 머무는 사람에게 미치는 영향은 상당히 크다. 신선한 공기로 가득해야 할 실내가 먼지, 곰팡이, 애완동물의 비듬과 같은 오염물질이 대신하고 있다면 그곳에 머무는 사람들의 몸에 어떤 영향을 미칠지는 상상만 해도 끔찍하다. 안타깝게도 집을 지으려는 사람들은 외적인 환경에 시간과 돈을 더 많이 투자하려는 경향이 높다. 황사, 미세먼지, 오존지수는 우리가 집 밖으로 나갈 때 항상 신경 쓰이는 대표적인 요소들이다. 바깥 공기가 좋지 않다는 뉴스 보도라도 있는 날에는 신경을 바짝 써서 준비를 하고 밖으로 나간다. 그런데 정작 실내공기에 대해서는 무덤덤하다. 실내에서도 우리가 반드시 신경 써야 할 오염 요소들이 존재하기 마련이다. 이 요소들은 실내공기의 질indoor air quality에 커다란 영향을 준다. 실내공기의 질이 나빠지면 그 안에 사는 사람들의 건강을 손상시킬 수 있기 때문에 사전에 실내환경에 대해 충분한 고려가 필요하다.

미국 폐 학회American Lung Association는 미국인 1,700만 명이 천식으로 고통받고 있다고 발표했다. 이들이 천식으로 고통받고 있는 주요 원인은 집 내부의 공기의 질이 취약한 실내환경 때문이라는 것이다. 몸과 마음이 건강하려면 건강한 집에서 살아야 한다. 건강한 집에서 사는 사람은 신체적으로 건강하기 때문에 정신적으로도 평온하고 안락하며 행복하게 삶을 누릴 수 있는 확률이 그렇지 못한 사람들보다 훨씬 높다.

건강한 집, 특히 공기의 질이 좋은 실내환경을 가진 집을 짓기 위해서는 어떤 것들에 신경을 써야 할까?

우리나라는 최근 몇 년 사이 건물에 대한 에너지법이 대폭 강화되었다. 그리고 그 기준은 시간이 갈수록 더 엄격해지고 높아질 것이라는 전망이다. 높아진 에너지법에 적합한 집을 짓기 위해서는 대개 단열을 강화하고 기밀성을 높이는 시공을 한다. 기밀성능은 집의 외부와 내부의 공기 흐름을 완전히 차단했을 때 효과를 발휘한다. 예를 들어, 사방이 막힌 비닐하우스는 내부와 외부의 공기가 차단되어 내부에서는 숨조차 쉴 수 없을 정도로 답답한 느낌을 받게 된다. 그 안에서 계속 있으면 이산화탄소의 농도가 올라가고 공기가 혼탁해지면 머리까지 아파온다.

집도 마찬가지로 외부와 내부의 공기가 차단되면 실내공기의 질이 나빠진다. '창문을 열어 환기를 시키면 되지 않느냐?'라고 생각할 수도 있을 것이다. 맞다. 창문을 열면 환기는 된다. 그러나 환기되는 만큼 에너지가 손실되니까 에너지를 중시하는 집에서는 문제가 된다. 여름철에는 에어컨으로 식힌 차가운 공기, 겨울철에는 난방으로 데워진 따뜻한 공기가 열린 창문을 통해서 빠져나가게 된다. 더워진 공기를 다시 차갑게, 차가워진 공기를 다시 따뜻하게 만들기 위해서는 냉·난방기를 각각 더 가동시켜야 한다.

환기도 시키고 그로 인한 열손실도 막아주는 기능을 가진 기계장치가 열회수 환기장치heat recovery ventilation다. 이 기계장치는 창문을 열어 환기하는 자연환기 방법이 아니라 기계에 설치되어 있는 필터를 통해 실내에서 오염된 공기를 걸러주고 열은 다시 회수해서 실내로 돌려보낸다. 필터가 공기를 걸러주기 때문에 필터의 성능이 상당히 중요하다. 걸러진 공기는 집의 뼈대를 구성하고 있는 구조체에 설치된 배관을 통해 각 실로 전달된다. 오래된 배관의 경우 여러 가지 이물질이 끼어 있을지 모를 상황이 발생될 수 있기 때문에 또 다른 오염의 원인을 제공할 수 있어 주의를 기울여야 한다.

실내공기의 질은 집이 어떤 재료로 구성되어 있느냐에 따라 크게 차이

가 난다. 공기의 질을 악화시키는 건축재료에는 대개 휘발성 유기 화합물
Volatile Organic Compound이나 포름알데히드와 같은 독성 화합물질을 포함
하고 있다. 이들 화합물질은 집에서 흔히 사용하는 카펫, 페인트, 시트지,
주방가구에 쓰이는 파티클보드, 건축용 접착제 등에서 검출된다.

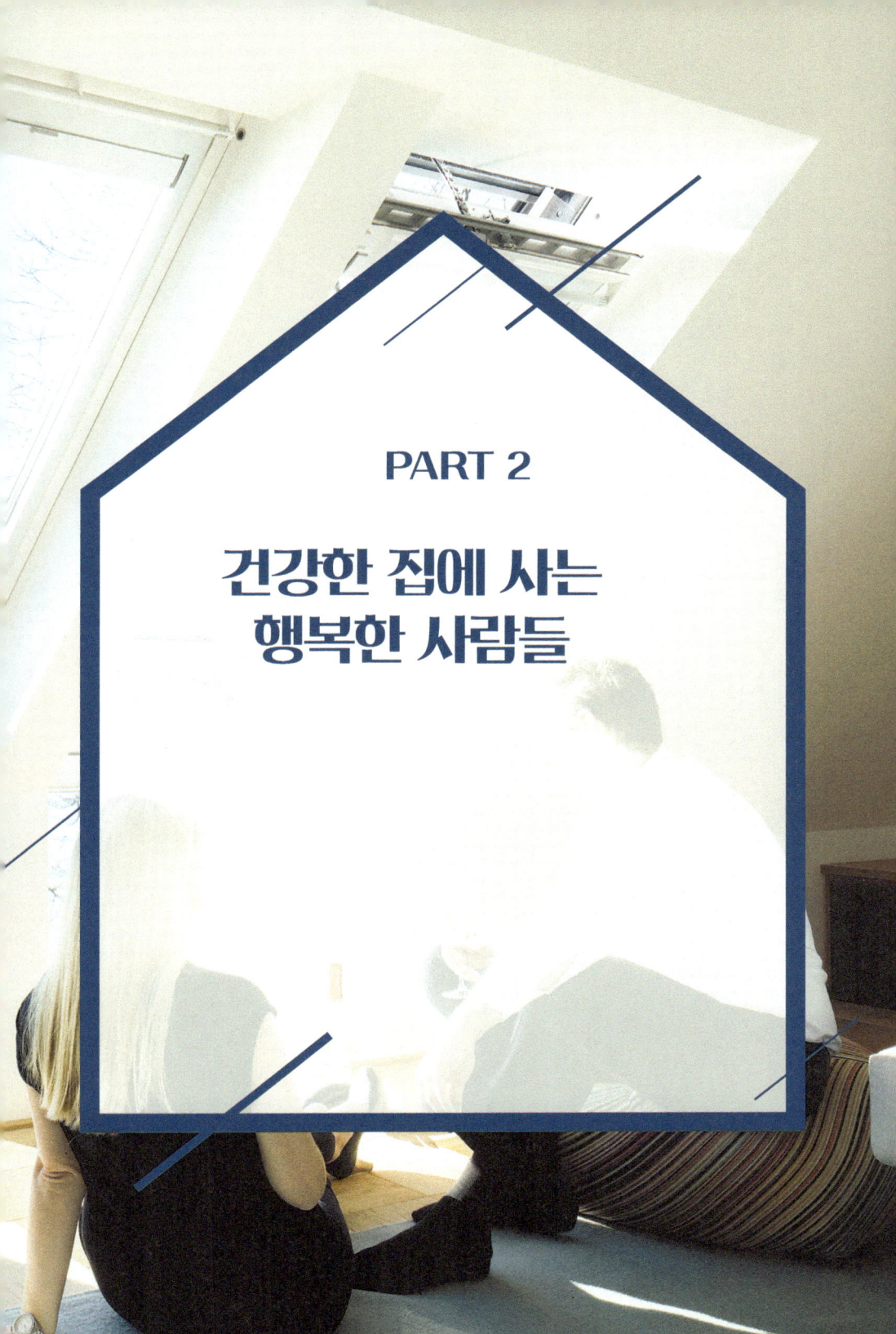

PART 2

**건강한 집에 사는
행복한 사람들**

4장

덴마크 라이프스타일에서 집의 의미를 찾다

덴마크 사람들이 행복한
비밀은 '휘게 스타일'의 집

유엔의 행복지수 조사에서 세계 1위를 유지하고 있는 나라 덴마크. 우리 나라에 비해 면적도 작고 인구도 적으며 기후 조건도 좋지 않다. 그럼에도 불구하고 덴마크 사람들은 전 세계 다른 어떤 나라보다 행복한 삶을 누리며 늘 즐겁게 생활하고 있다. 행복의 조건은 물질의 유무가 아니라 사람 사이의 관계, 즉 상호간의 믿음에 있다는 것을 잘 알고 실천하는 사람들이 덴마크 국민들이다. 덴마크 사람들에게 행복은 '휘게hygge' 스타일과 깊은 관련이 있다. 휘게는 덴마크어로 '편안함', '따뜻함', '안락함'을 경험할 때 나오는 느낌을 뜻한다. 따분하고 단순한 일상에서 벗어나기 위해 가족, 친구와 같이 소중한 사람들과 함께 보내는 소박하고 여유로운 시간이나 즐거움을 의미한다. 가족, 친구들과 함께 보내는 시간이 여유롭고 즐거운 덴마크 사람들. 서로에게 영감을 주는 이야기를 통해 마음의 안정과 힐링healing의 시간을 갖는 이들의 정서는 늘 바쁘게 보내는 우리들의 정서와 비교해 볼 때 사뭇 다르다.

'제대로 휴식하는 방법'을 잘 모르는 우리들은 잠을 자는 시간을 제외하고는 항상 무엇인가를 해야 한다는 일종의 강박관념 속에서 살아가고 있다. 비어 있는 시간이 조금이라도 있는 것을 스스로 용납하지 못한 결과다. 1분 1초가 아까워 시간을 쪼개서 무엇인가를 열심히 채워 넣으려고 한다. 이렇다 보니 쉬어도 쉬고 있다는 느낌을 갖지 못하는 것이다. 혼자 있는 시간도 제대로 즐기지 못하면서 다른 사람과 여유롭게 시간을 보내고 즐거움을 나누는 일이 가당키나 한 말인가. 소중한 가족, 친구들과의 만남을 싫어할 사람이 몇이나 될까. 하지만 덴마크 사람들과 달리 우리나라 사람들의 만남은 만날 때는 좋을지 몰라도 헤어지고 나면 상황이 달라지는 것이 일반적이다. 집에 방문했던 사람들과 헤어진 후에 찾아오는 피곤함을 아마 많이 경험해 보았을 것이다. 피곤함을 느낀다는 것은 우리 몸이 만들어내는 에너지보다 더 많은 에너지를 소비한다는 의미다. 소중한 사람을 만나 시간을 보내는 일이 그렇게 추가적인 에너지를 쓸 만큼 힘에 부치는 일일까?

이런 우리들의 모습과는 달리 덴마크 사람들이 소중한 사람과의 만남을 통해 피곤함 대신 즐거운 시간을 가질 수 있는 이유는 무엇일까? 그것은 아마도 따뜻하고 평온하게 집 안 분위기를 조성하고 조급해 하지 않는 마음의 여유를 갖고 깊은 대화를 나누기 때문일 것이다. 따뜻한 햇살이 들어오는 창문가에 따뜻한 차를 세팅해 놓는다던지, 벽난로에 나무장작을 넣고 불을 피운다던지, 여러 가지 종류의 향초에 불을 붙여 부드럽고 안락한 불빛이 집 안에 가득하도록 집 안 분위기를 조성하기도 한다. 이런 분위기 속에서 복잡하지 않은 일상 속 대화를 통해 서로를 충분히 공감할 수 있는 시간을 갖는다.

집 안 분위기를 평온하게 만드는 벽난로

집에서 모이는 분위기를 좋아하는 덴마크 사람들

휘게 스타일의 집 안 분위기는 사람들을 끌어모으는 힘이 있다. 덴마크 사람들이 유난히 집 안의 분위기와 긴장감을 떨칠 수 있는 편안함을 강조하는 이유가 있다. 소중한 가족, 친구들과 집에 모여 보내는 시간을 많이 갖기 때문이다. 편안한 집에서는 오래 머물고 싶은 생각이 절로 든다. 사람들이 자신의 집처럼 마음 편하게 오랫동안 그 집에 머물게 하기 위해서는 따뜻하고 마음 설레게 하는 분위기가 필요하다. 휘게는 소중한 사람들과 집 안에서 함께 여유로운 시간을 보낼 때 그 위력을 발휘한다. 긴장감을 떨쳐버린 채 여유로운 사람들은 몸과 마음이 건강해지고 행복감을 느끼게 되는 것이다.

그런 이유 때문인지는 몰라도 북유럽 디자인은 전통적으로 건강health과 행복happiness에 초점을 두고 발전되어 왔다. 집도 예외는 아니다. 집 내부는 몸과 마음이 편히 쉴 수 있도록 양털, 나무, 대리석과 같이 온통 천연재료로 덮여 있다. 특히 나무는 제일 먼저 자연을 떠올리게 하는 천연재료로서 집 안에서 보는 즉시 따뜻함을 느끼도록 해준다. 실내가 건강하니까 그 안에 있는 사람들의 몸과 마음도 건강해지고 행복도 자연스레 찾아오게 되는 것이다. '집 나가면 고생이다'라는 우리나라 속담이 있다. 이 말은 집보다 편한 곳이 없다는 의미다. 안락하고 따뜻한 집은 진정한 안식처로서 그 안에 있는 사람들에게 특별한 순간을 제공해준다. 덴마크에서 출발하기는 했지만 그런 의미에서 휘게 스타일은 집의 진정한 가치를 고민하는 우리들에게도 시사하는 바가 크다.

자연소재로 꾸며진 집 안은 편안한 분위기를 제공한다

편안하고 안락한 삶은 행복한 삶으로 갈 수 있는 밑거름이 된다. 앞서도 애기했지만 행복은 휘게hygge와 서로 떼려야 뗄 수 없는 깊은 연관성을 갖고 있다. 매일의 삶이 편안하고 안락하면 그 자체로 행복을 누리고 있다는 반증 아니겠는가. 휘게는 이렇게 일상에서 행복을 추구한다. 휘게의 핵심 요소들은 행복을 끌어내는 원인을 제공하기에 충분하다. 덴마크 행복연구소의 CEO인 마이크 비킹은 자신의 책《휘게 라이프》에서 지금 당장 행복해지기 위해 필요한 10가지 습관을 제시하고 있다. 어렵지 않게 일상에서 실천할 수 있는 10가지 습관들을 통해 매일의 삶이 편안하고 안락할 수 있다면 시도해 볼 만한 가치가 있지 않을까 싶어 소개한다.

1. 조명을 조금 어둡게 해 아늑함을 느낄 수 있는 '분위기'

2. 현재에 충실하자. '지금 이 순간'이 중요하니까

3. 초콜릿, 쿠키, 케이크, 사탕과 같이 마음을 녹여주는 '달콤한 음식'

4. '나'보다는 '우리'를 생각하자. 세상 사람들은 '평등'하니까

5. 오늘이란 시간이 주어진 것에 '감사'

6. 혼자가 아니라 함께 어울리는 '조화'

7. 긴장을 풀고 쉴 수 있는 '편안함'

8. 대립을 유발하는 대화 주제는 그만 '휴전'

9. 추억만으로도 충분히 가까워질 수 있는 '화목'

10. 존재만으로도 평화롭고 안전한 '보금자리'

14

편안하고 안락한
삶의 원천 '집'

사람들은 일생을 사는 동안 육체적으로나 정신적으로 편안하고 안락한 삶을 살아가기를 늘 소망한다. 집은 사람들이 이러한 삶을 누릴 수 있도록 여러 가지 요소들을 제공해 주어야 한다. 긴장, 불안, 공포, 무기력, 우울, 슬픔, 분노는 불편함 때문에 나타나는 대표적인 감정들이다. 건물이 주는 불편함 때문에 사람들은 온갖 해로운 감정들에 휩싸여 고통을 당할 수도 있다.

아주 오래전 이야기지만 나도 건물 내부에서 이런 해로운 감정들을 느낀 적이 있다. 2006년 독일 베를린을 방문했을 때의 일이다. 유대인 박물관의 '홀로코스트 타워' 내부를 둘러보다가 나는 갑자기 찾아온 공포와 긴장감을 경험했다. 그 방의 기억을 조금 떠올려보면 높이 24미터가 넘는 벽으로 사방이 막혀 있었고, 조명이 없어 어두운 공간에 천장에 뚫린 작은 구멍을 통해 바깥에서 약간의 빛만 볼 수 있는 그런 방이었다. 그 방으로 들어가자마자 박물관 안내요원은 외부에서 문을 닫고 몇 분간 그 방 안에서 머무르게 한다. 유대인이 겪었던 비슷한 분위기를 그 방에서 직접 느껴보라는 의도에서 체험 프로그램으로 만들어 놓은 공간이었다. 그 어두운 공간에 홀로 서서 하염없이 천장에 새어 들어온 한 줄기 희미한 빛만 바라보았던 기억은 십여 년이 지난 지금까지도 생생하게 남아 있다.

역사적인 사건을 기억하고 경험해보라고 인위적으로 기획한 건물에서의 경험은 그렇다 치지만, 만약 내가 살고 있는 집 내부가 의도하지 않게 음침하고 어두컴컴한 환경을 갖게 된다면 그 결과는 생각만 해도 걱정이 앞선다. 편안하고 안락한 삶을 살고 싶었지만 애초부터 잘못 기획된 집의 환경은 불편한 감정들을 만들어 낼 수도 있다. 그런 감정들은 그 안에 머무

독일 베를린 유대인 박물관 홀로코스트 타워 내부

는 사람들에게 신체적으로나 정신적으로 나쁜 영향을 미치게 된다. 몸과 마음이 여유로우면 일상에 만족하는 삶을 추구하게 되어 있다. 긴장을 풀고 편안히 쉴 수 있는 환경이 보장될 때 그 안에 사는 사람이 행복감을 느낄 수 있는 것이다.

어떤 사람들은 성공적인 삶의 원천은 '인간관계'에 있다고 말한다. 또 다른 이는 '도전'이 삶의 원천이라고도 말한다. '희망'이나 '산'이 삶의 원천이라는 사람들도 있다. 이렇듯 사람들마다 생각하는 삶의 모양새가 다르고 중요하게 생각하는 가치관이 다르기 때문에 삶의 기준은 각각 다를 수밖에 없다. 다른 사람들은 어떻게 생각할지 몰라도 나는 편안하고 안락한 삶의 원천이 '집'이라고 믿고 싶다. 더 나아가 건강한 집은 몸과 마음의 상처가 어느 정도까지는 치유될 수 있는 '자연치유의 공간'이 될 수 있다는 확신도 갖고 있다.

세계보건기구는 한해 700만 명이 대기오염으로 사망한다고 경고하고 있다. 나쁜 공기가 우리 몸에 끼치는 영향은 죽음에 이르게 할 정도의 막강한 파워를 가지고 있다. 그럼에도 불구하고 우리는 집 안에서 생기는 나쁜 공기에 대해서는 관대한 편이다. 아니 오히려 대기오염으로부터 안전하게 대피할 수 있는 곳은 '건물의 내부'라고 생각하는 사람들도 의외로 많다. 내 집 안 곳곳에 오염된 공기가 퍼져 있다고 생각해보라! 집 안에서까지 마스크를 끼고 생활할 수는 없지 않은가. 신선한 공기는 몸을 회복시켜 주는 효능을 가지고 있다. 집 안에 있는 오염된 공기는 바깥으로 내보내고 집 밖의 신선한 공기를 집 안으로 끌어들이는 선순환 과정을 통하면 몸은 좋은 쪽으로 반응하게 된다. 이해를 돕기 위해 내가 덴마크에서 실제로 체험했던 경험을 소개하고자 한다.

아직 겨울의 찬 기운이 가시기도 전인 2015년 초봄이었다. 나는 덴마크 코펜하겐 대학교 내에 있는 독특한 에너지 빌딩Green Lighthouse을 둘러보고 있었다. 3층 규모의 원형 건물은 학생들에게 컨설팅을 제공할 목적으로 지어졌다. 쌀쌀한 날씨 때문인지 창문은 모두 굳게 닫혀 있었고 내부는 따뜻했다. 30분쯤 이곳저곳을 둘러보고 3층에 있는 자그마한 세미나실에 올라가 건물에 대해 관계자의 설명을 듣기 시작했다. 시작 후 20분쯤 지났을 때 나는 갑자기 머리가 아프고 가슴이 답답함을 느꼈다. 시차 적응이 안 돼서 그런가보다, 시간이 좀 지나면 괜찮겠지 하고 설명을 듣는데 아니나 다를까 갑자기 머리가 시원해지면서 답답한 가슴도 이내 풀어졌다. 역시 시차 때문에 '일시적으로 일어난 현상이었구나'라고 생각했다. 그런데 진짜 이유를 알게 되었다.

이 건물에는 별도의 기계환기장치가 없었다. 따라서 창문이 닫혀 있는 동안 실내공기는 점점 탁해지고 있었던 것이었다. 10여 명 정도 앉을 수 있는 작은 세미나실에서 프레젠테이션을 했으니 사람과 빔 프로젝터 등에서 나오는 오염물질로 인해 실내의 이산화탄소 농도가 일시적으로 높아졌던 것이다. 사람이 일정 농도 이상의 이산화탄소에 노출되면 피곤을 느끼기도 하고 두통을 동반하기도 하는 등 사람의 몸에 피해를 입힌다. 참고로 실내에 퍼져 있는 이산화탄소에 의한 피해를 줄이기 위해 가까운 일본에서도 주택법에 이산화탄소 농도를 1,000ppm 이하로 유지해야 하는 기준을 정하고 있다.

코펜하겐 대학교 건물 안에서 머리가 아프고 답답했던 가슴이 갑자기 시원해졌던 이유는 창문이 열리면서 자연환기가 되었기 때문이었다. 환기를 통해 바깥의 신선한 공기가 실내의 오염된 공기를 밀어냈기 때문에 이산화탄소 농도가 내려갔던 것이다. 이산화탄소는 측정기계장치가 없으면 농도의 높고 낮음을 판단하기가 어렵다. 그래서 몸에서 반응을 할 때까지는 모르고 그냥 지나갈 때가 많은 것이다. 코펜하겐 대학교의 그린 라이트하우스는 실내공기 오염을 측정하는 장치가 설치되어 있어 이산화탄소 농도가 1,000ppm 이상이 될 경우 창문에 연결된 센서를 작동시켜 창문이 자동으로 열리고 자연환기를 시킨다.

코펜하겐 대학교 그린 라이트하우스(Green Lighthouse)

집이 건강하지 못하면 그 안에 사는 거주자도 결코 건강할 수 없다. 만약 거주자가 이런 사실을 깨닫지 못하면 건강한 집짓기는 우선순위에서 밀릴 수밖에 없다. 좋은 집은 거주자가 평안하고 안락한 삶을 살 수 있는 환경을 제공한다. 반면 그렇지 못한 집은 이러한 삶의 가치와 정반대로 흘러간다. 연구결과에 의하면 거주자의 개인적인 성향과 풍부한 경험은 그들이 어떻게 공간을 느끼며 판단할지에 대해 큰 영향을 미친다고 한다. 그러나 '경험해본 사람만 안다'는 말이 있듯이, 주변에서 아무리 좋다고 얘기해도 사용자가 경험하지 못한 채로 새로운 것을 시도하기란 쉽지 않다. 실제로 집짓기를 시작할 때 예산, 경험 부족, 개인적으로 삶의 가치를 가볍게 여기는 성향 때문에 항상 우선순위에서 밀리는 부분이 실내환경에 영향을 주는 요소들이다. 몸과 마음이 평안하고 안락하려면 건강한 집에 살아야 하는데 이런 요소들이 뒷전으로 밀리다 보니 겉만 번지르르한 집이 되고 만다.

건강한 집, 가족과 함께 보내는 시간이 행복하다

세계보건기구WHO는 건강은 '정신적, 육체적, 사회적으로 완벽한 웰빙의 상태'라고 정의를 내리고 있다. 육체적인 건강 못지않게 마음의 안락함과 같은 정신적 웰빙도 중요하다는 뜻이다. 건강한 집은 사람들에게 정신적, 육체적, 사회적인 웰빙을 제공해 줄 때 비로소 그 가치가 증명된다. 웰빙 well-being은 '몸과 마음의 편안함과 행복을 추구하는 태도나 행동'을 말한다. 현대를 살아가는 사람들은 웰빙을 통해서 몸과 마음의 평안함을 얻을 수 있다고 믿고 있다. 웰빙 관련 상품들이 상당한 인기를 끄는 것도 이러한 이유 때문이다.

집도 마찬가지다. 집이 건강해야 하는 이유는 그 안에 사는 사람들의 몸과 마음이 직·간접적으로 영향을 받기 때문이다. 집이 거주자에게 육체적, 정신적으로 좋은 영향을 주려면 다양한 웰빙 요소를 갖추어야 한다. 베를린 훔볼트 대학교 연구진의 유럽 사람들의 주거에 대한 연구에 따르면, 건강한 집은 적절한 온도, 채광, 공기의 질 같은 기본적인 조건 이상의 요소들을 포함하고 있어야 한다. 그 요소들을 정리하면 총 10개로 압축된다. 이들 요소들은 '감성적 웰빙', '기능적 웰빙', '웰빙을 위한 공간'이라는 카테고리에 따라 아래 표와 같이 분류된다.

건강한 집이 갖추어야 할 요소

감성적 웰빙	기능적 웰빙	웰빙을 위한 공간
감정적 애착 실내환경 이웃 자연광(daylight) 수면의 질	리노베이션 상태 에너지소비 습도 열의 제어	사이즈

　연구결과를 분석한 연구팀은 집의 크기, 즉 사이즈는 감성적, 기능적 웰빙에 속한 다른 9가지 요소들과 밀접하게 연관되어 있지 않다는 결론을 내렸다. 결과적으로 내가 머무는 공간의 크기는 평안함과 행복을 제공하는데 그다지 큰 도움이 안 된다는 얘기다. 물론 지역마다 중요하게 생각하는 조건에 있어 약간의 차이가 있음을 고려해야 한다. 예를 들어, 지중해 지역에 사는 사람들의 집에 대한 만족도는 집의 크기와 리노베이션 상태에 달려 있다고 한다. 동유럽에서는 실내환경이 만족도에 가장 큰 영향을 미치는 요소라고 조사됐다.

　나머지 감성적 웰빙과 기능적 웰빙은 건강한 집이 가지고 있어야 할 필수적인 요소들이다. 집짓기를 계획하고 있는 사람들이라면 자신들이 우선순위로 생각하고 있는 것들과 위에서 나열된 10가지 항목을 비교해보면 많은 도움이 되지 않을까 싶다. 아마도 각자의 생각을 객관적으로 판단해 볼 수 있는 좋은 지표가 될 수도 있을 것이다. 내가 추구하는 집은 웰빙과 얼마나 가깝게 다가가고 있는지, 아니면 웰빙으로부터 점점 더 멀어져 가고 있지는 않은지에 대해 알 수 있는 지표 말이다.

최근 들어 건물에서 사용하는 에너지소비를 줄이자는 분위기가 활발하게 조성되고 있다. 지구를 아프게 만드는 지구온난화를 완화시켜 보자는 취지에서 시작되어 전 세계적으로 퍼져 나가고 있다. 지구온난화의 주범은 대기를 오염시키는 이산화탄소CO_2다. 과학자들은 대기 중에 이산화탄소량을 줄이기만 해도 지구온난화가 가속화되는 것을 어느 정도는 막을 수 있다고 주장한다.

영국 옥스퍼드 대학교 환경변화연구소Environmental Change Institute의 보고서에 따르면, 2050년까지 건물에서 배출되는 이산화탄소량을 제로zero로 만들기 위해서는 정부차원에서의 강력한 법률적 조치들을 강화해야 한다고 강조하고 있다. 영국은 건물에서 발생되는 이산화탄소량이 전체 산업에서 배출되는 양의 44% 정도를 차지한다. 미국의 경우도 40%를 차지하고 있을 정도로 높은 수치를 기록하고 있다. 에너지공간에서 발표한 자료에 의하면, 우리나라도 건물부문에서 소비된 에너지량이 25%를 육박하고 있다고 한다. 유럽과 미국에 비해서 아직은 수치가 적지만 여전히 신경을 써야 할 대목임에 틀림없다. 건물에서 발생되는 이산화탄소는 대부분 냉·난방을 위해 사용하는 에너지로부터 기인된다. 이처럼 지구온난화와 건물에서 발생되는 이산화탄소량은 아주 밀접한 관련이 있다.

건물에서 냉·난방을 위해 사용되는 에너지소비를 줄이기 위해 선진국에서는 이미 다양한 에너지 절약 기술을 개발해 실제로 건물에 적용하는 등의 노력을 해오고 있다. 이를 통해 에너지 소모를 최소화하는 '지속가능한 건물sustainable building'에 대한 일반인들의 관심도 높아지고 있다. 요즘 집을 짓겠다고 하는 예비건축주들이 예전과 비교해 에너지 비용을 줄이는 방법에 대해 묻는 경우가 점점 많아지는 걸 보면 저에너지주택에 대한 일반인들의 관심도가 얼마나 높은지 실감이 난다. 좋은 현상이 아닐 수 없다. 그런데 한편으로는 이런 상황이 우려가 되기도 한다. 에너지소비를 줄이는데만 온통 관심을 갖다보면 자칫 지속가능한 건물로서의 의미가 퇴색되는 것은 아닌지. 사실 지속가능성의 최종 목적은 건강한 거주환경을 유지하는데 있다. 에너지소비에만 초점을 맞춰 집짓기에 접근하면 건강, 웰빙에 대한 부분은 놓치기 쉽다. 따라서 행복한 집짓기를 위해서는 어느 한 곳에 치우치지 않는 균형, 즉 밸런스를 끝까지 유지해 나가는 것이 필요하다.

집에서 에너지를 덜 사용하려면 먼저 단열성능을 높여야 한다. 단열성능을 높이기 위해서는 성능이 우수한 단열재를 사용해야 한다. 단열재는 '보온을 하거나 열을 차단하는 목적'으로 만들어진 재료다. 겨울철에는 실내온도를 따뜻하게 유지시키고 여름철에는 외부 열을 차단해서 실내가 덥지 않도록 사용하는 재료가 바로 단열재다. 기밀성능을 높이면 역시 집의 에너지소비를 줄이는데 도움을 준다. 기밀은 '새지 않게 틈을 막는 것'이다. 외벽과 지붕에 있는 모든 틈을 틀어막아야 기밀성능이 높아진다. 벽과 지붕에 틈이나 구멍이 없이 단열재를 시공하면 집의 단열과 기밀성능은 아주 높아진다. 창문이 없다면 거의 완벽한 단열과 기밀성능을 가질 수도 있다. 하지만 창문이 없는 집은 상상할 수 없다. '앙꼬 없는 찐빵'과 같은 꼴이 되기 때문이다. 찐빵에서 맛을 내는 앙꼬가 중요하듯 집에서는 창문이 매우 중요한 역할을 담당하기 때문에 결코 가볍게 여길 수 없다. 이렇듯 단열과 기밀을 높이고 에너지 성능이 좋은 창문을 사용하면 전체적인 집의 에너지 성능은 일반적으로 지어지는 집에 비해 높아질 수 있다.

하지만 단열과 기밀성능을 높이는 데에만 급급해서는 안 된다. 에너지 성능을 향상시키려는 노력이 자칫 거주자의 건강, 웰빙, 안락함에까지 부정적인 영향을 줄 수도 있기 때문이다. 틈이라고는 찾아볼 수 없는 집에서는 환기의 필요성을 강조할 수밖에 없다. 환기가 되지 않으면 거주자에게 신체적으로나 정신적으로 부정적인 영향을 미치게 된다. 집은 거주자에게 안전하고 즐거운 거주환경을 제공해야 할 의무가 있다는 사실을 잊지 말아야 한다. 왜냐하면 에너지 가치와 관계없이 집에 거주하는 사람들은 생활하면서 더 높은 수준의 안락함과 신선한 공기를 기대하기 때문이다.

거주자에게 건강과 웰빙 그리고 안락함을 제공해주는 건강한 집을 위해서는 어떤 노력이 필요할까? 집이 인간의 건강에 상당한 영향을 주고 있다는 과학적 증거들이 최근 몇 년에 걸쳐 나타나고 있다. 특히, 실내공기 오염으로 인한 인명 피해는 심각할 정도다. 세계보건기구는 전 세계 개발도상국에서 실내공기 오염으로 인해 사망하는 사람이 200만 명이 넘는다고 강조하고 있다. 부적절한 환기도 실내공기를 오염시키는데 크게 한몫을 하고 있다.

감성적 웰빙의 관점에서 조금 더 자세히 살펴볼 필요가 있는 항목은 '자연광daylight'과 '수면의 질quality of sleep'이다. 인간에게 반드시 필요하지만 그 중요성에 비해 우리나라에서는 너무 가볍게 여겨지고 있는 실정이기도 하다. 1년 내내 자연광(일광)이 풍부한 대한민국 사람들은 그렇지 못한 북유럽 국가 사람들이 자연광에 광적으로 반응하는 모습을 보면 이해하기 힘들다. 우리가 그들을 이해하지 못하듯 반대로 그들이 우리들을 볼 때도 도저히 이해할 수 없는 낯선 풍경에 놀라움을 감추지 못한다. 햇빛이 쨍쨍 내리쬐는 날이면 우리들은 어떻게 반응하는가. 눈만 보일 정도로 얼굴 전체를 가리는 마스크를 쓰고 그것도 부족해서 자외선 차단 기능이 좋다는 모자를 쓰고 얼굴에는 선크림을 바르고 다닌다. 하지만 북유럽 사람들은 온몸으로 햇빛을 쬐려고 한다.

엘엔 화이트는 "자연광은 자연이 우리에게 선사한 가장 훌륭한 치료자 중 하나"라며 "집 안에 있는 모든 실은 건강한 햇살을 받아들이고, 신선한 공기 역시 끌어들여야 한다. 그래야만 질병을 예방할 수 있다."고 주장하고 있다. 자연광이 인간의 건강에 미치는 영향이 얼마나 큰지 알 수 있는 대목이다. 과다한 노출로 피부암이 걸리지나 않을까 걱정하면서 일부 사람들은 자연광을 두려워하기도 한다. 하지만 장시간 동안 피부를 지속적으로 노출시키거나 태우지만 않는다면 오히려 피부를 정화시켜 주는 역할을 하는 것이 자연광이라고 얘기하고 있다.

우리가 잘 알고 있는 영국 태생의 간호사 나이팅게일도 그녀의 저서《간호 노트》에서 집 안에서 건강을 유지하기 위한 필수 요소- 공기, 물, 청결 등을 언급하면서 자연광의 중요성을 강조하고 있다. "좋은 병원을 지으려고 하지 마세요. 대신 좋은 집을 지으면 됩니다." 그 당시 나이팅게일은 '좋은 집'이 충분히 병원을 대체할 수 있다고 확신했다. 그리고 수많은 사람들이 100여 년이 지난 지금까지도 그녀의 말은 여전히 유효하다고 믿는다. 건강한 라이프스타일은 몸과 마음이 활기가 넘칠 때 가능하다. 건강한 집이 제공하는 좋은 거주환경을 통해 그 안에 사는 나와 가족의 몸과 마음도 활기찬 삶을 살 수 있다.

16

건강한 집에는
5가지 특징이 있다

건강하지 못한 집에서 사는 사람들은 신체적으로나 정신적으로 여러 가지 문제들을 안고 살아가기 마련이다. 그럼에도 불구하고 사람들은 건강한 집에 대한 중요성을 가볍게 여기는 경향이 있다. 건강한 집은 우리의 라이프스타일, 더 나아가 우리들이 건강하고 행복한 삶을 살 수 있도록 많은 것을 제공하고 있음에도 말이다. 집이 건강하다는 것은 어떤 의미일까? 덴마크에 본사를 둔 세계적인 창문 제조회사 벨룩스VELUX 그룹은 70년이 넘은 회사의 역사만큼이나 오랫동안 건강한 집에 대한 관심을 가지고 있다. 이와 관련된 연구에도 많은 시간과 돈을 지속적으로 투자하고 있다. 2015년에는 지금까지의 연구결과를 토대로 건강한 집의 기준을 제시해주는 '헬씨홈 바로미터healthy home barometer'를 발표했고 이후 매년마다 결과를 발표하고 있다.

이 연구의 목적은 유럽 사람들이 집을 건강한 삶을 유지하는데 필수적인 핵심요소로서 생각하고 있는지, 그들이 믿음대로 그렇게 행동하고 있는

지, 건강한 집으로부터 얻을 수 있는 것은 무엇이고 그것을 알고 있는지 등에 대해 파악하는 것이다. 이를 통해, '건강한 집'에 필요한 요소가 무엇인지 알아보고, 현재 유럽 사람들이 살고 있는 집의 상태를 파악해 볼 수 있어 건강한 집의 바로미터가 되고 있다.

연구결과에 따르면 상당수 유럽 사람들은 건강문제와 낮은 웰빙 수치를 통해 몸과 마음이 매일 고통을 받고 있다고 한다. 이로 인해 삶의 질도 점점 파괴되고 있다. 이것은 비단 유럽 사람들에게서만 나타나는 일은 아니다. 우리나라의 한 연구기관에서 발표한 조사내용에 의하면 한국인의 86%가 고통받는 삶을 살고 있다고 답했다고 한다. 이 결과대로라면 한국인의 삶이 아시아 국가 중에서도 최하위 수준이다. 물론 이런 결과가 모두 건강과 웰빙 문제 때문이라고 단정 지을 수는 없지만 상당 부분 삶의 질에 영향을 미치고 있다는 것은 자명한 일이다.

유럽 사람들 대부분은 건강한 집에 살기를 원한다. 연구결과를 통해서도 유럽 사람들의 건강한 집에 대한 열망은 아주 잘 드러나 있다. 건강하지 못한 집에 사는 사람들은 건강한 집에 사는 사람들보다 훨씬 심각한 건강 문제로 고통받고 있다. 집은 사람들의 건강과 웰빙에 커다란 영향을 미친다. 유럽 사람들을 대상으로 조사한 내용이지만 우리나라에서 집짓기를 준비하는 사람들에게도 집에서 추구해야 하는 가치가 무엇이어야 하는가를 깊이 생각해 볼 수 있는 유용한 연구자료가 될 것이다. 건강하고 즐거운 삶을 제공받을 수 있다면 어느 누가 그런 집을 거부할 수 있겠는가!

벨룩스 그룹이 주도적으로 실시한 설문조사는 12개 유럽 국가-오스트리아, 벨기에, 체코, 덴마크, 프랑스, 독일, 헝가리, 이탈리아, 네덜란드, 노르웨이, 폴란드, 영국에 거주하는 12,000여 명을 대상으로 한 조사였다. 이 설문조사를 통해서 집에 대한 다양하고 방대한 자료를 수집했다. 이를 통해 유럽 사람들이 생각하는 건강한 집이 5가지로 요약되었다.

1. 수면의 질을 높여주는 집

2. 안락한 실내온도를 제공해주는 집

3. 신선한 공기가 가득한 집

4. 만족할 만한 수준의 자연광이 머무는 집

5. 적정한 습도가 유지되는 집

유럽인들은 건강한 집이 되기 위해서는 위에 나열된 항목들은 반드시 갖추고 있어야 한다고 생각하고 있다. 일상적으로 해오던 행동과 일과를 바꾸는 일은 생각보다 어려울 수 있다. 신경도 쓰이고 귀찮게 여겨지기도 한다. 하지만 조사결과에 따라 약간만 일상의 변화를 주더라도 건강한 집에 필요한 기본적인 환경을 갖출 수 있다는 얘기다. 어떤가? 혹시 집짓기를 계획하고 있다면 한 번 시도해 본다고 해서 해로울 것은 없을 것 같지 않은가.

다음에 제시하는 내용은 건강한 집을 위한 5가지 행동수칙이다. 집짓기를 계획하고 있는 사람이라면 지금보다 건강한 몸과 마음을 유지하며 삶의 질을 높일 수 있는 집의 환경을 만들 수 있는 5가지 행동수칙을 참고해 보는 것은 어떨지.

건강한 집을 위한 5가지 행동수칙

1단계: 잠을 잘 잘 수 있는 환경 조성

유럽 사람들의 72%는 잠자기 바로 직전에 침실 환기를 시키지 않는다.

2단계: 안락한 온도 유지

유럽 사람들의 37%는 실내온도 유지보다 에너지 비용을 줄이는 데에만 가치를 두고 있다.

3단계: 신선한 공기 유입

유럽 사람들의 59%는 유럽에서 권장하는 매일 2번의 환기보다 적게 공기를 빼낸다.

4단계: 자연광의 유입

유럽 사람들의 76%는 집 내부로 유입되는 불충분한 자연광을 보완하기 위해 인공조명을 켠다.

5단계: 습도 조절

유럽 사람들의 49%는 실내습도 조절을 우선순위로 생각하고 있지 않다.

5장

⌂

반드시 충족되어야 하는 건강한 집의 필수조건

17

충분한 수면을 취할 수 있는 조건을 만족하는 집

인간은 왜 적절한 수면을 취해야 할까?

지난 수세기 동안 산업은 눈부시게 발달했다. 주변환경도 옛날에 비해 크게 바뀌었다. 이로 인해 인간의 수면 패턴은 상당한 변화를 가져왔다. 인간은 낮 동안에는 활발하게 활동하고 밤이 되면 수면을 취하도록 창조되었다. 하지만 산업혁명을 통해 밤낮없이 일할 수 있는 환경이 조성된 이후부터 낮에 일하고 밤에 잠을 자야 하는 인간의 규칙적인 수면 활동에 장애가 발생했다.

이런 현상은 개발도상국에서 더 많이 나타난다. 24시간 쉼 없이 돌아가는 사회 시스템을 갖고 있기 때문이다. 주간근무, 야간근무, 새벽근무와 같은 교대근무 제도는 낮에 활동하는 시간과 밤에 수면을 취하는 시간을 완전히 바꿔버린다.

낮과 밤의 환경이 바뀌면서 깊이 잠들 수 있는 여건은 점차 줄어들게 된다. 숙면을 취하지 못하는 우리 몸은 기어이 과부하가 걸리고 만다. 피로가 쌓이면 수면장애가 나타날 수도 있다. 뇌를 연구하는 과학자들은 숙면을 통해 머리, 즉 대뇌가 충분히 휴식을 갖도록 하는 것이 중요하다고 강조하고 있다. 왜냐하면 대뇌는 아침에 일어나서 잠들 때까지 하루 중 거의 15시간 이상을 왕성하게 활동하고 있기 때문이다. 왕성한 대뇌 활동은 수면시간의 단축으로 이어진다. 수면시간이 짧아지면 업무 및 작업 능률이 현저하게 떨어진다. 대한수면의학회에 따르면 수면의 질이 떨어지면 과로와 스트레스가 가중되어 심혈관질환, 뇌혈관질환의 발병 위험이 높아진다고 한다.

잠을 자면서 보내는 시간이 우리 일생의 30%를 차지할 정도로 수면은 우리에게 중요한 일이다. 따라서 달콤한 수면이 우리의 몸과 마음에 미치는 영향은 상당히 크다고 할 수 있다. 미국 코넬대학 심리학 교수인 제임스 마스는 "달콤한 수면으로 상쾌한 아침을 맞이하는 것만으로도 생활의 질뿐만 아니라 인생의 질도 높아질 수 있으며, 건강한 삶을 위해서는 적절한 수면이 반드시 필요하다."고 강조한다. 잠이 부족하면 언제든 보충할 수 있다는 생각 때문인지는 몰라도 수면 문제를 가볍게 여기는 사람들이 의외로 많다. 수면이 일상생활과 인생 전반에 걸쳐 얼마만큼 큰 영향을 미치는지에도 별 관심이 없다. 그저 '수면은 시간 낭비야', '수면이 뭐 그렇게 중요해'라는 식으로 수면에 대해 잘못된 오해와 편견을 가지고 있기 때문이다. 그러나 분명히 기억해야 할 것은 적절한 수면은 학업과 업무에 적잖은 보탬이 된다는 사실이다. 적절한 수면을 통해 충분히 만족스런 하루를 살아갈 수 있는 동력을 얻을 수 있다. "잠이 보약이다"라는 옛말도 있듯이 숙면은 우리의 몸과 마음의 피로를 회복시켜 주는 피로회복제와 같은 역할을 한다. "오래 잤는데도 피곤해"라고 불만을 토로하는 사람들은 숙면을 취하지 못해서 그렇다. 숙면은 오래 자는 것이 아니라 '깊이 잠이 드는 것'이다. 미국 의학전문 잡지에 의하면 숙면을 취하지 못한 사람은 정상적으로 숙면을 취한 사람보다 두통으로 고통받을 확률이 최고 8배까지 높아진다고 한다.

제이콥 스쿠프Jakob Schoof는 우리가 잠을 자는 이유를 3가지로 요약하고 있다. 에너지를 비축하고, 건강을 유지하며, 기억하기 위해서다. 에너지는 우리 삶의 원동력이다. 에너지가 넘치면 몸과 마음이 건강하다는 증거다. 잠을 못 자면 어떤 일이 일어날까? 일단 우리 몸의 면역체계가 흐트러지고 인식능력이 떨어진다. 면역력이 약해지면 무기력해진다. 몸과 마음이 세균을 억제할 수 있는 방어능력을 잃게 된다. 암 발생과 만성질병에 노출될 확률도 정상인들에 비해 높아지는 것이다. 그러면 어떻게 해야 깊이 잠을 잘 수 있을까?

집에서 수면을 잘 취할 수 있는 환경이 건강에 미치는 영향은 대단히 크다. 유럽 사람들은 이 점에 대해 중요성을 잘 인식하고 있다. 하지만 실제로는 이런 조건을 만족하는 집에 살고 있지 못하는 사람들이 많다. 유럽인들을 대상으로 집에 대한 인식도를 조사한 결과, 대상자의 77% 정도가 수면 환경을 갖추지 못한 집에서 살고 있다고 한다. 생각만 그렇게 하고 있는 것이 아니다. 실제로 집에서 쾌적하지 못한 환경 때문에 수면장애를 경험했다고 대답한 사람들이 60%가 넘는다고 하니 말이다.

대표적인 수면장애는 불면증과 기면증이다. 불면증은 잠들기 힘들고 자다가 자주 깨는 상태, 아침에 너무 일찍 깨어 다시 잠들기가 어려운 상태다. 불면증은 왕성하게 활동해야 할 낮 동안에도 피로감, 무기력감을 준다. 심한 스트레스, 수면리듬이 급격하게 바뀌면 불면증이 발병한다고 한다. 불면증에 시달리는 사람은 업무 수행능력이 떨어지고 사고의 위험에 더 많이 노출되기도 한다. 판단능력을 떨어뜨려 결정 장애를 주기도 한다. 결과적으로 정상적인 활동을 기대하기 어렵게 만든다.

기면증은 '계속해서 졸리다'는 특징을 가지고 있다. 심하게 졸음이 오기 때문에 일상생활을 못할 정도의 피해를 입힌다. 학생들의 경우에는 학업에 큰 어려움을 줄 수도 있다. 이처럼 수면장애의 결과는 몸과 마음의 건강에 치명적이기 때문에 결코 가볍게 여길 수가 없다.

자연광과 수면은 밀접한 관련이 있다

벨룩스VELUX 그룹은 2016년 유럽의 12개국 12,000여 명을 대상으로 건강한 집이 갖추어야 할 조건과 현재 거주하고 있는 집의 상태 등을 알아보기 위해 실시한 설문조사 결과를 발표했다. 조사 대상자의 77%는 최적화된 수면을 취할 수 있는 조건을 갖추지 못한 집에서 살고 있다고 한다. 그리고 전체 응답자의 82%는 겨울철에 추위를 느낄 정도의 방에서 생활한다고 답했고, 여름에 집이 너무 덥다고 답한 유럽인들도 무려 87%나 된다고 한다. 이 결과는 여전히 많은 유럽인들이 쾌적하지 못한 집에 거주하면서 크고 작은 문제들로 고통받고 있다는 증거를 잘 보여주고 있다.

연구결과를 종합해보면, 거주자가 느끼는 건강은 자연광(햇빛)이나 실내 환기와 밀접한 상호관계가 있음을 알 수 있다. 주기적으로 환기를 시키고 실내에 자연광이 풍부한 집에 거주하는 사람일수록 그렇지 못한 환경에 거주하는 사람들보다 훨씬 더 나은 건강상태를 유지하고 있다고 한다.

수면의 질을 결정하는 요소는 공기, 온도, 빛 등 다양하다. 그 중에서 실내에서 오염된 공기가 수면에 미치는 영향은 절대적이다. 국제 학술지 International Journal of Indoor Environment and Health에 실린 논문 '침실 내 공기가 수면과 업무수행 능력에 미치는 영향'에서는 침실 내 공기오염도에 따라 수면에 어떤 영향을 미치는지 잘 나타나 있다. 실험을 통해 침실 안에서 이산화탄소CO_2 농도가 낮아질 때 비로소 실내공기의 질이 향상된다는 사실을 밝혀냈다. 공기의 질이 좋으면 수면의 질도 높아진다는 사실도 알아냈다. 숙면을 취한 사람들은 집중력, 이성적인 생각으로 과제를 수행하는 능력이 그렇지 못한 사람들에 비해 훨씬 향상된 것이다.

침실 내 공기의 온도도 수면의 질을 결정한다. 실내의 온도를 일정하게 유지하기 위해 일반적으로는 창문을 닫는다. 창문을 열면 침실 내 공기가 차가워지기 때문이다. 차가워진 공기 온도를 높이려면 그만큼의 난방 에너지가 소모된다. 실내 문이나 창문을 열지 못하는 또 하나의 이유는 개인 프라이버시 때문이다. 이처럼 집 안에 있어도 이런저런 이유로 인해 환기 횟수는 줄어들기 마련이다. 반드시 필요한 환기 횟수 기준을 채우지 못하면 실내 이산화탄소 농도는 2,500ppm까지 높아지게 된다. 2,500ppm은 우리나라 실내공기의 질 관리기준이 1,000ppm인 것을 감안하면 2.5배에 해당하는 꽤나 높은 수치다. 우리가 인지할 수 있는 이산화탄소 농도는 대략 1,500ppm부터라고 한다. 따라서 기준보다 실내 이산화탄소 농도가 높아지더라도 바로 체감할 수 없다는 것이 문제다.

아침부터 오랜 시간 잠을 잤더라도 밤에 몇 시간 자고 일어났을 때만큼 몸이 개운하지 못했던 경험을 한 번쯤 해보았을 것이다. 우리 몸의 온도와 혈관 내 멜라토닌$melatonin$ 성분 또한 수면과 깊은 관련이 있다. 미국 예일 대학교의 에어런 러너는 연구팀과 함께 멜라토닌이 증가하면 잠이 잘 든다는 사실을 알아냈다. 멜라토닌은 일몰과 함께 생성이 증가하는 반면 새벽이 되면 중단된다. 전등을 켜 놓은 채 잠을 청해 본 일이 있는가? 피곤해서 침대에 들어갔지만 그 빛 때문에 쉽게 잠을 청하지 못했던 경험이 있을 것이다. 가능한 어두운 밤에 잠을 자야 하는 이유가 여기에 있다. 브라질 연구팀은 낮과 밤의 주기를 따르며 생활하는 사람들이 그렇지 못한 사람들에 비해 40분 일찍 잠이 들었고, 잠을 30분이나 더 길게 잔다는 사실도 밝혀냈다.

전등과 같은 인공적인 빛과 달리 자연광이 부족하면 수면 문제를 일으킨다. 언짢은 기분을 내는 것도 자연광이 부족한 탓이다. 스웨덴에서 실시한 연구결과도 이를 잘 뒷받침해준다. 매일 추가로 30분 일광에 노출된 그룹의 사람들은 잠을 잘 못 자고 기분이 나빠지는 위험이 그렇지 않은 그룹에 비해 33% 정도 더 낮다고 한다.

일본인 의사 우쓰노미야 미쓰아키는 "일광욕으로 햇빛을 듬뿍 쬐면 의사도 약도 필요 없다."고 강조할 정도로 자연광이 몸과 마음에 미치는 영향이 크다고 강조하고 있다. 자연광을 통해 나오는 자외선은 뇌기능을 향상시키고 스트레스를 완화하는 비타민D를 형성하기 때문이다. 자연광은 수면장애와도 깊은 관련이 있다고 얘기한다. 자연광을 쬐지 않으면 수면호르몬이라고도 하는 멜라토닌 성분이 혈관 내에 적어져 수면장애를 일으킬 수 있다는 것이다. 하루 종일 흐린 날에는 왠지 몸도 찌뿌듯하고 마음이 싱숭생숭 안정적이지 못한 것도 자연광에 노출되지 않았기 때문이다.

햇빛이 잘 들어오는 밝은 집은 이런 의미에서 중요하다. 하지만 우리나라에서도 대부분의 집들에서 햇빛이 내리쬐는 대낮에도 인공조명을 켜고 실내활동을 하고 있는 실정이다. 벽에 뚫려 있는 창문으로 빛을 깊숙이 끌어들이는데 한계가 있기 때문이다. 설사 넓은 창문을 설치했다 할지라도 해의 위치는 일정하기 때문에 실내 깊숙이 햇빛이 들어오게 하는 효과가 크지 않다. 도심지 주택단지에 있는 집의 경우는 사방으로 둘러싸인 집 때문에 효과가 반감되기 십상이다. 흐린 날에는 인공조명을 켜지 않으면 사물을 분간하기도 어려울 정도로 실내가 어두운 집도 많이 있다. 햇빛을 실내 깊숙한 곳까지 끌어들여 밝고 쾌적한 실내환경을 만들 수 있는 집은 불가능한 것일까?

18

안락하고 적정한
실내온도가 유지되는 집

미국 수면의학회는 수면의 질이 건강에 미치는 영향이 얼마나 중요한지에 대해 '잠을 잘 잔다는 것은 얼마나 자느냐가 아니라 어떻게 자느냐에 달려있다'고 강조하고 있다. 수면의 질을 높이기 위해 집이 갖추어야 할 요소는 공기의 질, 자연광, 온도다. 이 3가지 요소를 만족시키는 집에서는 최적의 수면이 가능하다. 특히 실내온도를 적절하게 유지하는 것은 앞서 살펴본 공기의 질, 자연광이 미치는 영향 못지않게 숙면을 취하기 위해 중요하다.

실내가 건강한 집에서는 수면의 질이 높아진다

벨룩스 그룹에서 조사한 연구결과에 따르면, 설문에 응답한 82% 정도의 유럽 사람들은 겨울철에 집이 너무 춥다고 응답했다. 여름에 과도한 열로 인해 집이 더워지는 과열현상의 피해는 더 심각했다. 햇빛에 의한 과열로 인해 실내에서 더위를 경험한 사람들은 조사 대상자의 87%가 넘었다고 한다. 여름에는 덥고 겨울에는 추운 집. 이런 집은 건강하지 못하다. 집이 건강하지 못한데 그 안에 사는 사람의 건강 상태는 불 보듯 뻔하다.

실내온도가 적절하게 세팅되면 실내환경이 쾌적하다. 적절한 실내온도는 여름철에는 섭씨 24~26도, 겨울철은 섭씨 18~20도다. 이렇게 기준이 정해져 있기는 하지만 사람마다 적절하다고 느끼는 온도 차이는 다를 수 있다. 겨울철 침대 매트리스 위에 올려놓는 2인용 전기매트나 돌침대는 불과 몇 년 전까지만 해도 분리해서 온도조절을 하지 않았다. 하지만 요즘 나오는 제품들은 어떤가. 2인용이지만 온도조절이 반씩 가능하도록 되어 있다. 왜 최근에 나오는 제품에는 이런 기능을 추가했을 것 같은가? 같은 침대에서 부부가 한 이불을 덮고 잠을 잔다 하더라도 각자가 느끼는 쾌적한 온도는 다르기 때문이다. 온도조절이 분리되어 있지 않을 때는 누구 한 사람은 불쾌감을 느낄 수밖에 없었다. 남편은 더워서 온도를 내리자 하고 아내는 추우니까 온도를 더 올리려 한다. 편안해야 할 잠자리가 온도 차이로 인해 불편했던 경험을 한 번쯤은 가지고 있을 것이다. 각자의 몸에 맞는 온도를 설정해 놓으면 열에 대한 쾌적성이 높아지기 때문에 둘 다 만족스럽게 잠을 잘 수 있는 것이다.

의학적 기준에서 볼 때 실내온도가 섭씨 12도 아래로 내려가면 건강에 문제가 발생하기 시작한다고 한다. 특히 심신이 약한 어른들은 신진대사가 줄어들면서 체온을 뺏기게 되어 위험한 상황에 직면할 수도 있다. 12도 아래 온도에 지속적으로 노출될 경우 심리적인 문제도 일으킬 수 있다는 연구보고도 있다. 집에서 추위를 경험하고 있는 많은 유럽인들은 심각한 건강문제에 노출될 수밖에 없다. 요즘 우리나라에서 지어지는 집들은 확실히 예전보다는 단열과 기밀에 신경 쓰고 있는 듯하다. 에너지 기준이 계속 강화되어 어쩔 수 없이 기준을 맞춰야 하는 이유도 있지만, 소비자의 요구사항이 높아지고 있다는 것도 큰 몫을 하고 있다.

반대로 온도가 높은 환경에 노출될 경우 일어날 수 있는 문제들도 여럿 있다. 높은 온도에 노출되면 열에 의한 스트레스 지수가 높아지게 된다. 체내 온도가 정상범위를 벗어나기 때문에 열 충격heat shock으로 인해 스트레스가 발생하는 것이다. 열 스트레스heat stress는 심근경색을 일으키는 원인이 되기도 한다. 심근경색으로 인한 사망률은 상당히 높다. 이를 뒷받침하는 의학적 증거들도 속속 나오고 있다. 서울대학교 보건대학원의 연구에 따르면 기온이 섭씨 32도 이상 5일간 지속되면 심혈관계 질환 사망률이 11% 이상 증가한다고 한다. 온도가 높아지면 심근경색 환자가 20% 늘어난다는 미국심장학회의 연구결과도 나와 있다.

피로, 짜증, 현기증, 호흡곤란은 여름철 더운 날씨에 흔히 나타나는 증상들이다. 이런 증상은 주로 높은 열 때문에 생긴다. 고열은 우리 몸에서 분비되는 스트레스 호르몬과 혈액 내 염증 물질을 증가시킨다. 우리 몸은 추운 기운(寒氣)보다는 열기에 더 쉽게 적응한다고 한다. 따라서 열 스트레스는 단순히 온도 레벨의 문제가 아니다. 열 스트레스는 사람들이 얼마나 자주 적정 이상의 온도에 노출되느냐에 달려 있다.

인간이 열에 대해 쾌적함을 느낄 수 있는 환경은 어떻게 만들어질 수 있을까?

열 쾌적성thermal comfort은 신체가 느끼는 불쾌감을 줄이는 것으로부터 출발한다. 과도한 열overheating로 인한 불쾌감, 한기(寒氣)로 인한 불쾌감을 줄이면 열 쾌적성은 높아지게 된다. 집이 불쾌감을 줄일 수 있는 환경을 제공한다면 그 안에 사는 사람은 그만큼 쾌적하게 살 수 있게 된다.

집 내부로 과도한 열이 들어와 데워지면 여러 가지 문제점을 야기시킨다. 우선 수면의 질이 떨어진다. 우리 몸은 차지도 덥지도 않은 최적화된 온도에 잘 적응하기 때문이다. 높은 온도에 지속적으로 노출되어 있을 경우 회사에서는 업무 생산성, 학교에서는 학습능력이 15% 정도까지 떨어진다는 연구결과가 있다. 집은 내부의 공기 온도, 습도, 기류, 공기의 신선함의 정도에 따라 쾌적성이 결정된다. 이 중에서 열 환경은 우리 몸이 즉각적으로 반응한다는 점에서 결코 가볍게 여겨서는 안 된다.

새집을 지을 때 과열overheating에 의해 피해를 입지 않으려면 어떤 조치를 취해야 할까?

벨룩스 그룹에 따르면 건물에 나타나는 과열 현상은 최근에 지어지는 신축 저에너지 빌딩, 리모델링 에너지 빌딩 그리고 북유럽에서 주로 목격된다고 한다. 에너지 빌딩이기 때문에 자연환기에 대해서는 적극적으로 대처하고 있지 못한 것도 한몫을 하고 있다. 또한 기후변화에 의해 지구 전체의 온도가 상승하는 것도 건물이 과열되는 이유다.

집 내부가 과열되는 것을 막기 위해서는 적절한 환기도 필요하지만 햇빛에 의한 열을 적절하게 차단시켜야 한다. 집의 벽과 지붕은 단열이나 마감재를 통해 대부분의 햇빛을 차단할 수 있다. 문제는 창문을 구성하고 있는 유리다. 특별한 조치를 취하지 않으면 유리를 통해 햇빛의 열이 실내에 그대로 유입된다. 따라서 햇빛을 차단하는 가림막을 창문 외부에 설치하거나 자외선 차단 효과가 뛰어난 유리를 사용하는 것이 좋다.

자연광이 우리에게 많은 혜택을 주고 있다는 사실을 부정할 사람은 없을 것이다. 하지만 잘못 이해하고 활용하면 혜택만큼이나 큰 피해를 입을 수 있다는 것도 명심해야 한다. 자연광의 특성을 정확히 이해하고 집짓기에 잘 활용한다면 건강한 삶을 보장받을 수 있는 확률은 그만큼 높아지게 된다.

19

신선한 공기가 가득한 집

매일 2~4회 규칙적으로 환기를 시키는 집에 사는 사람은 한 번도 실내 공기를 바깥으로 빼내지 않고 지내는 사람에 비해 활동에너지 저하로 고통받을 확률이 절반으로 줄어든다는 연구결과가 있다. 일정한 주기로 창문을 열어 두고 사는 사람이 후두염에 걸릴 확률은 그렇지 못한 곳에 사는 사람에 비해 25% 낮다는 연구결과도 있다. 이 모두가 신선한 공기로 가득 차 있어야 할 집 안이 오염된 공기로 채워져 있기 때문에 일어나는 결과다.

실내공기의 질은 우리의 건강과 웰빙을 위해 결코 가볍게 여겨져서는 안 된다. 우리는 하루 중 거의 대부분의 시간을 실내에서 보내고 있다. 공부를 하던 일을 하던 그 안에 있는 공기를 마시며 일상생활을 한다. 건물 안에서 낮 동안에는 공부를 하고, 일을 하고, 휴식하며, 먹고 마신다. 집 안에서 밤에는 하루 중 3분의 1이라는 긴 시간을 할애해서 잠을 잔다. 이렇게 중요한 곳이 눈에 보이지도 맛으로 느끼지도 못하는 혼탁한 공기로 가득하다고 상상해보라. 정말이지 끔찍한 일이 아닐 수 없다.

집 안에는 우리가 생각하고 있는 것 이상으로 다양한 오염물질로 가득하다. 화장실은 곰팡이, 박테리아, 바이러스가 서식하기 좋은 곳이다. 주방에는 가스레인지에서 나오는 일산화탄소, 일반인들은 도무지 알 수 없는 화학성분으로 가득한 청소용 액체와 분말에 노출되어 있다. 일산화탄소의 경우 도심지 가정에 대부분 공급되고 있는 도시가스에도 포함되어 있다. 매일 음식을 조리할 때 사용하는 가스에서도 호흡 대사를 방해할 수 있는 독성물질에 노출될 수 있다는 사실을 아는 사람은 과연 얼마나 될까. 집 안에서 가족들과 많은 시간을 보내는 거실에는 이산화탄소, 애완동물의 털, 비듬으로 인해 오염되어 있다.

이산화탄소는 우리가 호흡할 때 우리 입에서 나오는 부산물이기도 하다. 많은 사람들이 모여 있는 실내공간에 한참을 있다 보면 머리가 아프거나 가슴이 답답했던 경험을 해보았을 것이다. 이산화탄소 농도가 높은 곳에 장시간 있다 보면 호흡이 커지고 어지럼증이 일어난다. 더 심할 경우 구토, 매스꺼움, 두통으로 고통받을 수도 있는 치명적인 존재가 바로 이산화탄소다. 방 안은 침구 등에 붙어 있는 먼지, 집먼지 진드기가 떠다니고 있다.

이 밖에도 라돈가스, 벽이나 바닥마감재 특히 접착제에서 나오는 환경호르몬과 같은 여러 가지 오염물질도 실내의 이산화탄소량을 높여 실내공기의 질을 악화시킨다. 오염된 실내공기는 호흡기 감기, 비염, 아토피, 천식 등의 알레르기 질환을 일으키는 주요한 원인이 된다.

이런 오염물질들은 우리의 오감(시각, 후각, 청각, 촉각, 미각)으로 감지하는 것이 어렵기 때문에 그대로 방치하면 문제가 심각해질 수도 있다. 일정 횟수 이상 환기하지 않으면 실내공기는 도로 위 배기가스 농도보다 10배 이상 더 오염될 수 있다고 한다. 도로 위 자동차가 뿜어내는 배기가스를 들이마시는 것도 끔찍한데 10배 농도의 오염된 공기가 있는 실내에 머문다는 것은 상상하기조차 싫다.

실내공기의 질을 높이는 효과적인 방법은 신선한 공기를 최대한 집 안으로 끌어들이고 오염된 실내공기는 바깥으로 빠져나가게 하는 것이다. 큰 비용을 들이지 않고 쉽게 그 역할을 수행할 수 있는 방법이 바로 자연환기natural ventilation다. 환기는 집 안의 탁한 공기를 맑은 공기로 바꿔 준다. 실내 환기에 신경 쓰지 않으면 실내공기가 오염될 가능성도 그만큼 높아진다. 우리 몸은 여러 가지 바이러스에 노출된다. 실내공기의 오염 속에 떠다니는 바이러스는 우리가 생각하는 것 이상으로 우리 몸에 위협을 가할 수 있다는 사실을 기억하자. 이런 위협으로부터 벗어날 수 있는 방법은 의외로 간단할 수도 있다. 창문을 여는 것만으로도 신선한 외부공기를 실내로 끌어들여 오염된 실내공기를 정화시킬 수 있으니 말이다.

쾌적하고 건강한 실내환경을 위해서는 너무 건조하거나 너무 습하지 않아야 한다. 너무 건조하면 다양한 호흡기질환이 생기고 너무 습하면 곰팡이와 같은 미생물들이 번식할 수 있기 때문이다. 사람에게 가장 적합한 온도는 섭씨 18~22도, 습도는 40~60% 정도다. 냉·난방기를 조작해서 이런 조건을 어느 정도는 맞출 수도 있지만 100% 기계에 의존한다는 것이 왠지 꺼림칙한 것은 사실이다. 온도와 습도는 조절이 가능할지 몰라도 실내에 떠돌아다니는 오염된 공기를 집 밖으로 배출하고 신선한 공기를 집 안으로 들어오게 하려면 아무래도 자연환기만큼 효과적이고 효율적인 방법은 없을 것이다.

비교적 쉽게 문제를 해결할 수 있음에도 불구하고 여전히 많은 사람들은 환기를 중요하게 여기지 않는 경향이 있다. 창문이나 문을 열면 자연적으로 환기가 가능해진다. 하지만 사람들은 창문이나 문을 열어놓기를 꺼린다. 거의 1년 내내 난방과 냉방을 하기 때문이다. 북유럽 사람들의 40~60%는 실내 환기를 잘 하지 않는 것으로 드러났다. 우리나라의 경우도 크게 다르지 않다. 그 이유는 아마도 황사, 미세먼지와 같은 바깥 공기 오염도가 점점 심해지고 있기 때문이 아닐까 싶다. 실내공기보다 바깥 공기가 더 심하게 오염되어 있을 것이라는 인식이 우리 머릿속에 깊이 자리 잡고 있다. 당연히 창문 열기가 꺼림칙하다. 집 안에는 청정기가 돌면서 공기를 정화시키고 있는데 오히려 오염된 바깥 공기를 끌어들이게 되는 아이러니한 상황이 되니까. 공기 청정기 한 대가 커버할 수 있는 면적은 얼마나 될지도 한 번 생각해보라.

　미국에서 실시한 연구에 의하면 실내공기 오염이 바깥 공기 오염에 비해 실질적으로 우리들의 건강에 심각한 피해를 입히는 것으로 조사되었다. 적절한 자연환기는 건강에 피해를 주는 위험에서 벗어날 수 있도록 도움을 줄 뿐만 아니라 집 자체도 보호되어 건강한 환경을 만들어준다.

만족스러운 수준의
햇빛이 가득한 집

햇빛이 우리 인간에게 주는 혜택은 수없이 많다. 그중에서도 인간의 건강과 웰빙에 꼭 필요한 요소가 자연이 주는 광선, 햇빛이다. 낮 동안의 빛, 밤의 어둠은 인간이 건강을 유지하는데 아주 중요한 역할을 한다. 밤 동안 수면의 질을 높여 주는 것 또한 건강을 위해 필수적이다. 밤에 숙면을 취하기 위해서는 캄캄한 환경이어야 좋다. 저녁에는 조도를 낮게 하고 밤에는 암막 블라인드로 방을 어둡게 하면 수면의 질도 높아진다. 낮 동안 최고로 높아진 자연광 레벨은 업무, 학업과 같은 수행능력과 감정을 유지하는데 도움을 준다. 아침에 들어오는 자연광은 처지기 쉬운 감정을 끌어올리고, 수행능력을 높이며, 체내 시계biological clock를 잘 맞춰준다. 자연광에 적절하게 노출되면 생체리듬 곡선이 정상궤도로 잘 유지되기 때문이다.

자연광과 집은 어떤 관련이 있을까?

벨룩스 그룹에서는 '집에서 가장 중요하다고 여겨지는 상징물 한 가지'가 무엇인지 알아보기 위해 유럽인들을 대상으로 설문조사를 실시했다. 응답자의 60%는 '햇빛'이라고 답했다. 주관적일지 모르지만 내가 똑같은 설문지를 받았다고 해도 나의 대답 역시 같았을 것이다. 나중에 자세히 얘기하겠지만 나는 하루 종일 햇빛이 잘 들어오는 집에 살고 있다. 그리고 지난 2년간 그 혜택을 톡톡히 누리며 살았다. 물론 지금 살고 있는 집을 짓고 이사 오기 전까지는 아파트 6층에 살았다. 굳이 아파트와는 비교할 대상이 아니지만 두 집에서 느끼는 안락함의 차이는 분명히 크다.

햇빛이 잘 들지 않는 집에 사는 사람들은 우울증과 무기력증에 빠질 위험이 훨씬 높다고 한다. 시애틀은 미국 내에서 비가 많이 내리기로 유명한 지역이다. 늦가을부터 시작되는 우기는 이듬해 초봄까지 이어진다. 이 기간 동안에는 흐리고 비가 오는 날씨가 몇 개월 간 지속된다. 이런 점에서 단기간에 내리고 그치는 우리나라의 장마와는 많이 다르다. 이 시기에는 여름에 비해 해가 짧아진다. 그나마 흐리고 비가 오는 날이 지속되기 때문에 햇빛에 노출되는 시간도 짧다. 이런 이유에서인지 몰라도 시애틀에는 계절성 우울증으로 고통받는 사람이 많다고 한다. 이들은 우울증 때문에 기분이 위축되고, 잠이 많아지며, 식욕이 증가하면서 무기력해지는 증상을 호소한다.

전 세계에서 살기 좋은 도시로 매년 상위에 올라 있는 캐나다 밴쿠버의 경우도 시애틀과 비슷한 우기가 있다. 몇 년 전 그곳에 살고 있는 친구가 한 달간 해를 한 번도 못 봤다고 내게 불평 섞인 얘기를 했던 기억이 아직도 생생하다. 평소에 쾌활한 성격의 친구였는데, 한 달간 매일 비가 오니 "기분이 정말 위축되고 우울증 증세까지 생긴다"며 햇빛이 그립다는 하소연을 했다. 햇빛을 못 본다는 것은 이처럼 누군가에게는 큰 고통이 되기도 한다.

우울증의 치료 중 가장 설득력 있는 자가치료 방법은 '빛 치료', 즉 자연광을 이용하는 치료 방법이라고 알려져 있다. 이에 대한 의학적 증거들도 자연광이 제공하는 여러 가지 혜택에 대한 설득력을 높여주고 있다. 아침에 일어나서 30분간 1만 럭스lux 정도의 빛을 쬐는 것만으로도 우울증을 예방되거나 치료에 도움을 줄 수 있다고 한다. 럭스lux는 조도, 즉 밝기의 단위를 나타내는 말이다. 맑은 날의 햇빛은 밝기가 5만에서 10만 럭스 정도 된다고 한다. 흐린 날은 최대가 1만 럭스 정도다. 그러니 흐린 날 바깥에만 있어도 1만 럭스의 빛을 쬐는 것은 어렵지 않다는 결론이 나온다.

햇빛은 우리의 감정을 건강하게 제어할 수 있도록 도와준다. 후두염과 같은 호흡기질환에 노출될 위험도 낮출 수 있다고 한다. 우리 몸과 정신적인 건강에 긍정적인 효과를 제공하고 있는 것이 바로 햇빛이다. 햇빛은 생산성 향상에도 도움을 준다. 자연광을 잘 계획해서 건물 안으로 끌어들이면 업무 생산성이 15% 정도 증가한다는 연구결과가 있다. 반면 햇빛이 부족하면 수면장애, 스트레스, 비만, 피로 등을 야기시킬 수 있다.

그러면 집에서 체감할 수 있는 럭스는 어느 정도일까? 집에서는 밝은 실내라고 할지라도 500럭스를 넘지 않는다. 따라서 자연광을 최대한 집 안으로 끌어들이지 못하면 사실상 실내에서 충분한 빛에 우리 몸이 노출되기란 결코 쉽지 않다. 벽에 설치된 창문을 통해 자연광을 끌어들이는 데는 분명 한계가 있다. 실험에 의하면 벽 창문을 통해서 끌어들일 수 있는 빛은 약 30% 정도라고 한다. 그마저도 창문 주변에서나 그 정도지 창문으로부터 일정거리만큼 떨어진 곳은 여전히 어둡다. 창문으로부터 멀어질수록 빛은 힘을 잃고 만다.

길이가 4.5미터이고 한쪽 벽에 창문이 있는 방이 있다고 가정해보자. 창문 주변의 밝기는 30% 정도지만 반대쪽으로 갈수록 밝기가 점점 줄어들고 마침내 4.5미터 거리에 도달했을 때 밝기는 2%로 수치가 확연히 떨어진다. 실의 중간 위치에 인공조명을 설치하는 이유가 무엇이겠는가. 빛의 밝기가 낮기 때문에 인공조명의 도움이 없이는 밝은 낮이라도 어둡게 느껴지지 때문이다.

햇빛이 충분히 들어오는 집에 사는 사람들은 활기찬 기분으로 아침을 시작할 수 있다. 반면 어두운 실내환경에 지속적으로 노출된 사람들은 기분이 위축될 확률이 밝은 집에 거주하는 사람들에 비해 2배나 높다고 한

지붕에 설치된 창문을 잘 활용하면 실내 깊숙이 햇빛을 끌어들일 수 있다

다. 통계에 의하면 37%의 유럽 사람들은 집 거실에 햇빛이 들지 않는 환경에 노출되어 있다고 한다. 이들 중 대다수는 일상에서 좀처럼 활력을 느끼지 못한다. 만약 어두운 환경이 햇빛이 풍부한 환경으로 바뀔 수 있다면 어떤 결과를 가져올까? 아마도 그 안에 사는 사람들은 이전보다 더 활력 넘치는 생활을 할 수 있을 것이다.

햇빛을 집 안으로 끌어들이겠다고 모든 벽을 유리로 만들 수는 없다. 얻는 것보다 잃는 것이 더 많을 테니까 말이다. 불가능한 일이지만 인공조명으로 필요한 밝기를 얻는다 해도 우리들의 건강과 무슨 상관이 있겠는가. 햇빛을 쪼이려고 하루 종일 바깥에 나가 있는 것도 좋은 방법은 아니다. 자연광이 집의 실내환경에 미치는 영향이 크다는 사실을 인지하고 있는 유럽에서는 최근 새로운 접근법을 가지고 집짓기를 시도하고 있다. 햇빛을 최대한 끌어들이면서 안락함과 에너지소비를 최소화할 수 있는 건강한 집짓기 방식이다. 이 집에 대해서는 PART 4에 자세한 내용이 수록되어 있다.

적정 수준의
습도를 유지하는 집

습하고 곰팡이가 피어 있는 축축한 집 안에서 살고 싶은 사람은 아마도 없을 것이다. 이런 환경에 사는 사람은 천식과 같은 호흡기질환과 알레르기가 발생할 확률이 높다. 집 안이 축축하고 곰팡이가 피는 이유는 습도가 높기 때문이다. 오래된 집일수록 습도에 의해 나타나는 문제는 심각하다. 바깥 습도가 높은 여름철 며칠 동안 집을 비우고 돌아와 현관문을 열었을 때 나는 쾌쾌한 냄새를 없애느라 고생해본 경험도 있을 테고, 방에서 나는 곰팡이 냄새의 원인을 찾기 위해 여기저기 뒤져보다가 마지막으로 장롱을 치웠을 때 곰팡이로 뒤덮여 있는 벽을 보고 말문이 막힌 적도 있을 것이다. 이런 일이 비단 우리나라에서만 일어나는 일이겠는가.

습한 실내환경에서는 곰팡이 서식 확률이 높다

유럽 사람들의 15%는 이와 같이 습한 환경에 노출된 채 살아가고 있다고 한다. 집 안이 습하면 건강에 치명적인 영향을 미친다. 통계에 의하면 습한 곳에서 사는 사람들은 적정 수준의 습도를 유지하고 있는 곳에 사는 사람들보다 천식에 걸릴 확률이 2배 이상 높다고 한다.

집 안에서 습기가 발생하는 원인은 뭘까? 놀랍게도 대부분의 습기는 일상생활을 통해 발생된다. 청소, 요리, 목욕을 하면 수증기가 발생한다. 이 수증기는 실내공기에 습기의 양을 높인다. 결국 실내공기가 외부공기보다 더 많은 습기를 포함하는 상태에 이르게 된다. 이렇게 해서 실내 습도 양이 높아지는 것이다.

4인 가족이 매일 발생시키는 수증기의 양은 무려 10리터나 된다고 한다. 몇 시간씩 곰국을 끓인다던지 빨래라도 삶게 되는 날이면 그 양은 평소보다 훨씬 더 많아지게 된다. 생활 습관에 따라 수증기 발생 양에도 분명한 차이를 가져오게 된다. 이런 측면에서 보면 우리나라 집 안 습도의 양은 서양의 다른 여러 나라에 비해 훨씬 높을 수밖에 없다. 우리는 습식문화이고 그들은 건식문화이기 때문이다. 집 안에 습도가 증가하면 기침, 알레르기, 천식과 같은 질병이 쉽게 나타난다. 따라서 집 안에서의 적절한 습도 유지는 건강 유지에 필수적이다.

습도는 상대습도, 절대습도, 비습도 3가지 종류로 나뉜다. 상대습도 relative humidity는 '현재 대기 중에 포함되어 있는 수증기의 양과 그 온도에서 실제 포함된 수증기 양과의 비율'이다. 공기가 품을 수 있는 수증기의 양이 있는데, 이 공기에 현재 실제로 포함된 수증기의 양을 비율로 나타내어 상대습도라고 부른다. 상대습도가 50%라고 한다면 공기 중의 수증기 양이 절반이나 들어 있다는 뜻이다. 겨울에는 대개 실내가 건조하다. 실내에 있는 수증기 양은 고정되어 있는데 이 상태에서 난방을 하게 되면 온도가 올라간다. 따뜻해진 온도는 습기를 건조시켜 상대적으로 전체 습도의 비율이 낮아지기 때문이다.

더운 여름철에는 습도가 높아질수록 더 불쾌감을 느낀다. 땀을 많이 흘려서가 아니다. 끈적끈적한 습도 때문에 몸에 묻은 땀이 증발되지 않기 때문이다. 습도는 높으면 높은 대로 낮으면 낮은 대로 문제를 일으키는 필요악과 같은 존재가 아닌가 싶다. 집 안에서 습도 조절이 안 되면 거주자에게 치명타를 날리게 된다. 사람뿐만 아니라 집도 병든다. 사람이 살기에 적합한 습도를 유지하면 실내가 건강해진다. 그러면 그 안에 사는 사람도 직접적인 수혜자가 되기 마련이다.

실내에서 쾌적함을 느낄 수 있는 상대습도는 40~60% 정도다. 실내 습도가 70%가 넘으면 집먼지 진드기, 곰팡이가 가장 활발하게 활동을 시작한다. 집먼지 진드기는 아토피와 비염의 원인이 되기 때문에 가볍게 여길 수 없다. 비염이 심한 사람들은 주변환경에 민감하다. 바깥에 있다가 환경이 안 좋은 집 안으로 들어가면 몸이 즉각적으로 반응한다. 피부에서 반응하면 아토피로, 코에서 반응하면 비염으로 발전된다. 습도가 높아지면 실내에 곰팡이도 발생한다.

반대로 습도가 낮으면 실내공기가 건조해진다. 물기가 없으니 피부도 건조해진다. 건조해진 피부는 가려움증을 유발한다. 그뿐만이 아니다. 건조한 환경에 지속적으로 노출되면 코 점막이 손상을 입는다. 코 속 주위에 있는 빈 공간이 온도와 습도 조절이 안 되면 염증이 생긴다. 이렇게 생긴 염증 때문에 콧물이 나가지 못하면 고이게 되는 것이다. 그리고 계속해서 콧물이 쌓이게 되는데 이게 바로 축농증이다.

축농증은 추운 집에서 증상이 더 심해진다. 실내온도가 적절하게 유지되고 있는 집에서 사는 사람들은 그렇지 못한 곳에서 사는 사람에 비해 축농증으로부터 고통받는 확률이 25%나 떨어졌다는 연구보고가 있다. 집 안 습도만 잘 조절해도 수많은 질병으로부터 우리 몸을 보호할 수 있다는 증거다. 우리 몸의 건강도 지키고 삶의 질도 높일 수 있는 방법은 건강한 실내환경을 만드는 것으로 충분히 가능하다.

적정 수준의 실내 습도를 유지하는 것은 반드시 필요하다. 하지만 습도를 내가 원하는 만큼 조절한다는 것이 어디 생각만큼 쉬운 일이겠는가. 그렇다고 내버려 두자니 그런 환경에 사는 것 자체가 불안하다. 유럽에서 발표된 연구에 의하면 8천만 명이 넘는 유럽 사람들이 습기에 과도하게 노출된 집에 거주하고 있다고 한다. 이로 인해 천식과 같은 호흡기 질병에 걸리는 사람들의 수가 매년 증가하고 있다며 피해의 심각성을 깊이 인식하고 있다. 집에서 적정한 수준의 습도를 맞춰 살기가 이렇게 어려울 줄이야.

실내 습도를 적절하게 유지하는 일이 어려운 이유는 여러 가지 문제가 복합적으로 물려 있기 때문이다. 하나의 예로 집의 구조적인 문제를 들 수 있다. 집 안 습도는 단열, 환기, 온도차, 시공할 때 발생된 수증기에 의해 높아질 수 있다. 실내에서 발생한 습기가 집 밖에서 들어오는 차가운 공기를 만나면 결로가 발생한다. 집 밖에 온도와 실내온도에 차이가 생기면 습기가 뭉치면서 이슬이 되는 것이다. 물체의 표면에 작은 물방울이 맺히면 그 부분이 축축해진다. 이 상태가 지속되면 곰팡이가 서식할 수 있는 환경이 만들어지는 것이다.

결로는 온도 차이로 발생한다. 따라서 결로를 막으려면 단열이 필요하다. 단열로 실내외 온도차를 줄일 수 있기 때문이다. 단열은 물체의 표면

온도를 높여준다. 하지만 단열에 신경 쓰게 되면 내부 기밀성이 높아져서 수증기가 생기기 쉽다. 한 가지 문제를 해결하면 또 다른 문제가 나타난다. 벽에 실크벽지라고 불리는 비닐계, 합성수지벽지를 사용한다면 문제는 더 심각할 수 있다. 벽에 결로가 진행 중이라도 실크벽지를 통과할 수 없기 때문이다. 곰팡이가 생기더라도 벽지 위로 곰팡이가 올라오지 않는다. 눈으로는 확인이 불가능하다. 집짓기를 계획할 때 마감재 선정에 신경 써야 하는 여러 이유 중 하나가 여기에 있다.

이쯤 되면 '그럼 어쩌란 말이냐'라고 자포자기하고 싶은 마음이 굴뚝같을 것이다. 실내 습도에 의한 피해는 일정 부분 받아들일 수밖에 없는 걸까? 아니 그렇지 않다. 세상에는 건강한 집에서 건강을 유지하고 삶의 가치를 누리며 살아가는 사람들이 여전히 많이 있다.

PART 3

숨 쉬는 집,
그 안에 내가 산다

6장

어떤 건축재료를 선택할 것인가?

감각을 마비시키는
콘크리트가 인체에 미치는 영향

집짓기는 여러 단계를 거쳐야만 비로소 완성된다. 그 단계들 중에서도 설계는 아무리 강조해도 지나치지 않을 만큼 중요하다. 설계는 머릿속에 들어 있는 생각을 구체적으로 종이에 표현하는 행위다. 설계 단계에서 마감재료를 선택하는 일은 공간을 나누고 형태를 잡는 일만큼이나 오랜 시간이 투입된다. 실제로 설계를 마쳤다 하더라도 마감재료를 선정하는 일은 여전히 진행형인 경우도 많이 있다. 집을 짓는 동안에도 재료의 선정은 여전히 계속되기도 한다. 이미 선정했던 마감재료를 공사 중에 바꾸는 경우도 흔히 발생한다. 마감재는 집을 완성한 후에도 누구에게나 눈에 띄기 때문에 오랜 시간에 걸쳐 고민하지 않을 수 없다.

집짓기에 사용되는 건축재료의 특성을 잘 이해하고 있는 건축주는 드물다. 건축을 전공하고 실무에 오래 몸담고 있는 소위 건축전문가들조차도 다양한 재료의 특성을 깊이 있게 이해하고 있기란 결코 쉽지 않다.

'보기 좋은 떡이 맛도 좋다'라는 속담은 오늘날 집짓기를 계획하고 있는 사람들에게도 적합한 표현이지 싶다. 이런 사람들은 집이 밖에서 보나 안에서 보나 '보기 좋으면 그만이지'라는 생각이 지배적이다. 마감재료를 사용했을 때 거주자에게 신체적, 정신적으로 어떤 영향을 줄지에 대해서는 뒷전이다. 그래서 집을 지을 때 마감재료를 선택하는 일은 언제나 우선순위에서 밀리게 된다.

비록 내 집이라 할지라도 집을 지을 때 내가 선택할 수 있는 재료는 극히 제한적이다. 건축재료의 선택은 주로 설계자의 주된 역할 중 하나이기 때문이다. 아이러니한 상황이기는 하지만 건축주가 재료에 대한 지식이나 이해가 부족하다 보니 그럴 수밖에 없기는 하다. 집짓기를 시작할 때는 건축 전문가의 의견을 따르는 것이 대단히 중요하다. 그렇지만 내 의견 없이 소위 전문가들에게 모든 것을 맡기는 것은 깊이 생각해 볼 문제다. 왜냐하면 최종적인 책임은 결국은 집짓기의 주체가 되는 건축주가 떠안아야 하기 때문이다.

건축주가 전문가에게 의견을 제시하려면 스스로 준비가 되어 있어야 한다. 내가 준비만 되어 있다면 전문가들과 의견을 교환하는 것이 현명한 방법이다. 이렇게 의견을 주고받다 보면 서로가 놓칠 수 있는 부분이 상쇄될 수 있어 시너지 효과가 높아진다. 단, 전제조건은 내가 충분히 준비되어 있어야 한다는 것이다. 예를 들어, 내가 원하는 색을 자유롭게 표현할 수 있다는 이유만으로 실내에 페인트를 쓰겠다고 가정해보자. 페인트가 어떤 재료적 특성을 가지고 있는지는 파악하지 않고서 말이다. 페인트만 하더라도 가격대, 제품 브랜드, 사용 용도에 따라 같은 제품이라도 그 결과가 완전히 다를 수 있다. 하물며 수많은 재료의 특성을 건축주가 알고 있기란 거의 불가능하다. 그래서 전문가에게 맡길 부분은 과감하게 맡겨야 실패할 확률이 줄어든다. 거기에 실제 사용자로서 생각하고 있는 건축주의 의견이 가미된다면 훨씬 더 좋은 결과를 낼 수 있는 확률이 그만큼 높아진다.

사람들은 기왕이면 자신들의 라이프스타일에 딱 맞는 맞춤집에서 살고 싶어 한다. 하지만 현실은 어떤가. 그들 대다수는 이미 만들어진 집을 사서 입주한다. 이미 만들어진 집에서는 생활방식을 바꿔서라도 내가 맞춰 살 수밖에 없다. 집에 사용된 재료가 어떤 것인지도 잘 모른다. 이런 집은 눈으로 보이는 것에만 초점이 맞춰져 있다. 그래서 치장decoration하는 데에만 신경을 쓰는 경향이 있다.

집이 병들면 그 안에 사는 사람의 몸과 마음도 영향을 받게 마련이다. 재료의 선택은 단순히 '보기 좋으면 그만'이라는 생각으로 접근해서는 안 된다. 누군가의 안일한 생각으로 인해 나를 비롯해 소중한 사람들이 직접적인 피해를 입을 수 있기 때문이다.

집짓기에 사용되는 건축재료는 나무, 흙, 돌과 같이 자연에서 나오는 재료와 콘크리트, 철과 같이 인공적으로 가공해서 만든 재료가 있다. 이들 재료는 각각의 특성을 가지고 있다. 2014년 11월 오마이뉴스에서 '당신의 집은 안전하십니까?'라는 제목의 기사를 발표한 적이 있다. 한마디로 전 국민이 놀랄 만한 기사였다. 실제로 그 기사 내용을 읽은 사람들이 얼마나 되는지는 알 수 없지만 읽어본 사람이라면 내 집에서만큼은 콘크리트를 사용해서는 절대 안 되겠구나 하는 생각을 갖게 할 만큼 충격적인 내용의 기사였다.

나는 천성적으로 후각이 민감하게 태어났다. 담배, 곰팡이, 애완동물의 특유한 냄새가 미세하게라도 나면 몸에서 그것들을 단번에 알아차린다. 그래서 나쁜 냄새가 나면 빨리 그 자리를 피한다. 개인적으로 나는 콘크리트라는 재료를 싫어한다. 콘크리트가 뿜어내는 말로 표현할 수 없는 독특한 냄새 때문이다. 언젠가 경기도에 위치한 유명한 대형 카페에 커피를 마시러 간 적이 있다. 내부 인테리어도 잘 되어 있고 전체적인 분위기도 아늑해서인지 커피 맛도 좋았다. 좋은 기억을 가지고 집으로 돌아오려던 참이었다. 그런데 카페를 나오기 전 간단한 볼일을 보러 화장실을 갔다가 그 카페에 대해 좋았던 첫인상이 180도 바뀌었다.

화장실 문을 열자마자 퀴퀴한 냄새가 내 코를 자극했다. 눈도 따가웠다. 대개 카페 화장실은 타일로 마감되어 있다. 그런데 그곳 화장실은 벽, 바닥, 천장 할 것 없이 온통 시멘트 칠로 마감이 되어 있었다. 매장 안을 잘 꾸며 놓은 것으로 보아 돈이 모자라서 그렇게 마감하지는 않았을 텐데. 시멘트벽에는 화장실 크기에는 안 어울리는 커다랗고 투박한 환기팬^{fan}이 돌아가고 있었다. 작은 화장실 공간에 어울리지 않은 환기팬을 애초에 계획을 하고 넣었는지 아니면 필요에 의해서 나중에 설치했는지는 확실치 않았다. 하지만 나는 후자 쪽이라고 생각한다. 사용자를 고려하지 않은 설계 콘셉트로 인해 피해 보는 쪽은 언제나 사용자다.

시멘트에서 뿜어내는 물질은 우리 몸에 자극을 준다

건축, 디자인 실무를 하면서 대학에서 학생들을 가르치고 있는 건축전문가의 한 사람으로서 재료에 대한 편견을 갖는 것은 그리 바람직한 일은 아니라고 생각한다. 하지만 싫은 건 싫다고 말하고 싶다. 그렇다. 나는 개인적으로 콘크리트라는 재료를 싫어한다. 나와는 맞지 않는 재료이기 때문이다. 그래서 대학교에서도 목구조를 가르친다. 오해가 있을 것 같아 다시 말하지만 콘크리트란 재료가 아무 이유 없이 나쁘다는 것이 아니다. 개인적으로 선호하지 않는 재료일 뿐이다.

얼마 전 지인과 지금 내가 쓰고 있는 책 이야기를 하다가 개념에 대한 그의 설명을 듣고 공감한 적이 있다.

"빈 공간에 의자가 있으면 그 공간에 있는 사람들은 어떤 행동을 할까?" 그가 물었다. "그 의자로 가서 앉지 않을까?" 내가 답했다. "그게 바로 개념이다." 그의 말에 개념이란 단어가 쉽게 이해되었다. 밑도

위에서부터 콘크리트의자, 금속의자, 나무의자

끝도 없이 무슨 얘기를 하느냐고 할지도 모르겠다. 하지만 콘크리트의 재료적인 개념을 이해하기 위해서는 적절한 비유라 생각한다. 공원에 콘크리트의자, 금속의자, 나무의자가 나란히 있다면 사람들은 어떻게 행동할까?

2002년 후나세 슌스케가 쓴 《콘크리트 주택에서는 9년 일찍 죽는다》라는 다소 도발적인 제목의 책에서는 쥐를 대상으로 진행한 실험을 소개하고 있다. 이 실험의 주된 목적은 건축재료가 생명체에 어떤 영향을 미치는지 알아보기 위함이었다. 콘크리트상자, 금속상자, 나무상자에 각각 100마리의 실험용 생쥐를 넣고 생존 실험을 했다. 온도, 습도는 인공적으로 조절하지 않고 자연적인 상태로 실험이 진행됐다. 후나세 슌스케는 그 결과에 놀라움을 금치 못했다. 사육 상자에서의 생존율은 콘크리트에서 7%, 금속에서 41%였다. 그런데 나무상자에서는 85%의 생쥐가 생존했다고 한다. 콘크리트상자의 치사율은 나무상자에 비해 10배나 높게 나왔다. 만약에 생쥐가 사람이고, 상자가 집이었다고 가정해보자. 콘크리트집, 금속집, 나무집이라고 말이다. 그 안에 나를 비롯한 소중한 가족이 생활하고 있다는 상상만 해도 끔찍하지 않은가?

콘크리트는 도대체 어떤 재료이기에 생쥐들에게 이처럼 엄청난 피해를 입혔을까? 일본 도쿄대학 알티마 다카노리 교수는 "콘크리트는 직접 몸으로부터 열을 빼앗기 때문이다."라고 그 원인을 분석했다. 그렇다. 콘크리트는 몸 안의 열, 즉 체열을 빼앗는 특성을 가지고 있다. 몸에서 열을 빼앗기게 되면 몸은 차가워지고 몸의 균형이 깨져 결국 사망에까지 이르게 되는 것이다. 극한의 추위에 몸이 노출되면 얼어죽게 되는데 이 또한 체내에 열이 떨어져서 나타나는 결과다. 앞서 얘기했던 공원에 놓여 있는 의자 3개를 기억하는가? 여러분이라면 콘크리트의자, 금속의자, 나무의자 중 본능적으로 어디에 앉게 될지 스스로에게 물어보는 것도 재료에 대한 이해에 도움이 될 것이다.

콘크리트는 재료의 특성상 차갑고 딱딱한 공간을 만들어내기 쉽다. 이런 공간에서 사는 아이들은 늘 긴장과 불안감에 노출될 수밖에 없다. 콘크리트는 습도조절 능력이 거의 없다. 물을 너무 좋아해서 수분을 다 빨아들인다. 빨아들이다가 수분을 가지고 있을 용량을 초과하면 내뱉기 시작한다. 실내에 수분이 모자랄 때 뱉어내고 수분 양이 넘칠 때 흡수하는 조습기능은 우리 몸에 좋은 영향을 미친다. 그런데 콘크리트는 이것과는 정반대되는 특성을 가지고 있다. 콘크리트건물이 겨울에는 건조하고 여름에는 습한 이유는 조습기능이 없기 때문이다. 겨울에는 건조하니 가습기를 항상 틀어야 하고 반대로 여름에는 습도가 높아지니 제습기로 실내 습기를 빨아들여 조절할 수밖에 없다. 그래야 실내환경이 극도로 악화되는 것을 막을 수 있다. 특히 겨울철에는 난방을 하기 때문에 실내가 늘 건조하다. 콘크리트가 바짝 말라 있기 때문에 수분을 다 빨아들인다. 하루 종일 가습을 해도 늘 실내가 건조한 이유는 바로 이런 콘크리트의 특성 때문이다.

23

숨 쉬는 나무가
인체에 미치는 영향

딱딱하고 차가운 콘크리트와 달리 나무는 사람에게 따뜻하고 안정감을 제공한다. 일본에서 전국의 선생님들을 대상으로 실시한 설문조사에 의하면 '학교 건물의 골조(목구조, 콘크리트구조)가 학생의 건강이나 학업 활동, 선생님의 학교생활에 미치는 영향이 있느냐?'는 질문에 대다수의 선생님들은 '그렇다'라고 대답했다고 한다. 목구조 학교는 '따뜻한 느낌을 준다'는 의견이 대부분이었다. 이 밖에도 '안정감', '부드럽다', '습도조절 가능', '친근감'을 주는 특징이 있다는 의견이 뒤를 이었다. 반면 골조가 콘크리트구조인 학교는 '바닥에 탄력이 없어서 장시간 서 있는 것이 괴롭다'는 의견이 대다수를 차지했다. 추가적으로 '결로', '음의 반향', '춥다', '실내가 어둡다', '습도조절이 불가능하다', '감기가 유행하기 쉽다'와 같은 부정적인 답변도 많이 나왔다. 실제로 현장에서 경험하고 있는 당사자들로부터 나온 의견이라 그 결과가 충분히 신빙성이 있다고 생각한다.

한번은 내가 평소에 알고 지내는 지인이 살고 있는 목조주택을 방문해본 적이 있다. 캐나다 전문가들의 기술적인 도움을 받아 캐나다에서 지어지는 방식을 적용한 이 집은 1층 바닥이 콘크리트가 아니라 목구조였다. 우리나라에서 지어지는 주택은 보통은 1층 바닥이 콘크리트고 그 위에 온돌난방을 하고 마루재로 마감을 한다. 하지만 지인이 살고 있는 집은 콘크리트가 아니라 목구조로 바닥을 만들고 그 위에 마루재로 마감을 한 것이다. 실제로 바닥 위를 걸어보니 콘크리트 바닥과 달리 딱딱하지 않고 부드러운 느낌이 느껴졌다. 나이 70을 바라보는 집주인에게 "가끔 서울에 있는 아파트에 머물다 오는데 아파트 바닥과는 달리 걸어 다닐 때 편안하고 무릎에 무리가 안 가서 좋다"는 얘기를 들은 적이 있다. 그분은 목구조 바닥의 탄성이 있기 때문에 발바닥에 무리가 가지 않는다는 사실을 실생활에서 체험하고 있었다.

"20세기는 어떤 시대였습니까?"라는 질문에 일본 태생의 세계적인 건축가 쿠마 켄고는 "20세기는 콘크리트의 시대였다고 과감히 말할 수 있다"고 했다. 20세기 들어 콘크리트 건축은 눈부시게 발전했다. 콘크리트가 도시를 만들고, 국가를 만들고, 문화를 만들었으니까 말이다. 그 산물 위에서 우리는 지금도 살아가고 있다. 오늘날까지도 콘크리트는 그야말로 보편적인 건축구조 방식이라 해도 과언이 아니다. 세계 어디서나 구할 수 있는 모래, 자갈, 시멘트, 철근으로 어떤 형상이던 척척 구현해 낼 수 있으니 어느 누구든 좋아하지 않을 수 있었겠는가. 쿠마 켄고는 콘크리트가 탁월하게 쉬운 건축을 가능케 하는 이유를 이렇게 강조하고 있다. "콘크리트는 강해서 그 위에 무엇인가를 덧달기에 가장 손쉬운 건축재료이다. (중략) 모든 디자이너의 그 어떤 취향도 자유롭게 적용 가능하며, 저비용에서 고급 건축까지 어떤 예산이든 상관하지 않는다."

우리나라의 경우도 1960년대 이후부터 콘크리트가 보편적인 건축으로 자리 잡기 시작했다. 그리고 건축 시장에서 훌륭하게 자리를 잡았다. 대단지 아파트, 고층빌딩, 학교, 공공건물에서부터 단독주택에 이르기까지 거의 모든 건축 시장에서 여전히 인기를 끌고 있다. 건축가, 시공사, 건축주가 가장 선호하는 건축재료도 역시 콘크리트다. '자기 집'을 짓고 싶어 하는 예비건축주들에게도 예외는 아니다. '집은 곧 콘크리트다'라는 의식이 그들 속에 여전히 자리 잡고 있다. 튼튼하고, 오래가고, 화재에 강하고, 벌레에게 먹힐 일도 없다. 집을 지으려는 사람들에게는 어느 것 하나 흠잡을 데 없는 재료가 콘크리트다. 건축가도 시공사도 콘크리트 건축에 너무나도 익숙해 있기 때문에 자신감이 넘친다.

이쯤에서 다시 한 번 쿠마 켄고의 재료에 대한 생각을 살펴보려고 한다. 그는 "강할 것 같은 콘크리트는 몇 십 년 뒤에는 가장 처리하기 어려운 산업 폐기물이 되어 버리고 만다"며 콘크리트가 우리 사회에 가져올 문제에 대해 이렇게 얘기하고 있다. 그의 말에 "몇 십 년 후에나 일어날 일을 내가 왜 신경을 써야 하지"라고 반문할 수도 있을 것이다. 하지만 이런 사실은 어떤가? 콘크리트는 노화, 즉 구조로서 힘을 잃어가고 있는 상황을 표면에서는 보기 어렵다. 다시 말해 내부에서 '철근이 부식'되고 있거나 콘크리트 '자체의 강도'에 문제가 생겨도 우리 눈으로는 알아채기 힘들다는 것이다. 설사 알아냈다 하더라도 문제가 된 부분만 교체하는 일이 불가능하다.

캐나다 브리티시 컬럼비아대학교는 나무와 인간의 건강은 깊은 연관이 있다는 최근 연구결과를 발표했다. 연구에 따르면 실내에 있는 나무는 사람들의 교감신경계의 활동을 낮춘다고 한다. 교감신경계는 심리적인 스트레스를 책임지고 있는 기관이다. 연구결과는 스트레스에 관한 건강문제는 건물 내에 나무를 노출시키는 것만으로도 이득을 줄 수 있음을 보여준다. 최근 미국과 캐나다를 비롯한 유럽의 건축계에서는 과학적으로 신뢰를 주는 건축에 대한 수요가 점점 늘어나고 있다. 건강을 증진시키고 최적화된 결과물을 얻어낼 수 있는 설계 기법인 '증거를 토대로 한 설계evidence-based design' 분야가 새롭게 각광을 받고 있다. 이런 설계 기법을 최우선 순위에 놓고 프로젝트를 진행하는 건물이 병원과 학교다. 병원이나 학교 건물은 사용하는 재료에 따라 그 안에 있는 사람들의 건강과 학생들의 경우 학업능률에 직접적인 영향을 미친다.

나무는 자연이 인간에게 주는 선물과도 같은 존재다. 병원이나 학교 건물에 나무를 적용하면 그 혜택은 고스란히 환자나 학생들에게 돌아가게 된다. 자연이 인간의 건강에 미치는 영향은 상당히 크다. 회복이 빠르고, 질병에 걸릴 확률을 낮추고, 고통을 절감시키며, 주의력과 생산성을 높여준다.

만약 병원이나 학교 건물이 병이 든다면 어떤 결과를 초래할까? 병든 사람들을 치료해야 할 병원이 건강하지 못하고 건강하지 못한 학교 건물에서 한참 자라나야 할 아이들이 하루 종일 시간을 보내야 한다면 상상하기도 싫은 비극적인 결과를 가져올 수밖에 없을 것이다.

다카하시 다케시의 책《목재는 환경과 건강을 지킨다》에서는 학생들과 교사들을 대상으로 목조와 콘크리트 학교를 비교해 조사한 결과를 잘 보여주고 있다. 목조 학교는 학생들의 집중력이 콘크리트 학교에 비해 3배나 높은 것으로 나타났다. 유행성 독감에 의한 학급 폐쇄율은 절반밖에 되지 않았다고 한다. 유행성 독감은 쌀쌀하고 눅눅한 콘크리트 환경에서 더 심하게 나타났기 때문이다. 더 놀라운 사실은 지난 30년간 콘크리트 학교에서의 결석률이 목조 학교와 비교해 볼 때 8배가 높았다는 것이다. 이런 결과는 아이들의 몸이 본능적, 직감적으로 콘크리트 학교를 거부하고 있다는 증거다. 콘크리트 환경에 거부감을 가지고 있는 아이들은 그런 이유로 인해 '학교에 가고 싶지 않다'라는 감정이 유발되기도 하는 것이다.

목조로 된 건물에 한 번이라도 들어가 오랫동안 시간을 보내본 사람들은 위의 조사결과에 대부분 고개를 끄덕일 수 있다. 나는 2003년부터 6년간 영국에서 건축디자이너로 일하면서 다양한 목조건물을 설계하고 감리를 위해 다양한 현장을 방문했던 경험을 가지고 있다. 2008년 한국으로 돌아와서는 캐나다 연방정부 산하 목재관련 캐나다협회에서 6년간 목조건축 기술부서에서 근무하기도 했다. 캐나다협회에서 근무할 당시 캐나다 현지의 목조건물들을 탐방할 기회를 많이 가졌다. 목조 학교에서부터 도서관, 기숙사, 교회, 올림픽 경기장, 주택 단지에 이르기까지 크기도 사용 용도도 다양한 건물들이었다. 목조건물을 방문할 때마다 공통적으로 느꼈던 감정은 '보기만 해도 즐겁다'였다. 물론 건물의 웅장함이라든지 디자인 콘셉트에 의해 감동을 받은 부분도 없지 않지만 내가 돌아본 목조건축물에서 느낀 대부분의 감정은 목재가 주는 즐거움이었다.

24

건축재료로서 나무의 특성을
이해하면 선택이 쉬워진다

나무는 지구상에서 가장 친환경적인 건축재료다. 이 사실을 부정할 사람은 아마도 없을 것이다. 현재 지구상에는 엄청난 양의 산림에서 나무가 자라고 있다. 전 세계의 산림 면적은 전체 육지 면적의 30%를 차지하고 있을 정도라고 하니 상상만 해도 산림의 규모가 대단하다는 것을 알 수 있다. 산림 면적은 넓지만 나무가 자라는 양에 비해 건축용 재료로 사용되는 나무의 양은 상대적으로 적다. 이유는 나무가 건축용 재료로 적합하지 못해서가 아니라 나무에 대한 우리들의 인식이 여전히 부족하기 때문이다.

20세기를 거쳐 21세기에 들어와서도 콘크리트, 스틸, 알루미늄, 벽돌과 같은 건축재료는 계속해서 인기를 끌고 있다. 반면 건축재료로써 나무를 사용하는 빈도수는 예전에 비해 오히려 줄었다. 오래전부터 우리 선조들은 나무를 사용해서 집을 지었다. 나무는 주변에서 쉽게 구할 수 있는 재료였다. 누구에게나 친숙한 재료였기 때문에 거부감도 없었다. 그 옛날 목수는 설계도면이 없어도 복잡한 집의 기둥과 보 구조 맞춤을 쉽게 완성할 수 있었다. 그렇게 지어진 목조건물이 길게는 몇 백 년 세월을 버텨 오늘날까지 남아 있게 된 것이다. 목수가 나무를 이해하고 재료적인 특성을 잘 파악하지 못하고서는 쉽지 않은 일임에 틀림없다.

혹여나 나무를 사용해서 성공적으로 집을 짓고 싶은가? 그렇다면 나무를 이해하고 재료적인 특성을 파악하는 노력이 먼저 선행될 때야 비로소 그것이 가능해진다. 세계적인 건축가 프랭크 로이드 라이트는 "우리가 나무를 이해할 때 비로소 나무를 지혜롭게 사용할 수 있다."고 말했다. 나무를 제대로 사용하려면 나무의 특성을 파악하고 이해하려는 노력이 필요하다는 의미다.

우리 인간에게 모든 것을 다 내어주는 나무의 특성은 셸 실버스타인의 《아낌없이 주는 나무》를 통해서도 잘 나타나 있다. 나무를 소재로 한 그림책으로 지금까지도 전 세계 사람들에게 사랑을 받고 있는 이 책의 줄거리는 대략 이렇다.

'사과나무와 소년은 친구로 함께하는 마음을 갖고 있었다. 소년은 어른이 되어 가는 과정에서 돈이 필요했다. 나무는 열매를 팔아 돈을 마련하라고 자신의 열매를 준다. 소년은 열매를 모두 가져갔다. 어른이 된 아이는 집이 필요했다. 나무는 집을 지으라고 가지를 내어준다. 시간이 흘러가면서 소년은 성장했고 멀리 가고 싶었다. 나무는 몸통으로 배를 만들라고 했다. 소년은 아예 나무를 잘라 배를 만들었다. 시간이 흘러가면서 소년은 노인이 되어 그루터기밖에 남지 않은 나무에게 찾아왔다. 자신의 모든 것을 소년에게 내준 나무는 마지막 남은 그루터기마저 노인이 된 소년에게 내어준다. 노인은 나무 위에 걸터앉았다. 나무는 행복한 삶을 살았다.'

이렇게 자신의 모든 것을 아낌없이 주는 나무는 우리에게 사회, 경제, 환경, 문화적인 가치를 제공한다. 나아가 건강하고 안락한 삶의 터전을 살 수 있도록 다양한 혜택을 주기도 한다. 왜냐하면 나무는 우리 몸의 감각기관에 긍정적인 영향을 미치기 때문이다. 나무는 심미적이고, 색감과 질감이 탁월하고, 촉감이 부드럽고 따뜻하며, 방음·흡음에 뛰어나고, 탄력·복원적인 특성을 가지고 있다. 가능한 많은 부분에서 나무를 집에 사용해야 할 이유는 이것만으로도 충분하지 않을까 싶다.

강판권 교수는 《나무열전》에서 '잘라진 나뭇결과 무늬를 보고 있노라면 눈물이 날 만큼 아름답다'며 나무의 결은 우리의 감성을 자극할 만한 심미적 특성을 갖추고 있다고 말했다. 우리 한 사람 한 사람이 다르듯 모든 나무는 결과 무늬가 다르다. 나무가 가지고 있는 아름다움이 나무에 따라 다르게 느껴질 수밖에 없는 이유는 나무도 우리 인간들과 같이 자신만의 독특한 특성을 가지고 있기 때문이다.

작가 투이자 세이펠은 나무는 '살아있는 재료이기 때문에 믿기 어려울 정도로 쿨cool한 이미지'를 갖고 있다고 했다. 살아있다는 것은 생명력이 느껴지는 것이다. 색감이 살아있으면 아름다움이 느껴지는 것은 당연한 일이다. 들에 피어 있는 꽃이라도 가까이 가고 싶고 만지고 싶은 이유는 꽃이 가지고 있는 생명력 때문일 것이다. 나무는 그러한 생명력이 있다. 그래서 만지면 만질수록 정감이 커진다. 오랫동안 사용하고 보면서도 질리지 않는 것이 나무다. 이 세상에서 만들어진 인공적인 제품들은 사용하면 할수록 만지면 만질수록 흥미를 잃게 마련이다. 그래서 일정 시간이 지나면 버리고 싶고 바꾸고 싶은 것이다.

원목으로 만들어진 제품들을 한 번이라도 사용해본 경험이 있는 사람들은 나무의 따스함과 부드러운 촉감을 주는 느낌을 잘 알고 있을 것이다. 아이들은 싫으면 확실하게 싫다는 것을 표현한다. 그것도 오감을 사용해서 아주 적극적으로 표현한다. 덴마크와 같은 북유럽 국가에서는 오감이 민감한 아이들을 위해 일찍부터 나무로 장난감을 만들었다. 그리고 그 나무 장난감은 대를 이어 사용되기도 한다. 장난감 대백과는 "나무는 따뜻한 성질이 있고 자연의 촉감이 있다. 나무끼리 부딪쳤을 때 좋은 소리가 난다. 나무는 청소하기 쉽고 아이들에게 알레르기 반응을 일으키지 않는다. 플라스틱 장난감에 비해 제품 지속력이 좋으며 강한 내구성이 있다"며 나무 장난감이 아이들의 오감에 미칠 긍정적 효과를 예측할 수 있는 근거를 제시하고 있다.

아이들에게 유익한 나무 장난감

사람들은 나무를 만지면 즐거운 느낌을 가진다. 철이나 콘크리트 같은 재료와 달리 나무가 가지고 있는 촉감적인 특성 때문이다. 나무 제품을 만질 때는 따스함을 느끼게 된다. 철이나 콘크리트로 만들어진 제품을 만질 때와는 전혀 다른 느낌이다. 겨울철 철제문 손잡이와 나무문 손잡이를 잡아보면 나무 손잡이가 철제보다 더 따뜻하게 느껴진다. 목재가 열에 대한 높은 저항력을 가지고 있기 때문이다. 쉽게 말하면 나무는 철보다 열을 오랫동안 보관하고 있다는 것이다. 겨울철에 철제와 목재 의자에 앉아보면 철제 의자에 앉아 있을 때 훨씬 더 차가운 느낌을 받게 된다. 철은 열이 전달되는 속도가 나무보다 빠르기 때문이다. 열전달 속도가 빠르다는 얘기는 열이 빨리 빠져나간다는 뜻으로 생각하면 이해하기가 쉽다.

나무는 만지면 기분이 좋아지는 매력을 가지고 있다

건강에 도움을 주는 특성은 나무가 우리에게 주는 혜택 중 '최고의 선물'이라고 할 수 있다. 어떤 재료가 '건강에 좋다'고 강조할 수 있는 이유는 두 가지 조건을 충족시키기 때문이다. 첫째는 그 재료가 설치된 건물에서 유독성 화학물질을 뿜어내서는 안 되고, 둘째는 안락하고 건강한 실내환경을 만드는데 도움을 주어야 한다는 조건이다. 만약 실내환경을 조성하는 데에 도움을 주지 못한다면 적어도 사는 사람의 건강을 해치는 환경을 제공해서는 안 된다. 나무는 위 두 가지 조건을 훌륭하게 만족시키는 건강한 건축재료다.

나와 내 가족이 살아야 할 집. 이런 집을 '단순한 구조물'로서 가볍게 넘길 일은 결코 아니다. 집은 '삶을 담은 그릇'이라고 하지 않던가. 최근 독일에서는 근대 건축이 큰 관심 없이 여겨왔던 '생명과 환경'에 대한 의미를 건축에 반영하기 시작했다. 독일 사람들이 집을 더 이상 '단순한 구조물'이 아니라 '생명'을 담고 있는 그릇으로 인식하고 있다는 의미다.

1970년대부터 제기된 '병든 집sick house 신드롬'에 대해서는 한 번이라도 들어본 적이 있을 것이다. 생명이 나고 자라고 그 생명이 유지되어야 할 곳이 집인데, 그 안에 사는 거주자의 심신에 병이 들게 하는 집이 되어서는 안 될 일이지 않은가. 매체를 통해 피해사례가 보도되면 잠깐 이목을 끌 뿐 이내 그 사실을 잊어버린다. 어느 곳보다 안전해야 할 집이 독성물질이 가득한 공간으로 소중한 사람들의 안전을 위협하고 있다. 병든 집 신드롬은 잘못된 건축재료를 집에 사용했기 때문에 발생한 결과다. 건강하지 못한 건축재료를 사용한 집이 병들어 가는 것은 어쩌면 당연한 결과일 수도 있다.

건물에 사용하는 콘크리트와 같은 무기질 건축재료가 아이들의 공격성과 폭력성을 조장한다는 연구결과도 있다. 콘크리트 구조물에 나무로 실내를 마감하고, 가구도 가급적 원목으로 만들어 놓으면 실내환경에 어떤 변화를 가져올까? 결과는 상당히 긍정적이다. 구조체 자체가 목조로 되어 있다면 훨씬 더 나은 결과를 기대할 수 있겠지만 적어도 콘크리트 위에 따뜻함과 정감 있는 나무 소재의 마감재를 사용하는 것만으로도 실내환경은 나아질 수 있다. 나무의 부드럽고 자연적이며 따스한 특성이 우리의 정서를 안정시키기 때문이다.

콘크리트 표면은 딱딱하고 인공적이면서 차가운 재료적 특성이 있다. 이런 재료적 특성 때문에 그 안에 사는 사람은 불안하고 위험한 느낌을 본능적으로 갖게 된다고 한다. 어느 부모라도 자녀들에게만큼은 살기에 좋은 환경을 만들어주고 싶을 것이다. 북유럽에서는 아이들에게 나무로 만든 장난감을 아주 오래전부터 보급해왔다. 북유럽 아이들은 태어날 때부터 나무가 주는 혜택을 받으며 몸과 마음이 건강하게 자라고 있다. 북유럽 국가의 행복지수가 매년 상위 순위에 올라있는 것은 어쩌면 당연한 결과일지도 모르겠다.

거주자를 위한
주택이 사라지고 있다

집은 '생명을 담은 그릇'이다. 그릇이 생명을 보호하듯 집도 그 안에 있는 생명, 즉 거주자를 위해 존재해야 한다. 거주자를 생각하는 집인 동시에 거주자의 라이프스타일에 딱 맞는 집이어야 한다. '당연한 얘기 아니냐'고 반문하는 사람들도 있겠지만 현실에서는 그렇지 않기 때문에 하는 말이다. 21세를 맞이하면서부터는 이런 경향이 더 뚜렷해지고 있다. 더 이상 사람을 위한 건축이 아닌 건축물 그 자체를 위한 건축이 유행처럼 번지고 있다.

"오늘날 건축가들은 예술적 건축이나 독창적인 건축에 심취해 있다." 후나세 순스케 교수는 일본 건축가들이 거주자를 생각하는 대신 자신들의 '건축적 욕심'을 채우는데 급급해 있다는 사실을 꼬집으며 이렇게 얘기하고 있다. '건축은 항상 약자를 지향해야 한다'는 말은 요즘 건축가들에게서는 더 이상 해당사항이 없는 얘기인지도 모르겠다.

집은 수익을 창출해야 하는 상업용 건물과는 접근 방법 자체가 달라야 한다. 철저하게 그 안에 사는 사람을 위해 지어져야 한다. 건축전문가라면 혹여나 화려하고 멋있어 보이고 예술작품 같은 집을 원하는 건축주라 하더라도 집의 가치를 먼저 생각할 수 있도록 도와줘야 한다. 충분한 예산을 확보하지 못한 건축주라면 더더욱 그렇게 해야 한다. 집짓기를 계획하고 있는 예비건축주도 예술적이고 독창적인 건축에 대한 욕심을 내려놓는 것이 바람직하다. 평생에 한 번 찾아올까 말까 한 기회라는 것은 알지만 잘못하면 그 기회가 오히려 독이 되어 자기 스스로를 옭아맬 수도 있기 때문이다.

순스케 교수는 '일본은 약자를 죽이는 비인간적인 건축물로 가득 차 있다'고 강하게 일본 건축계를 비판하고 있다. 잘못된 건축물은 그 안에 있는 생명을 죽일 수도 있는 힘을 가지고 있다. 우리에게 필요한 것은 생명을 죽이는 건축물이 아니라 생명을 살리는 건축물이다. 그는 비인간적인 건축물의 대표적인 예가 바로 '노출콘크리트'라고 주장하고 있다. 일반적으로 콘크리트건물은 내부와 외부 마감을 해서 콘크리트 면이 우리 눈에 보이지 않는다. 노출콘크리트는 콘크리트에 마감을 하지 않고 면을 그대로 노출시킨다. 노출콘크리트 공법은 '콘크리트 자체가 나타내는 독특한 조형미'를 강조하기 위해서 주로 사용한다.

노출콘크리트의 대가로 알려진 일본 건축가 안도 타다오는 1970년대부터 노출콘크리트 기법으로 수많은 건물들을 설계했다. "건축주가 원하는 대로 그저 기능만을 충족하려고 하면 따분한 짓밖에 하지 못한다." 안도 타다오는 이렇듯 건축주의 요구사항을 묵살해 버리고 절대로 타협하지 않는 건축가로 잘 알려져 있다. 그는 자신이 추구하는 '예술적 건축', '독창적 건축'에 심취해 있었다.

콘크리트 표면이 건물의 내부와 외부에 그대로 노출되는 노출콘크리트

　지금까지도 일본은 보육원, 학교, 양로원, 병원에 이르기까지 보호받아야 할 '약자를 위한 건축물'이 노출콘크리트로 지어지는 사례가 많아지고 있다. 한순간 유행처럼 번졌다 사라지면 좋으련만 오히려 일본 전역으로 퍼지고 있으니 문제라는 지적이다. 건축은 '생명을 기른다'는 사명감으로 접근하지 않으면 자기도취에 빠지기 쉽다. 땅이 비옥하고 좋아야 농작물이 잘 자라고 열매도 잘 맺는다. 집도 마찬가지 이치가 적용되어야 한다. 실내 환경이 좋은 집이라야 그 안에 사는 생명이 잘 자랄 수 있고 그 생명을 안정적으로 유지할 수 있다.

　일본의 사례는 우리에게도 좋은 교훈이 된다. 우리나라의 경우에도 우리 아이들이 많은 시간을 보내는 유치원, 초등학교 대다수가 콘크리트로 지어지고 있다. 심신이 연약한 어르신들을 돌봐주는 요양원 건물도 마찬가지다. 병원은 또 어떤가? 이런 맥락에서 보면 집을 지을 때 사용하는 건축재료의 선택에 신경을 더 쓸 수밖에 없다.

7장

⌂

왜 목조주택인가?

26

나무에 대한 편견과 선입견을
버려야 팩트가 보인다

　나무는 우리에게 다양한 혜택을 제공한다. 그 혜택은 결과적으로 우리 몸과 마음의 건강에 적지 않은 영향을 준다. 이런 장점에도 불구하고 나무로 집을 짓는 것에 대한 사람들의 반응은 어떨까? 주변 사람이 나무로 집을 짓는다는 얘기를 들었을 때 '아니 왜?'라는 반응을 한다면, 인정하고 싶지는 않겠지만 그 사람은 나무에 대해 '한쪽으로 치우친 공정하지 못한 생각', 즉 편견과 선입견을 가지고 있을 확률이 높다. 편견이나 선입견은 판단을 흐리게 한다. 있는 그대로의 팩트fact를 못 보고 왜곡해서 받아들이는 경향이 높기 때문이다.

　나는 현재 대학교 건축학과 3~4학년 학생들에게 목구조 수업을 진행하고 있다. 학생들은 5년 과정 중 대부분을 철근콘크리트와 스틸 구조 위주의 수업으로 시간을 보낸다. 근대 건축을 대표하는 두 가지 건축재료에 익숙할 만큼 수업도 듣고 나름 공부도 한다. 학생들은 자신들도 모르는 사이에 재료에 대한 편견을 가지게 된다. 학생들이 가지고 있는 건축재료로서의 나무에 대한 편견과 선입견을 깨는 것은 학기 초마다 내가 해결해야 할 가장 중요한 과제 중의 하나가 되었다.

나무에 대한 편견과 선입견을 가지고 있는 사람이 비단 건축과 학생들뿐이겠는가. 나는 일반인들을 위한 강연을 통해서나 건축전문가들과의 자리에서 기회가 있을 때마다 나무 얘기를 한다. 그들과 대화를 할 때마다 내가 느끼는 것은 나무에 대해 잘못 이해하고 있는 경우가 너무나 많다는 사실이다.

다시 학생들 얘기로 돌아가자. 학기 초 학생들과의 첫 대면에서 내가 제일 먼저 던지는 질문은 "여러분이 나무를 사용해서 집을 설계하거나 시공해야 한다면 어떤 요소 때문에 나무를 사용하는 것이 불안할까요?"였다. 이렇게 묻는 이유는 나무에 대한 학생들의 편견과 선입견이 무엇인지 알아보고 그 의문에 대해 팩트를 얘기해주기 위함이다. 학생들의 답변을 통해 정리한 불안요소를 살펴보면 4가지로 압축된다. 나무에 대한 4가지 불안요소는 일반인뿐 아니라 건축전문가들도 공감을 하고 똑같이 궁금해하는 내용일 거라고 생각한다. 자 그럼 이제부터 나무에 대한 팩트 체크에 들어가 보자.

나무는 화재에 약하다?

첫 번째 불안요소는 '나무는 불에 잘 타지 않느냐'다. 그렇다. 나무는 불에 잘 탄다. 이 사실을 부인할 사람은 아마 한 명도 없을 것이다. 사람들은 대개 나무가 불에 잘 타는 재료라는 선입견을 가지고 있다. 그래서인지 목조주택도 불에 약할 것이라는 막연한 생각을 갖고 있는 사람들도 많이 있다. 목조주택의 골조가 나무로 구성되었다는 이유만으로 화재에 약할 것이라는 편견을 갖고 있다면 지금부터라도 머릿속에서 지우기를 바란다.

철근콘크리트나 철골로 지어진 주택이라고 해서 불에 안전할까? 그렇지 않다. 불에 노출되면 그 재료가 나무든지 철근콘크리트든지 철골이든지 상관없이 골조에 큰 영향을 미치게 된다. 콘크리트도 불에 타고 철근콘크리트도 불에 탄다. 표면에 불이 붙지 않을 뿐이지 그 불이 구조적으로 나쁜 영향을 미치지 않을 것이라고는 누구도 장담할 수 없다. 집에서 불이 났을 때 가장 중요한 것은 집 안에 있는 사람이 안전하게 밖으로 빠져나올 수 있어야 한다는 것이다. 사람이 빠져나오는 동안 그 구조물이 버텨 줄 수 있느냐 없느냐가 타느냐 안 타느냐를 따지는 것보다 훨씬 중요하다.

나무가 다른 건축 구조재에 비해 결코 불에 약하지 않은 이유는 아주 명백하다. 나무는 수분을 빨아들이고 열을 방출하는 성질이 있는데 이로 인해 불이 났을 때 탄화(숯)층이 형성된다. 화재 시 나무에서 만들어지는 탄화층은 산소의 공급을 막아준다. 산소 공급이 안 되면 열이 나무 내부로 들어가는 시간이 지연된다. 불길이 나무 속 깊이까지 들어가는 데는 꽤 많은 시간이 필요하게 되는 것이다.

오른쪽 사진은 실제 화재 현장에서 목재가 어떻게 불길에 반응하고 있는지를 잘 보여주고 있다. 목재 표면은 불길에 의해 탔지만 무너지지 않고 구조적으로 버텨주고 있다.

실제 화재 현장에서 검증된 목재의 성능

174

나무는 썩는다?

나무에 대한 두 번째 불안요소는 '나무는 썩는다'라는 것이다. 이 또한 부인할 수 없는 사실이다. 만약 집의 하중을 버티고 있는 목재 보나 기둥이 시간이 지나면서 썩는다면 어떤 결과를 가져올까? 생각만 해도 끔찍한 일이 발생할 것이다. 나무가 썩으려면 4가지 조건을 만족해야 한다. 공기, 수분, 영양, 온도가 맞아야 비로소 나무가 썩을 수 있는 환경이 만들어지는 것이다. 난파된 지 수백 년이 지난 나무배가 지금도 바닷속에서 그 형체를 유지한 채 인양되는 경우가 종종 있다. 바닷속에 그렇게 오랫동안 가라앉아 있었는데 썩지 않았던 이유는 바닷속 환경이 위의 4가지 조건을 모두 만족시키지 않았기 때문이다.

외부용이 아닌데 나무로 만든 가구를 집 밖에 방치해본 적이 있는가? 밖은 습하고 밤이면 어두침침해서 곰팡이가 자라기 딱 좋은 환경이다. 그늘지고 습한 곳에 방치된 나무는 쉽게 썩는다. 썩은 나무를 만져보면 푸석푸석하지만 물기가 어려 있는 걸 느낄 수 있다. 이와 같은 환경에서 나무가 수분에 지속적으로 노출되면 나무의 함수율이 높아지게 된다. 함수율이 높아지면 나무가 썩는 균들이 살 수 있는 환경이 만들어지는 것이다.

표면처리 없이 외부에 노출되어 썩고 있는 나무 벤치

오일스테인 처리된 목재 데크

　단독주택에 설치하는 데크, 발코니와 같은 구조물에 사용되는 나무도 대개는 외부에 노출되기 마련이다. 이런 환경에서 일반적인 나무를 사용한다면 곰팡이와 같은 부후균 때문에 언젠가는 썩게 될 것이다. 위에서 언급한 습하고 그늘진 환경에 장기적으로 노출되는 곳에 사용되는 나무가 썩지않게 하려면 특별한 조치가 필요하다. 특히 수분에 무방비로 노출된 환경에서는 썩음방지(방부) 페인트인 오일스테인으로 나무 표면을 칠해 주어 수분의 침투를 막는 것도 나무가 썩는 것을 방지하는 좋은 방법이다.

　목조주택을 지을 때 콘크리트 기초 위에 가장 먼저 설치하는 나무를 토대^{Sill plate}라고 한다. 토대는 수분을 머금고 있는 콘크리트와 항상 접하고있다. 토대는 상부에 있는 구조의 하중을 지지하는 중요한 역할을 담당하고 있는 나무다. 사람의 안전이 달려 있기 때문에 목조주택에서 토대와 같이 구조적인 성능을 발휘해야 하는 나무는 썩지 않도록 반드시 보호되어야 한다. 우리나라 건축구조기준에도 목조건물의 토대는 반드시 방부목재(防腐木材)를 사용해야 한다고 규정하고 있다. 방부처리 목재는 부후균의 번식에 필요한 공기, 수분, 영양, 온도 중 어느 한 가지의 공급을 막아서 부후균이 번식하지 못하도록 나무 안에 방부액을 주입한다.

나무는 구조적으로 약하다?

세 번째로 궁금해하는 나무에 대한 불안요소는 '나무는 약하다'라는 것이다. '약하다'라는 말에는 '가볍다'라는 의미도 포함되어 있는 듯하다. 이렇게 약하고 가벼운 나무를 가지고 집을 짓는다고 하면 누구라도 안심하지 못할 것이다. 언제 어떻게 무너질지 모르니 얼마나 불안할까. 여전히 많은 사람들이 집을 지을 때 철근콘크리트를 선호하는 이유도 이것 때문일지도 모르겠다. 하지만 아이러니하게도 세계에서 지진 발생이 가장 많은 나라로 손꼽히는 일본에서는 연간 40만 동이 넘는 주택이 목조로 지어지고 있다.

나무집은 수명이 짧다?

마지막 네 번째 불안요소는 '나무는 수명이 짧다'라는 것이다. 우리나라에 현존하는 오래된 건물들 대부분이 목조라는 사실을 잘 알고 있을 것이다. 북미의 경우 지어진 지 100년이 넘은 목조주택에서 사는 사람들이 실제로도 많다. 부동산 매매 거래도 신축건물 못지않게 잘 되고 있다고 한다.

나무의 재료적 특성을 잘 이해하고 목조주택을 짓는다면 몇 대가 대를 이어서 머물 수도 있을 만큼의 내구성을 갖는 것은 문제가 되지 않을 것이다.

노르웨이 스타브^{Stave} 교회는 세상에 남아 있는 가장 오래된 목조건물 중 하나다. 11세기에 지어졌다고 하니 거의 1,000년의 세월을 이겨낸 셈이다. 그 옛날에는 방부처리 약품이나 오일스테인과 같은 방부페인트도 없었을 텐데 어떻게 이처럼 오랜 시간 동안 형태를 유지하고 있었을까?

나무로 지어진 노르웨이 스타브 교회

목조주택에 대한 단편적 고찰
-내가 생각하는 집이 목조주택이어야 하는 이유

지역과 환경에 따라 집의 형태는 큰 차이를 보인다. 그 지역의 기후, 건축재료, 도구, 집에 거주하는 사람들의 문화에 따라 그 형태가 달라지기 때문이다. 남극의 이글루와 중앙아시아의 유목민들이 거주하는 유르트yurt는 기후로 인해 주거의 형태가 큰 차이를 보이는 좋은 예다. 비슷한 기후라도 다른 종류의 건축재료를 사용하면서 주택의 형태가 달라지는 경우도 있다. 멕시코는 전통적으로 목조지붕 위에 점토타일을 적용한 지붕형태를 가지고 있다. 그러나 철근콘크리트가 소개되면서부터 전통적인 지붕형태는 평지붕으로 바뀌게 되었다.

우리나라에서 최근 지어지고 있는 목조주택은 1990년대 초에 북미North America에서부터 처음 국내에 소개되었다. 북미식 주택은 북유럽의 기후, 건축재료, 문화에 맞게 개발된 16세기 중목구조heavy timber frame 양식과 관련이 있다. 그로부터 300년이 지난 1840년대에 제재소에서 가늘고 긴 규격 목재dimension lumber를 대량 생산할 수 있는 설비가 갖춰지면서 경골목

경골목구조 방식으로 골조공사가 진행 중인 현장과 완성된 북미식 경골목조주택

구조light wood frame가 중목구조를 대체하기 시작했다. 150년 전에 북미에 소개된 경골목조주택은 그동안 여러 가지 건축공법이 개발되었음에도 불구하고 북미에서는 90%가 넘는 시장점유율을 보이고 있다.

목조주택이라고 해서 내부와 외부에서 반드시 나무가 보여야 할까? 그렇지 않다. 중목구조의 경우 내부에서 단면이 큰 기둥과 보가 노출되는 경우는 있다. 하지만 경골목조주택은 겉으로만 봐서는 그 집이 콘크리트집인지 벽돌집인지 구분하기 쉽지 않다. 나무로 집의 내부와 외부가 치장되었다고 해서 그 집이 목조주택이라고 누구도 확신할 수 없다. 그렇다고 벽돌이나 돌과 같은 나무가 아닌 재료로 마감되었다고 목조주택이 아니라는 보장도 없다. 목조주택 하면 바로 떠오르는 생각은 아마도 '나무집'일 것이다.

주택에서 구조적 역할을 담당하는 부분은 크게 벽, 바닥, 지붕이다. 벽, 바닥, 지붕 골조가 집에 작용하는 하중을 버티면 그 집은 무너지지 않는다. 목조주택은 구조를 담당하는 벽, 바닥, 지붕 골조가 목재로 구성되어 있다. 목조주택에서 목재는 바로 우리 몸의 뼈대와 같은 역할을 한다. 골조에 사용된 목재의 구조적 성능은 그래서 중요하다. 골조를 형성하는 목재는 보통은 노출되지 않고 내·외장 마감재로 덮인다. 목재로 마감을 하지 않더라도 그 집이 목조주택이 아니라고 말할 수 없는 이유는 마감과 상관없이 골조가 목재로 되어 있기 때문이다. 목조주택은 집의 골격(뼈대)이 되는 벽, 바닥, 지붕 등의 주요 구조부가 목재로 되어 있는 것을 의미한다.

가까운 일본의 경우 1974년부터 북미식 목조주택(경골목구조)이 본격적으로 지어지기 시작했다. 그때 이후 목조주택에 대한 수요는 현재까지도 계속 늘어나고 있다. 이전까지만 하더라도 일본의 전통적인 기둥·보 방식의 목조주택이 주를 이루었다. 경골목구조 방식의 목조주택이 지금까지도 인기를 끌고 있는 이유는 '합리적 설계·시공'이 가능한 공법이기 때문이다. 이러한 사실은 오랜 시간에 걸쳐 입증되었다. 특히 일본 내에서 목구조가 콘크리트나 철골조와 비교해 볼 때 우수한 내진(지진에 잘 견디는)성능을 보이는 등 구조적인 장점이 크게 부각된 것도 큰 몫을 하게 되었다.

일본의 전통적인 기둥·보 방식의 목조주택

국토교통부의 자료에 따르면 2016년 국내 목조주택의 착공 동수는 전년대비 12% 증가했다. 2016년에 국내에서 착공된 전체 건축물의 수는 231,972동이었다. 이 중에서 6.5%에 해당하는 15,266동이 목구조로 지어졌다. 2015년도 목조주택 착공 동수가 13,595동이었으니 2016년도와 비교했을 때 12%나 상승했다. 경골목조주택은 1990년대 초에 처음으로 보급되기 시작해 25년이라는 시간이 흘렀다. 우리나라에서 한 해 동안 지어지는 주택의 수는 약 40만 동 정도다. 위의 통계자료를 바탕으로 본 국내 목조주택 시장점유율은 전체 주택시장의 2% 정도밖에 안 된다. 일본의 목조주택 산업의 크기에 비해서는 우리나라 시장은 이제 막 발걸음을 뗀 수준이다. 하지만 최근 8년간 국내 목조주택 시장은 계속해서 성장하고 있다.

목조산업 관계자들은 목조건축 시대가 본격화되어 가는 시점이라고 입을 모으고 있다. 향후 10년 안에 10만~15만 동의 목조주택이 지어질 것이라고 예상하는 전문가들의 얘기도 나오고 있다. 선진국에서는 목구조가 전체 주택 시장점유율의 90% 이상을 차지할 정도로 그 인기가 대단하다. 콘크리트나 스틸과 같은 건축구조에 비해 목구조만이 가지고 있는 장점이 훨씬 부각되고 있기 때문에 시장이 반응하는 것이다.

건강한 삶에 도움을 주는 목조주택

'건강한 삶'에 대한 우리나라 사람들의 관심은 어떻게 보면 과하다 싶을 정도로 높다. 자연에서 나는 대표적인 건강 재료가 바로 나무다. 집 안에 나무를 사용하는 비율을 높이면 각종 질병으로 인해 사망할 확률이 낮다는 연구결과도 계속해서 나오고 있다. 건축재료로 사용되는 나무가 '생명 연장과 암 발생'에도 깊은 관련이 있다는 사실 또한 여러 연구결과를 통해 증명되고 있다. 임업연구원의 목조주택 선호도 조사결과를 분석해 보면 목조주택을 좋아하는 이유로 '건강에 좋을 거 같아서'가 가장 많았다고 한다.

실제로 목조주택은 쾌적한 실내환경을 제공하는 것으로 잘 알려져 있다. 경골목조주택의 거주실태에 관한 연구에서도 현재 목조주택에 살고 있는 사람들은 목조주택이 '실내 적정 습도 유지', '실내 적정 온도 유지', '실내 공기 순환 원활', '거주자 건강 개선과 정서적 안정에 기여'하고 있다고 생각하고 있는 것으로 밝혀졌다. 나무는 실내 습도가 높을 때는 외부의 수분을 흡수하고, 실내가 건조할 때는 가지고 있는 습기를 실내로 방출하여 쾌적한 실내환경을 유지시키는 기능이 있다고 알려져 있다.

어떤 재료가 건강에 좋다고 알려지기 위해서는 몇 가지 요소를 만족시켜야 한다. 그중에서도 유독성의 유무는 가장 큰 영향을 미치는 요소라고 할 수 있다. 그런 점에서 나무는 유독성의 화학물질을 뿜어내지 않기 때문에 건강한 재료라고 믿을 만하다. 따라서 나무는 건강한 실내환경을 만드는데 도움이 되면 되었지 적어도 해를 끼치지는 않는다. 캐나다에서는 나무로 마감한 실내환경이 사람들의 건강에 미치는 영향을 연구조사한 결과가 많이 있다. 연구결과에 따르면, 다른 재료에 비해서 나무는 사람들에게 정신적으로 긍정적인 효과를 주고, 심장박동수를 낮추며, 스트레스를 줄여주는 것으로 나타났다. 우리 신체가 나무에 이처럼 긍정적으로 반응하는 것은 교감신경계가 나무에 의해 긍정적인 자극을 받기 때문이다.

지구환경에 도움을 주는 목조주택

'내 집 하나 짓는데 기후변화까지 들먹일 필요가 있느냐'며 반문할 사람들도 있을 것이다. 내가 선택한 건축재료가 몸살을 앓고 있는 지구환경에 도움이 될 수 있다는 사실을 알고 있는 사람들은 드물다. 그렇다면 대체 목조주택에 사는 것이 지구환경에 어떤 도움을 줄 수 있을까?

나무는 세상에서 가장 친환경적인 원재료다. 나무가 자라는 데는 햇빛과 물만 있으면 그만이다. 이렇듯 나무는 자연에서 자라는 유기질organic matter, 탄소질carbon의 재료다. 나무를 제외한 대부분의 건축재료는 생산할 때 다른 에너지원이 필요하다. 계속해서 쓰면 언젠가는 고갈될 화석연료와 같은 자원을 연소시켜야 만들어지는 에너지원 말이다. 우리가 사는 집에 필요한 난방과 냉방을 위해 사용하는 에너지원은 주로 화석연료에 의해 공급된다. 화석연료는 연소가 되면서 대기 중에 이산화탄소를 뿜어낸다. 대기 중에 뭉쳐 있는 이산화탄소는 지구온난화(기후변화)의 가장 큰 주범으로 알려져 있다.

경제협력개발기구OECD에서 2015년에 발표한 자료에 따르면 에너지를 생산할 때 배출하는 이산화탄소 양이 전체 대기 중 배출량의 31%를 차지하고 있다고 한다. 그 중에서 건축물의 냉난방에 사용되는 에너지는 전체 에너지 사용량의 약 40% 정도다. 전체 이산화탄소 배출량의 40%는 건축물과 직접적인 관련이 있다는 얘기다. 만약 건축물에 사용되는 화석연료 에너지원을 줄일 수 있다면 대기 중에 배출되는 이산화탄소의 양도 줄어들 것이다. 우리 집을 짓는데 이산화탄소 발생량이 적은 건축재료를 사용하게 되면 분명 지구환경에도 큰 도움을 주게 되는 것이다.

최근 들어 전 세계적으로 건축의 패러다임이 조금씩 바뀌고 있다. 철근콘크리트와 스틸 재료 일색의 건축물에 목재를 사용하는 사례가 점점 늘어나고 있는 것이 그 사실을 반증하고 있다. 주택용도뿐 아니라 30층이 넘는 초고층건물에까지 목재로 지으려는 시도가 전 세계 여러 나라에서 계속 진행 중이다. 얼마 전까지만 하더라도 초고층건물은 철근콘크리트나 철골구조의 전유물이나 다름없었다. 목구조로 5층 이상의 건물을 짓는다는 것은 상상 속에서나 가능한 일이었다. 하지만 2017년 8월 캐나다 브리티시 컬럼비아대학교 내에 18층짜리 세계 최고층 대학 기숙사가 목구조로 완공되었다. 이로써 고층목조빌딩은 더 이상 상상 속에서나 가능한 일이 아니라는 것이 밝혀졌다.

세계 최고층 목구조 대학 기숙사(사진제공: naturallywood.com)

이미 잘 알려져 있듯이 나무는 대기 중 이산화탄소를 흡수하는 동시에 신선한 산소를 대기 중으로 공급해준다. 철근콘크리트나 철을 대체해 나무가 건축재료로 인기를 끌고 있는 이유는 나무가 환경에도 유익한 존재라는 인식이 건축 산업계에도 널리 알려지고 있기 때문이다.

캐나다 국립연구소National Research Council Canada는 면적이 200㎡(약 60평) 정도의 주택에 사용되는 구조용 목재가 저장하고 있는 탄소의 양을 환산하면 자동차 한 대가 5년 동안 대기 중에 뿜어대는 이산화탄소의 양과 같다고 한다. 나무로 뼈대와 마감을 하는 목조주택의 수가 늘어날수록 우리의 건강뿐만 아니라 지구환경에도 도움을 주게 되는 것이다.

지구환경에 유익한 나무를 목조주택을 짓겠다고 마구 베어버리면 환경을 오히려 파괴하는 행위가 아닐까 하는 생각도 할 수 있다. 브라질과 같은 개발도상국의 경우 불법으로 산림을 벌채하는 양이 어마어마하다. 목조주택을 짓는 것이 지구환경에 도움이 되느냐 아니냐는 불법으로 나무를 베느냐 그렇지 않느냐에 달려 있다. 불법으로 산림을 훼손하고 벌채하면 그곳에 다시 묘목을 심어서 가꾸지 않는다. 묘목을 심어 가꾸는 대신 농지로 사용한다던지 아니면 공장을 짓는 등의 다른 용도로 사용하니까 문제가 된다. 개발도상국에서는 벌채된 곳에 경작을 하거나 다른 용도로 개발을 하기 때문에 매년 엄청난 양의 산림이 훼손되고 있다.

불법으로 벌채된 산림에서 나온 나무를 거래하고 사용하는 것은 따라서 지구환경을 파괴하도록 도움을 주는 것이다. 과학적이고 지속적으로 유지 관리되고 있는 산림을 통해 생산된 목재를 사용하는 것은 이런 의미에서 아주 중요하다. 합법적으로 생산된 목재를 사용하는 것도 소비자로서 사명감을 갖고 꼭 확인해야 할 부분이다.

벌채를 한 후 관리되지 않은 산림

이런 맥락에서 캐나다는 전 세계를 통틀어 국가차원에서 산림관리를 철저히 하고 있는 나라로 정평이 나 있다. 캐나다는 전 세계 산림의 10%를 차지하고 있을 정도의 산림대국이다. 1인당 목재 소비량이 세계 최대라고 알려져 있지만, 산림면적은 해를 거듭할수록 늘어나고 있다. 벌채한 양보다 다시 묘목을 심고 관리하는 양이 훨씬 더 많기 때문이다. 다시 말해 벌목되어 생산하는 양보다 새롭게 자라고 있는 나무가 더 많다. 과학적인 산림경영 시스템을 통해 지속적으로 생산이 가능한 선순환이 이루어지고 있는 것이다.

세상에 남겨진 오래된 건물들의 대부분은 목조주택이다

집을 짓고 싶어 하는 예비건축주들이 목조주택에 대한 얘기를 나눌 때 내게 가장 많이 하는 질문 중 하나는 "목조주택은 수명이 얼마나 가나요?"다. 철근콘크리트구조에 익숙해 있고 콘크리트의 재료적 특성이 목재보다는 튼튼해 보이기 때문에 하는 질문이다. 콘크리트와 달리 목재는 가볍고, 불에 타기 쉬우며, 외부의 충격에 견디기 어려울 것이라는 잘못된 편견도 오해를 불러일으키는데 큰 역할을 하고 있다. 그러나 우리나라뿐만 아니라 전 세계적으로도 현재까지 존재하는 오래된 건물들 대부분이 목조라는 사실은 굳이 강조하지 않아도 알 수 있을 것이다.

캐나다에 사는 친구의 말을 빌리자면, 북미의 경우 100년이 넘은 목조주택에서 거주하고 있는 사람들이 실제로 많다고 한다. 100년이 지나도 여전히 살 수 있는 집! 목조주택의 역사가 깊은 북미에서는 오래된 목조주택을 어렵지 않게 찾아볼 수 있다는 점에서 목조주택의 수명을 거론하는 것은 큰 의미가 없다고 본다. 설계, 시공, 자재가 잘 어우러져 지어진 목조주택은 수십 년 후면 헐고 다시 지어야 하는 건 아닌지를 걱정하지 않아도 될 정도로 수명이 길다.

지진에 잘 견디는 튼튼한 집

나무는 콘크리트나 스틸과 같은 건축재료에 비해 무게가 가볍다. 그럼에도 불구하고 사람들은 나무를 수천 년에 걸쳐 건축물의 주요 구조를 담당하고 있는 건축재료로 사용해 오고 있다. 왜 그럴까? 나무는 첫째 탄력성이 좋고, 둘째 가벼운 무게에 대비해서 강도strength가 뛰어나기 때문이다. 일본주택 목재기술센터에서는 목재와 콘크리트, 스틸의 무게 대비 강도 테스트를 통해 '목재는 스틸이나 콘크리트보다 가볍지만 내구성이 좋아 구조적으로 이상적인 재료'라는 결론을 내렸다.

목조주택의 벽, 바닥, 지붕 구조, 즉 주요 구조부에 추가적으로 구조를 보강하는 가새bracing나 연결 철물metal connector을 사용하면 구조적인 안정성이 더 높아진다.

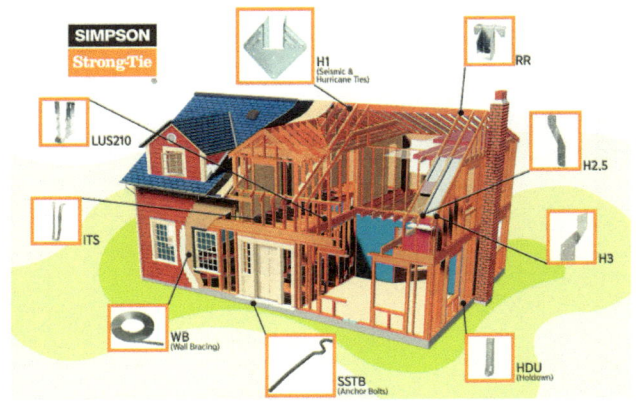

목조주택 기초에서
지붕까지 하나로
연결시켜 주는
부위별 연결 철물
(사진제공: ㈜엔에스홈)

구조적으로 안전한 목조건축을 위한 엔에스홈의 철물 제안
한반도에서 지진발생이 증가하고 있으므로 국내에서도 건축물의 구조설계 기준을 강화하고 있습니다.
기본적인 철물만 사용하여도 지진에 대응하고, 구조적으로 안전한 목조주택을 지을 수 있습니다.

'아기돼지 삼형제' 이야기는 우리들에게 너무나 잘 알려진 동화이다. 그 이야기 속 벽돌로 지은 집은 늑대가 일으킨 바람에도 끄덕하지 않고 서 있다. 반면 나무로 지은 집은 늑대의 입김에 힘없이 무너져버린다. 이런 이미지가 오랫동안 우리 머릿속에 남아 있어서일까? 사람들은 나무집은 강풍에 약할 것이라는 편견을 가지고 있다. 목구조는 강풍이나 지진과 같은 외부적인 하중이 작용했을 때 콘크리트나 철골과 같은 다른 구조물에 비해 훨씬 안전하지 못한 구조방식이라고 생각하기 쉽다. 미국 캘리포니아의 저명한 저널리스트 칼리 톰슨Kalee Thompson은 검증된 자료를 토대로 '지진이 발생하면 잘 지어진 목조주택 내부에 그냥 있으라'고 어느 신문 사설에서 확신에 찬 글을 썼을 정도로 강풍과 지진에 대한 목조주택의 구조적 성능이 우수하다고 강조하고 있다.

연결 철물은 목조주택의 지붕, 바닥, 벽 골조를 하나로 연결시켜 주는 역할을 한다. 구조체가 하나의 개체와 같이 일체화된다는 것은 주택에 작용하는 하중경로가 끊어지지 않는다는 의미다. 주택에 작용하는 하중의 경로가 끊긴다면 그 부분에 집중적인 힘이 가해지게 된다. 목재가 그 힘을 견딜 수 있으면 별문제가 되지 않는다. 하지만 하중경로가 끊어진 부분은 외압으로부터 취약할 수밖에 없다. 연결된 하중경로로 주택에 발생한 하중이 분산되어야 하는데 어느 한곳에 집중되다 보니 견뎌내기가 쉽지 않다.

연결 철물은 목조주택의 각 부분에 작용하는 하중이 지붕부터 기초까지 연속으로 전달되도록 구조적인 역할을 감당한다. 지진 발생시 주택이 분리되지 않고 하나의 개체(유닛)로서 버티고 서 있을 수 있는 이유는 연결 철물이 큰 역할을 하고 있기 때문이다.

목구조를 일체화시켜 주는 연결 철물

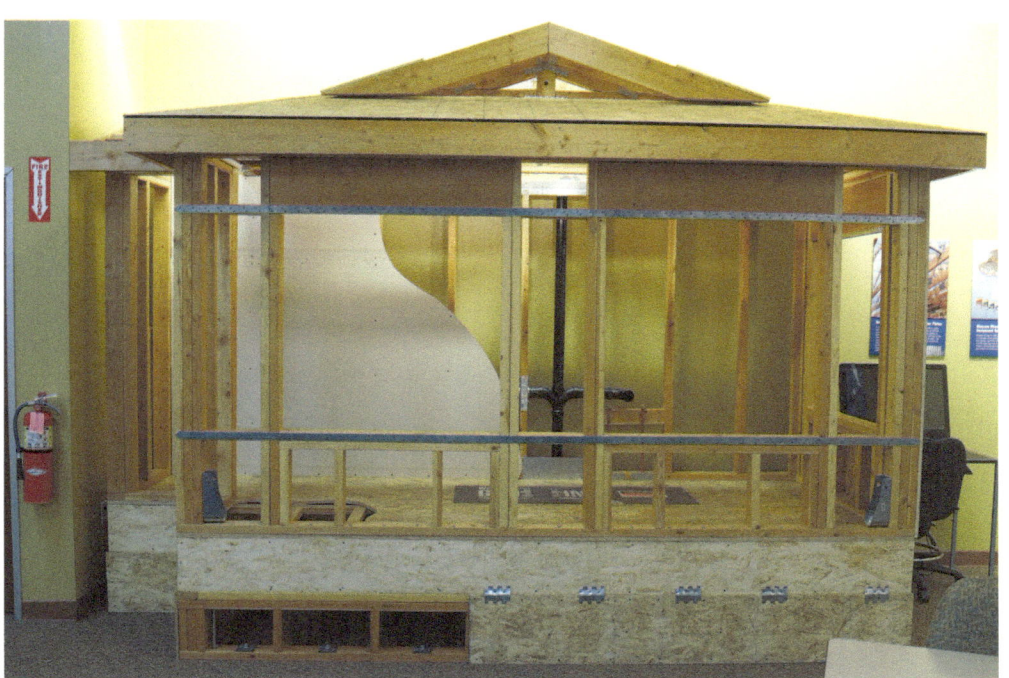

1995년 일본 고베와 2008년 중국 쓰촨성에서 일어난 지진은 역사적으로도 가장 규모가 큰 강진으로 기록되고 있다. 강진으로 인해 수많은 건물이 무너지고 엄청난 인명 피해를 입혔다. 2005년부터 우리나라도 지진에 예외적인 지대가 아니라는 인식이 퍼지면서 정부는 내진기준을 강화하기에 이르렀다. 2016년 9월 경주에서는 규모 5.8의 지진이 일어났다. 역사상 가장 강한 지진으로 평가되는 경주 지진으로 인해 국민들은 가장 안전하다고 생각했던 집에 대한 인식이 바뀔 수밖에 없었다. 지붕의 기왓장이 떨어지고 벽에 금이 가고 집 안의 물건들이 진동으로 인해 여기저기 나뒹굴었다. 이런 광경을 직접 눈으로 몸으로 체험하면서 사람들은 집 안에 머물러 있는다는 것 자체가 무섭다는 생각을 갖게 된 것이다. 거리로 나온 사람들은 쉽게 집으로 들어갈 수 없었다.

경주 지진으로 인해 국토교통부는 건물에 대한 내진기준을 더욱 강화하겠다는 입법 예고를 했고, 현재는 신규주택과 소규모 건축물도 내진 설계를 해야 건축이 가능해졌다. 그런데 강화된 내진기준에 목구조 항목에 대한 언급이 따로 나와 있어 눈길을 끈다. "다만, 연면적 기준의 경우 목구조 건축물은 상대적으로 지진에 강하므로…" 국토교통부는 내진 설계를 확대 시행하는 이유를 "지진에 대해 국민의 생명과 재산을 보호하고 (중략) 국민 편의에 기여할 수 있을 것으로 기대된다"고 밝혔다. 이번에 강화된 규정에서 오히려 목구조는 제외되었다. 국토교통부에서 목구조 건물이 지진에 강하다는 사실을 공식적으로 발표한 것만 보더라도 목조주택의 구조에 대한 불안감은 떨쳐버려도 좋지 않을까 하는 생각을 해본다.

제주도에 목조로 주택, 펜션, 카페를 지어 운영하며 살고 있는 지인이 했던 말이 기억난다. 그는 "목재가 다 좋다는 건 알았는데 정말로 제주에 찾아오는 태풍에도 구조적으로 안전할까는 약간 불안했었다"며 조심스럽게 얘기를 꺼냈다. 콘크리트로 지으려다 마지막에 목구조로 짓기로 마음의 결정을 하고 나서도 이 부분이 제일 불안했다며 솔직한 심정을 내게 처음으로 드러냈던 것이다. 제주도는 연중 강한 태풍이 불고 비도 많이 내리는 지역이 여러 곳 있다. 건물이 위치하고 있는 곳도 그런 곳이었다. 게다가 지대가 높고 주변에 바람을 막아 줄 산이나 큰 건물도 없었으니 그가 불안해한 것도 어쩌면 당연한 일이었는지도 모르겠다. 입주한 지 2년이 지난 지금은 "제주에서 강력한 비바람과 태풍에도 아무런 불안을 못 느끼고 있고, 이 때문인지 그동안 가지고 있던 목조에 대한 불안한 생각도 완전히 사라졌다"며 만족스럽게 제주 생활을 즐기고 있다.

⌂

8장

목조주택으로 결정했다면 반드시
신경 써야 할 4가지 요소

절대로 양보해서는
안 될 건물의 뼈대, 구조

지붕, 바닥, 벽, 기둥과 같이 건물의 뼈대가 되는 골조는 마감재가 설치되면 우리 눈으로는 볼 수 없다. 그래서인지 몰라도 눈에 잘 띄는 실내외 마감재를 고를 때의 신중함에 비해 사람들은 골조를 가볍게 여기는 경향이 있다. 눈에 보이지 않는 것보다 밖으로 보이는 무엇인가에 신경을 더 쓰는 일은 비단 집짓기뿐 아니라 다른 영역에서도 흔히 일어나는 일이다. 마감재에 들이는 시간, 노력, 비용에 비하면 건물의 구조는 너무 쉽게 결정해버리는 경향이 있다. 구조는 어차피 가려지니까 굳이 크게 신경 쓸 일이 아니라는 생각을 하기 때문이다.

하지만 집의 뼈대(구조)를 선택하려면 고려해야 할 사항들이 의외로 많다. '생명을 담은 그릇'으로서의 맥락으로 집을 보면, 집은 구조적으로 안전해야 한다. 그 안에 사는 생명을 보호해야 하는 '안정성'이야말로 그 집이 갖추어야 할 기본적인 요소다. 그리고 피난처, 쉘터shelter로서의 기능도 갖추어야 한다. 방수, 단열, 채광, 통풍 등의 건축 물리적 성능을 확보해 '거주성'을 높여 주는 것도 중요하다. 집은 짧게는 수십 년, 길게는 100년 이상 오랫동안 사용되기 때문에 구조가 오래 버틸 수 있는 '내구성'도 잘 유지되어야 한다. 또한 앞서 언급한 성능을 충족하는 가운데서도 공사기간의 단축, 시공비의 절감 여부도 고려해야 한다.

구조체 자체를 활용해 건축적인 아름다움을 표현하는 '구조미'는 합리적인 구조방식을 선택했을 때 비로소 가능해진다. 목구조는 '안정성', '거주성', '내구성', '경제성', '구조미'를 고려했을 때 어느 것 하나 부족함이 없는 구조방식이다. 목구조 외에 철근콘크리트나 다른 건축재료로 집을 지으려고 생각하고 있는 예비건축주라면 목구조를 적용해 보는 것에 대해 다시 한 번 심사숙고하기를 당부한다.

나무는 지구상에서 오랜 기간에 걸쳐 건물의 주요 구조부를 담당하는 건축재료로 사용되어 왔다. 수백 년 전에 지어진 목조건물들이 현재까지 굳게 버티고 있는 모습을 보는 것은 그리 어렵지 않다. 우리나라의 경우에는 조선 말기에 지어진 해인사가 목조건물이다. 해인사 안에 세계기록문화유산으로 등재되어 있는 팔만대장경 역시 나무로 만들어졌지만 500년이 넘는 세월을 버텨 왔다.

경골목구조 방식이 소개되기 전에는 대부분의 목조건물은 통나무 방식으로 지어졌다. 미국의 통나무집은 17세기와 18세기에 걸쳐 미국으로 이주한 스웨덴 이주민들이 지은 집이었다. 통나무집은 나무껍질을 벗기고 통나무를 수평으로 쌓아올려 주요 구조부를 형성한다. 국내에서 1990년대 후반에 소개되어 잠깐 유행처럼 번졌다. 지금은 시공비용도 높고 여러 가지 다른 요인 때문에 집과 같은 상시 주거용에는 지어지지 않고 있다.

통나무를 쌓아올려 지은 통나무집

통나무를 정사각형 형태로 가공해서 만든 구조가 팀버 프레임^{timber}이다. 팀버 프레임 건축이다. 가공된 목재인 팀버는 망치, 끌, 정과 같은 수공구로 깎고 따내는 가공과정을 거쳐 철물 없이 서로 연결된다. 영국에는 1200년경에 팀버 프레임 구조로 지어진 창고가 아직도 남아 있다. 오늘날 가까이서 볼 수 있는 기둥·보^{post & beam} 구조 또는 중목구조^{heavy timber}는 팀버 프레임 구조의 한 종류다. 하지만 전통적인 팀버 프레임 구조와 달리 중목구조는 컴퓨터와 연결된 기계장비로 가공해서 연결 철물로 구조를 형성하는 것이 특징이다. 팀버 프레임보다 구조는 단순하지만 더 정밀하고 더 튼튼한 구조적 성능을 갖출 수 있게 되었다. 기둥·보 구조는 대개 기둥과 보로 사용되는 단면이 큰 목재를 실내에 노출시킨다. 이로써 구조적인 역할뿐 아니라 미적인 요소까지 더해 준다.

목조주택 보급률이 가장 높은 미국과 캐나다의 경우 가장 흔하게 사용되는 목구조 방식은 '플랫폼platform 구조'라고도 불리는 '층식구조'다. 우리나라에서 지어지고 있는 목조주택 대부분도 층식구조라고 해도 과언이 아닐 정도로 보편적인 구조방식이다. 층식구조의 시공 순서는 1층 벽 골조가 세워지면 2층 바닥골조가 1층 벽 골조 위에 올라탄다. 2층 바닥골조 위에 다시 2층 벽 골조가 세워지고 2층 벽 골조 위에 3층 바닥골조가 올라타는 식이다. 층이 올라가면서 벽과 바닥골조가 반복적으로 층을 이루는 방식이라서 층식구조라고도 하는 것이다.

층식구조로 시공 중인 경골목조주택

기둥·보 구조에서는 단면이 큰 목재가 구조적 역할을 담당하고 있다. 부재의 단면이 크다는 것은 하나의 부재가 지지할 수 있는 무게(하중)도 크다는 것을 의미한다. 기둥·보 구조에서는 기둥의 간격을 거의 3미터 이상도 벌릴 수 있다. 이것은 3미터까지 벌어진 기둥과 기둥 사이 간격이 외부에서 작용하는 하중에도 충분히 버틸 수 있다는 것을 의미한다. 반대로 단면이 더 작은 목재를 사용하면 기둥 사이의 간격은 줄어들 수밖에 없다.

층식구조는 단면이 작은 목재를 구조용으로 사용한다. 구조용 목재는 규격재dimension lumber라고 한다. 규격재는 단면이 직사각형 모양을 가지고 있고 가늘고 길이가 긴 목재다. 건물의 주요 구조부를 형성하기 위해 규격재를 사용한다. 규격재로 벽 골조, 바닥 골조, 지붕 골조를 만들어 구조체를 완성하는 공법이 바로 층식구조 방식이다. 규격재의 단면은 기둥·보 구조에 비해 작기 때문에 무게도 가볍다. 가벼운 목재light wood를 사용하기 때문에 층식구조를 '경골목구조light wood frame'라도 부른다. 가늘고 긴 부재를 가지고 상부에서 작용하는 하중을 받다 보니 법규에서는 규격재의 시공간격도 최대 610mm를 넘지 못하도록 규정하고 있다. 단면이 작은 목재를 사용하기 때문에 단면이 큰 기둥·보 방식의 목재 시공간격보다는 훨씬 좁은 것이다. 같은 하중이 목재에 작용할 때 단면이 작은 규격재 간격을 기둥·보 방식처럼 넓게 배치한다고 가정해보자. 이렇게 되면 규격재는 그 하중을 못 견디고 휘어지거나 심지어는 부러져서 구조재로서의 역할을 더 이상 하지 못하게 될 수가 있다. 상부에서 내려오는 하중에 휘어지거나 부러지지 않도록 구조계산 없이 최대로 규격재를 벌릴 수 있는 배치 간격이 610mm라는 것이다.

경골목구조 벽 골조에서 수직으로 설치된 규격재의 간격은 최대 610mm를 초과할 수 없다

우리나라 건축법과 건축물의 구조기준 등에 관한 규칙에서는 건물의 '주요 구조부', '벽', '기둥'을 각각 다음과 같이 규정하고 있다. 주요 구조부(主要構造部)는 '건축물의 공간을 구성하는 주요부분'으로 내력벽(耐力壁), 기둥, 바닥, 보, 지붕틀 및 주계단을 포함한다. 다만, 사이 기둥, 최하층 바닥, 작은 보, 차양, 옥외 계단, 그 밖에 이와 유사한 것으로 건축물의 구조상 중요하지 않은 부분은 주요 구조부에서 제외된다. 주요 구조부는 건축물의 구조상 중요한 부분을 담당하고 있으며, 건축물에 작용하는 하중과 깊은 관계가 있다. 따라서 주요 구조부가 건물에 작용하는 여러 가지 하중을 견디지 못하면 건물이 붕괴하는 최악의 상황이 발생할 가능성이 높다.

'건축법'에서 주요 구조부는 건물에 작용하는 하중에 대해 충분히 견딜 수 있을 뿐만 아니라 화재에 노출되었을 때도 일정 시간을 견딜 수 있는 구조를 말한다. 화염을 막을 수 있는 성능 즉 방화에 있어 중요한 구조부분을 의미한다. 목조주택은 기초를 제외한 주요 구조부가 목재로 되어 있다. 주요 구조부가 목재로 되어 있지 않으면 내·외부를 모두 나무로 마감했다 할지라도 엄밀히 말해 목조주택이라 볼 수 없다.

우리나라에서 가장 많이 지어지는 경골목조주택은 규격재의 단면 폭 치수가 곧 벽 두께, 바닥 두께, 지붕의 두께다. 규격재의 단면 폭 치수는 구조재로서 인정받을 수 있는 최소 치수 89mm부터 시작해서 285mm까지 규격화되어 시장에서 유통된다. 38x89mm(2x4") 규격재를 벽 골조로 사용하면 구조체의 벽 두께는 89mm가 되는 셈이다.

목조주택의 골조에 사용되는 규격재(dimension lumber)

TIP 규격재의 종류와 치수

수종	규격		용도	비고
	공칭치수	실치수(mm)		
S.P.F Ham-Fir Douglas-Fir	2×4	38×89	스터드, 플레트 (STUD, PLATE) 8'~20'	2&BTR S4S KDHT
	2×6	38×140		
	2×8	38×184	장선, 서까래, 헤더 (JOIST, RAFTER, HEADER) 12'~20'	
	2×10	38×235		
	2×12	38×285		

경골목조주택은 철근콘크리트에 비해 비슷한 구조 성능을 유지하면서도 골조의 두께를 얇게 할 수 있다. 2층 규모의 주택을 예를 들어 쉽게 설명하자면 이렇다. 콘크리트 주택의 경우 외벽은 대개 두께 200mm 정도로 해서 콘크리트를 타설한다. 외부에는 단열재를 설치해야 한다. 현재 단열기준을 적용하고 외벽 마감재를 설치한다면 외벽 총 두께는 380mm 가량 될 것이다. 반면 경골목조주택은 외벽에 보통 38x140mm 크기의 규격재를 사용한다. 벽체 안에 단열재를 넣어 단열기준을 맞출 수 있기 때문에 마감을 포함한다 하더라도 총 외벽 두께는 200mm 정도로 콘크리트 벽에 비해 180mm 정도 얇게 외벽이 형성된다.

외벽의 두께가 차이 난다는 것은 실내 면적의 크기도 달라질 수 있다는 것을 의미한다. 집의 면적이 100㎡라고 가정하면 외벽 두께의 차이(150mm)에 의해 목조주택의 실내 유효면적이 콘크리트 주택에 비해 5% 정도까지도 넓어지는 효과를 얻을 수 있다.

75mm 규격재를 사용해서 외벽 골조를 세우는 호주 목조주택

경골목조주택의 벽 두께가 다른 구조에 비해 얇다고 해서 구조적인 성능에 문제가 있다는 생각은 하지 않아도 된다. 경골목구조가 우리나라에 소개된 시기는 1990년대 초였다. 그때는 지금의 외벽 두께보다 약 50mm가 얇은 38×89mm 규격재를 사용해서 벽 골조를 세우고 2층까지의 주택을 지었다. 지금은 38×140mm 규격재를 사용해서 벽 골조를 세우는 것이 거의 표준처럼 시공되고 있지만 말이다. 이처럼 벽 골조의 두께가 한 치수 커진 이유는 구조적으로 약하기 때문이 아니라 높아진 단열기준으로 인해 더 두꺼운 단열재를 설치할 공간이 필요했기 때문이다. 두꺼운 단열재를 넣으려면 단열재 두께에 맞는 규격재가 서 있어야 가능하다. 벽 골조를 89mm 두께의 규격재로 2층까지 시공해도 괜찮을까라고 의심이 들 수도 있을 것이다. 호주에서 직접 보고 들은 체험담을 통해 구조에 대한 편견이 사라질 수 있기를 기대하면서 여기에 간단히 소개하려 한다.

나는 2017년 4월 호주에 지사를 두고 있는 세계적인 단열재 회사Knauf Insulation의 초청으로 브리즈번Brisbane으로 출장을 갔었다. 목조주택에 사용되는 단열재에 대한 기술을 배우고 더불어 호주의 목조주택 트렌드와 문화를 체험할 목적이었다. 회사 관계자의 안내를 받아 최근 개발을 시작한 몇 군데 주택단지들을 찾아갔다. 호주도 대부분의 집은 경골목구조로 지어지고 있었다. 찾아간 단지에도 90% 이상이 경골목구조로 지어지고 있었다. 대부분 2층 규모로 연면적이 240㎡(약 80평) 정도 되는 중산층을 위한 주택이었다. 면적도 크고 2층 규모여서 벽 골조 두께가 당연히 140mm 정도라고 생각하고 집들의 벽 골조를 살펴보니 놀랍게도 모든 벽 골조가 38×75mm 규격재로 세워져 있었다. 지금 우리나라에서 지어지고 있는 경골목조주택 벽 골조의 절반밖에 되지 않는 두께였다. 나는 현장 관계자에게 우리나라 목조주택 골조와 비교해 상당한 차이가 있는 이유를 물었다. 그는 "브리즈번은 가장 추운 겨울에도 기온이 영하로 내려가지 않는 온화한 날씨가 지속된다. 그래서 외벽에도 두꺼운 단열재를 넣을 필요성을 느끼지 못한다"며 이유를 설명했다. 그의 말을 통해 경골목구조의 외벽 골조 두께는 단열재 두께와 관련이 있는 것이지 2층 규모의 주택에서 구조에는 크게 영향을 주지 않는다는 사실을 다시 한 번 확인할 수 있었다.

올바른 단열재의 선택

건물에서 벽은 여러 가지 역할과 기능을 가지고 있다. 구조적인 관점에서 볼 때, 벽은 지붕과 바닥구조로부터 전달된 건물의 하중(자체 무게, 눈의 무게 포함)을 기초로 전달하는 역할을 해야 한다. 게다가 지진, 바람과 같은 수평 하중에 대해서도 견딜 수 있는 구조라야 한다. 벽을 시공할 때 정확하게 수직이 되도록 몇 번이고 현장에서 확인하는 이유는 위에서 내려오는 하중의 무게를 수직 벽이 견뎌야 하기 때문이다. 앞에서 언급한 두 가지 요소는 건물에 거주하는 사람의 안전과 직결되는 사항이기 때문에 더욱더 신경을 써야 한다.

목조주택의 벽은 구조적인 역할 외에도 주택의 내·외부마감재를 설치하기 위한 바탕 면을 제공한다. 또한 단열재가 설치되는 공간을 제공하기도 한다. 일반적으로 콘크리트건물에서 단열재는 외벽의 바깥쪽 또는 안쪽에 설치한다. 단열재를 외벽의 바깥에 설치하는 공법을 '외 단열공법', 안쪽에 설치하는 공법을 '내 단열공법'이라고 한다. 경골목조주택의 단열공법은 내 단열도, 그렇다고 외 단열공법도 아니다. 경골목조주택에서 단열재는 외벽 골조 규격재 사이에 설치되기 때문이다.

경골목조주택에서는 외벽골조 규격재 사이에 단열재가 설치된다

따라서 경골목조주택의 외벽은 구조적인 성능보다는 단열재의 두께에 따라 두께가 결정된다고 해도 결코 틀린 말은 아니다. 경골목조주택에 사용되고 있는 단열재는 몇 가지 종류가 있다. 그 중에서 시장에서 가장 많이 사용되는 제품은 그라스울glass wool이라고 하는 '유리섬유 단열재insulation'다. 미국에서도 경골목조주택 시장의 80% 이상을 그라스울 단열재가 점유하고 있을 정도로 인기를 끌고 있는 단열재다. 유리섬유는 단열재에 석면을 대체하는 물질로 사용되고 있다. 발암물질인 석면의 경우 입자가 얇고 가늘어 폐에 흡입되기 쉬웠다. 한때는 유리섬유도 사용자들에게 인식이 잘못되어 발암물질로 오해를 받기도 했었지만 사실이 아닌 것으로 판명되었다.

그라스울 단열재는 경골목조주택의 벽, 바닥, 지붕 골조 시공간격에 맞게 골조의 두께에 맞게 제품이 생산된다. 목조 골조의 내부에 설치되기 때문에 친환경적인 요소를 충분히 갖추고 있는지를 면밀히 살펴볼 필요가 있다. 요즘은 실내환경에 대한 소비자들의 인식이 높아지고 있어 포름알데

크나우프 그룹에서 친환경 공법으로 개발한 그라스울 단열재

히드가 없는 제품도 나오고 있다. 한발 더 나아가 독일에 본사를 두고 있는 세계적인 단열재 회사 크나우프 인슐레이션^{Knauf Insulation}에서는 '에코즈 ECOSE'라고 하는 특허기술을 바탕으로 인체에 유해하지 않은 천연식물에서 추출한 접착기술로 친환경 인슐레이션 제품을 만들어내고 있다.

겨울철에 난방을 위해 보일러를 계속해서 가동해도 집 안이 따뜻하게 느껴지지 않는 이유는 십중팔구 단열성능이 부실하기 때문이다. 난방 시에 집에서 열이 빠져나가는 곳을 조사한 연구결과에 의하면 지붕으로부터 열손실이 34%로 가장 높은 것으로 나타났다. 다음으로 열손실이 높은 곳은 창문과 외벽이 각각 17% 그리고 바닥기초 순이었다. 이 결과에 따르면 집에서 대부분의 열은 창문, 외벽, 지붕으로부터 빠져나가는 것을 알 수 있다. 단열이 잘 안 된 집은 겨울철에는 열손실로 실내가 추워지고, 여름철에는 집 밖의 더운 공기가 집 안으로 들어와 더위를 느끼게 된다. 따라서 집 짓기를 계획할 때 외벽과 지붕의 단열은 결코 가볍게 여겨서는 안 된다.

경골목조주택에 사용될 단열재를 선택할 때 기준이 되는 가장 중요한 요소는 무엇일까? '단열재가 단열성능만 좋으면 되는 것 아닌가'라고 말할 수도 있지만 단열성능 외에도 고려해야 할 것들이 몇 가지가 더 있다. 단열재 선택 시 중요한 선택 기준은 '불연성', '단열성', '흡음성', '친환경성', '발수성' 등의 성능이 좋아야 한다는 것이다. 단열재는 불이 났을 때 타지 않고 불길(화염)이 번지지 않아야 하며 유독가스를 발생시키지 않는 특성을 가지고 있어야 한다. 집에 실제로 거주하는 사람들은 단열재의 역할이 '단열성능을 높이기 위한 것'으로 여길 수도 있다. 하지만 단열성보다 더 중요한 요소가 불연성이라고 얘기하는 단열재 전문가들이 많이 있다. 왜냐하면 불이 났을 때 집 안에 있는 사람들의 생명 유지에 직접적인 영향을 미치기 때문이다. 2015년 128명의 사상자를 낸 의정부 아파트 화재사건, 2017년 6월 79명이 사망한 영국 런던 아파트 화재의 주원인도 단열재에 불이 붙고 화염이 주변으로 퍼졌기 때문이었다.

단열성은 단열재가 갖추어야 할 아주 기본적이지만 중요한 요소 중 하나다. 단열재는 열전도율이 낮아야 성능을 제대로 발휘한다. 열전도율이 낮다는 것은 반대편까지 열이 전달되는 속도가 늦다는 의미다. 열전달 속도가 늦으니까 열을 빼앗기는 속도도 느린 것이다. 단열은 '열이 빠져나가는 것을 차단한다'는 의미다. 단열재를 잘 선택하면 흡음효과도 높일 수 있다. 소리를 잘 흡수하면 소음을 줄이는데 확실히 도움이 된다.

목조주택을 설계하면서 예비건축주들로부터 내가 가끔씩 받는 질문이 있다. "왜 실내 벽에도 단열재를 넣느냐?"라는 질문이다. 단열재를 외벽, 지붕, 기초 바닥에 설치하면 그 효과를 확실하게 누릴 수 있다. 외부로부터의 더운 공기와 차가운 공기를 차단해주기 때문이다. 외기에 접한 부분에 단열재를 설치하는 것은 이해되는데 굳이 실내 벽에까지 단열재를 넣는 것은 납득이 가지 않는다는 얘기다. 실내 벽에도 단열재를 설치하는 이유는 단열성능을 높이기보다는 흡음, 즉 실내 소음을 막기 위한 조치라고 보면 된다. 침실과 침실 사이 벽, 침실과 화장실 사이 벽, 거실과 침실 사이 벽은 가능하면 소음 전달이 안 되도록 조치를 취하면 좋다. 특히, 소리에 민감한 정서를 가지고 있는 사람들이 많은 우리나라에서 실내 벽에 설치하는 단열재는 소음을 차단하는데 한몫을 하기 때문에 설치를 고려할 만하다.

단열재의 친환경성에 대해서는 앞서 언급했듯이 실내환경의 질quality을 해칠 수 있기 때문에 반드시 사전에 성능을 체크해야 한다. 경골목조주택에서 단열재는 벽이나 지붕 골조 안에 설치되므로 독성유해물질을 포함하고 있다면 그것이 어떤 경로에서건 실내로 퍼질 수가 있기 때문이다. 물체의 표면에 '물이 잘 스며들지 않는 성질'을 발수성이라고 한다. 혹시라도 단열재가 설치되어 있는 골조 내부에 습기에 의한 수분이 발생할 수도 있다. 수분에 단열재가 젖게 되면 건조한 상태와 비교해서 단열성능은 현저하게 떨어진다. 발수성능을 가지고 있는 단열재를 사용하면 이런 문제로부터 어느 정도는 벗어날 수 있을 것이다.

집의 수명을 좌우하는 수분관리

31

수분으로부터 1차적으로 집을 보호하는 것은 외부마감재다. 외부마감재는 눈, 비, 바람과 같은 기후 환경으로부터 집의 구조체를 보호하기 위해 사용된다. 물론 외형적으로 보이는 아름다움을 구현하기 위해서도 외부마감재를 사용한다. 구조체가 외기로부터 보호되면 집의 수명이 길어지고 쾌적한 주거환경이 만들어질 확률도 높아진다. 외기로부터 보호받아야 하는 구조체는 크게 지붕과 벽이다. 목조주택의 지붕과 벽에는 각각 다른 방수재료가 설치된다. 지붕에는 100% 방수기능을 가진 방수지, 벽에는 습기를 통과시키고 방수와 방풍기능이 있는 투습방수지가 사용된다.

목조주택은 뼈대가 목재로 이루어져 있다 보니 숨을 쉬게 하는 환기(통기)구조가 중요하다. 숨을 쉬지 못하면 실내의 습기가 벽에 갇히게 된다. 습기로 인해 벽 속에 있는 구조재와 단열재가 젖어 단열재의 단열성능이 떨어지고 구조를 담당하고 있는 목재도 수분으로 인해 문제가 발생될 수 있다. 따라서 목조주택의 벽에는 물과 바람은 막고 습기는 통하는 특수한 제

품의 방수 방풍지가 사용되어야 하는 것이다. 등산용 옷에 주로 사용되는 고어텍스와 같은 역할을 목조주택에서 하는 제품이 바로 투습방수지다. 투습방수지는 외벽 골조 위에 설치되어 외부의 수분을 막는 차단막 역할을 한다.

목조주택의 골조를 보호하고 실내 주거환경의 품질을 유지하기 위해서는 기본적인 방수, 방풍 제품으로 골조를 보호하는 것이 중요하다. 그다음으로 신경 써야 할 부분은 설계와 시공이다. 건축주를 포함해 설계자, 시공자가 수분으로 인해 발생할 수 있는 피해는 생각보다 훨씬 더 클 수 있다는 사실을 인식하고 있어야 한다. 그렇지 않으면 디자인 위주의 설계에 마음이 편중될 수 있는 우를 범하기 쉽다. 특히 목조주택을 설계할 때는 기능을 배제한 설계가 되지 않도록 주의를 기울여야 한다. 그렇다고 목조주택이 설계를 하는데 있어 커다란 제약이 있다는 의미는 아니다. 설계자의 경우에는 설계에서부터 시공에 대한 상세를 해결해주지 못하면 집의 전반적인 시공 품질은 떨어질 수밖에 없다는 사실을 분명히 짚고 넘어가야 할 것이다. 건축주, 설계자, 시공자는 목조주택을 계획하고 시공할 때 시스템으로서 접근할 필요가 있다. 시스템으로서의 주택house as a system approach을 이해하는 것은 외벽, 지붕, 창문, 냉난방 시스템 및 환기 시스템, 습기조절 장치, 거주자의 생활방식 등 주택에 필요한 요소들을 개별적으로 보는 것이 아니라 하나의 시스템으로 생각해야 한다는 의미다. 이 모든 요소들이 다소 복잡하리만큼 서로 깊이 연결되어 있는 목조주택의 경우 디자인 요소로만 접근했다는 생각지도 못한 문제에 휩싸일 수 있기 때문에 주의를 기울여야 한다. 목조주택은 특히 기밀, 수분관리, 환기 시스템과 같은 기본적인 건축물리building science 이론이 잘 적용되었을 때 거주자에게 충분한 혜택을 제공할 수 있다. 이들 중 환기 시스템만큼은 설계자나 시공자가 조금 더 신경을 쓰지 않으면 안 된다. 환기가 되지 않는 목조주택은 실내외에서 발생하는 습기가 구석구석 계속해서 차기 때문에 치명적인 문제들이 발생할 수 있기 때문이다. 집의 뼈대 역할을 담당하고 있는 주요 구조부가 목재로 되어 있어 습기와 수분관리에 신경 쓰지 않으면 집의 수명이 짧아질 수도 있다. 특히 실내에서 발생하는 습기는 결로 문제를 야기시킨다. 따뜻하고 습한 공기는 차가운 표면에 닿으면 공기 속의 습기가 응축되어 결로가 발생한다. 결로 문제로부터 집을 보호하기 위해서는 과다한 습기를 집 밖으로 빼내야 한다. 환기를 통해서 실내외 공기를 순환시키고 실내 열을 관리한다면 습기도 충분히 관리할 수 있다.

목조주택에서 습기로 인해 결로가 가장 생기기 쉬운 곳이 지붕이다. 지붕은 '건축물의 가장 윗부분을 덮고 있는 것'을 말한다. 지붕은 건축물과 그

속의 구성물들을 날씨의 영향으로부터 보호한다. 지붕이 필요한 구조물은 작게는 편지 상자에서부터 성당이나 경기장까지 다양하다. 대부분의 나라에서 지붕은 비를 막는 용도로 사용된다. 사계절이 뚜렷한 우리나라의 경우 지붕의 역할은 여름에 더운 열기를 막고 겨울에 차가운 공기가 실내로 들어오지 못하도록 차단하는 것이다. 비가 오거나 눈이 오는 날이면 비나 눈이 집 안으로 들어오지 못하도록 방어막 역할도 하게 된다.

목조주택의 지붕을 설계하거나 시공할 때는 환기에 특별히 신경을 써야 한다. 만약 별다른 대안 없이 환기 계획을 세우지 않는다면 그로 인해 문제가 생길 확률이 높아진다. 눈에 보이는 곳에 문제가 생기면 그나마 대처가 가능하다. 더 큰 문제는 눈에 보이지 않는 곳에서는 어떤 일이 일어나는지 알 수가 없다는 것이다. 만약 외벽 골조나 지붕 골조 내에서 습기로 인한 문제가 발생한다 해도 벽과 지붕을 뜯어보기 전까지는 알 수 있는 방법이 없다. 습기로 인해 발생할 수 있는 문제를 막는 방법은 적절하게 환기 계획을 세우는 일이다. 지붕 골조에서 환기가 되려면 공기가 이동할 수 있는 최소 공간이 확보되어야 한다. 지붕 골조 내부에서 공기가 이동하려면 외부 공기가 골조 내부로 들어와야 한다. 외부에서 들어온 공기는 골조 내부에 있는 습기를 가지고 지붕 바깥으로 빠져나가야 한다. 외부공기가 들어오는 입구와 지붕 밖으로 빠져나갈 출구를 동시에 확보해야 공기 흐름이 원활해진다. 원활한 공기 흐름은 환기 효과를 높여준다.

다시 한 번 강조하지만 목조주택은 지붕에서의 환기가 상당히 중요하다. 설계 단계에서 환기에 대한 대안이 확실하게 서 있지 않다면 지붕 디자인을 변경해서라도 환기 층을 확보해야 한다. 집의 성능을 확보하고 지속적으로 유지하려면 시간이 걸리더라도 예상되는 문제들을 해결한 후에 다

처마가 없는 지붕 vs 처마가 있는 지붕

음 단계로 넘어가는 지혜도 필요하다. 지붕 환기가 중요함에도 불구하고 요즘 도심지에 지어지는 목조주택의 상당수가 디자인 요소에 밀려 환기 층을 제대로 확보하지 못한 채로 지어지고 있다. 그 단적인 예가 처마 없는 지붕디자인이다.

일반적으로 외부공기를 유입시키려면 지붕 처마가 외벽으로부터 일정한 거리만큼 튀어나와 있어야 한다. 그러나 최근 도심지를 중심으로 지어지고 있는 목조주택에서는 외벽선과 지붕 처마가 거의 같이 맞물려 있다. 지붕 처마가 없으면 외부공기를 지붕 속으로 유입하는 것은 거의 불가능하다. 지붕 처마가 없는 설계가 필요하다면 그로 인해 지붕 속에 결로가 발생할 수 있다는 사실을 설계자가 인지하고 있어야 한다. 그래야 결로를 막을 수 있는 대안을 세울 수 있기 때문이다. 만약 대안이 없다면 외관 디자인을 변경해서라도 지붕 처마를 빼는 것이 좋다. 집 전체를 잃는 것보다 한 가지를 수술해서 나머지를 구할 수 있다면 그렇게 하는 편이 더 나을 수 있다.

지붕의 환기를 위해서는 일정 길이 이상의 지붕 처마가 필요하다. 지붕 처마는 환기 목적 이외에 또 하나의 중요한 역할을 수행한다. 지붕 처마가 그 역할을 적절하게 수행하지 못하면 목조주택의 수명도 결코 장담할 수 없을 정도로 지붕 처마는 중요하다. 지붕 처마는 몇 가지 중요한 기능들을 제공한다. 벽면을 비로부터 보호하고, 창문에 그림자를 드리워 여름철에 실내가 과열되지 않게 도움을 주며, 창문이나 문으로 빗물이 새는 것을 방지하는 기능들이 그것이다. 그 중에서도 가장 중요한 지붕 처마의 기능은 아마도 외벽 마감재, 창문이나 문으로 빗물이 닿지 않도록 우산 역할을 한다는 것이다. 그럼에도 불구하고 최근 몇 년 전부터 지어지는 도심지 목조주택에서는 지붕 처마를 찾아보기 어렵다. 건축주나 설계자가 모던한 외관

목조주택 선진국에서는 지붕 처마를 디자인 요소로 잘 활용하고 있다

스타일을 추구하다 보니 지붕이 외벽선 바깥으로 튀어나오는 외형이 왠지 어색해 보이기 때문일 것이다.

미국, 캐나다, 유럽에서 지어지는 보편적인 목조주택의 지붕 모양을 한 번 눈여겨볼 필요가 있다. 직접 볼 수 없다면 인터넷에 올라오는 사진만으로도 특징을 파악할 수 있을 것이다. 그곳에서 지어진 대부분의 목조주택은 지붕 처마가 30cm 이상 외벽으로부터 돌출되어 있다. 비가 많이 내리는 지역의 경우 처마 길이는 더욱 길게 뻗어 있다. 사실 우리나라의 전통적인 한옥이나 사찰과 같은 목조건물의 처마를 보더라도 거의 1미터 가량 뻗어 나온 것을 쉽게 볼 수 있지 않은가. 지붕 처마가 아니었다면 외기 날씨에 의해 본 건물에 문제를 야기시켜 수명이 단축되었을지는 아무도 모를 일이다.

눈, 비와 같은 외기 환경은 주택의 성능에 영향을 미친다. 특히 수분에 취약한 목구조에서는 비에 대한 대책을 수립하는 것이 무엇보다 중요하다. 비는 외기에서 제어하기 가장 어려운 요소라고 알려져 있기 때문이다.

제주도에 소위 말하는 '디자인하우스'라 불리는 멋진 목조주택을 지어 살고 있는 지인이 있다. 결코 평범해 보이지 않은 외관을 지닌 이 집의 특징은 지붕 처마가 없다는 것이다. 집이 서 있는 땅의 형세를 잘 이용해 외관 디자인을 했고 집주인도 그 점이 마음에 꼭 들었단다. 그런데 1년 이상 제주도에 살다보니 처음 생각과 달리 문제점들이 보이기 시작한다며 내게 하소연을 한 적이 있다.

제주도는 우리나라에서 가장 비가 많이 내리고 자주 내리는 지역으로 알려져 있다. 이 집의 경우 지붕 경사를 따라 모인 빗물 대부분이 외벽을 타고 바닥까지 흘러내린다. 지붕 처마가 외벽과 거의 맞닿는 구조로 설계가 되어 있기 때문에 모든 빗물이 벽을 타고 내려가는 것이다. 비가 많이 내릴 때는 폭포수가 내려오는 것과 같이 많은 양의 물이 벽으로 창문으로 문으로 흘러내리는 구조다.

"지붕 처마가 나와 있지 않으니까, 비만 오고 나면 지붕에 쌓여 있던 먼지나 금속 이물질이 벽으로 내려와 벽을 오염시키네요." 집주인은 또 다른 고민을 털어놓았다. 지붕 처마가 없는 집에 살면 시간이 지날수록 이런저런 고민을 할 수밖에 없다. "무슨 좋은 방법이 없을까요?"라며 묻는데 내가 어떤 얘기를 해줄 수 있었겠는가? "지붕 처마를 빼내는 방법밖에 없습니다."라고 말했더니, "그러면 디자인이 깨지잖아요?"라며 말꼬리를 흐리는 그분의 대답을 들으면서 쓸쓸한 마음이 살짝 들었던 경험이 다시 생각난다.

32

목조주택에 적합한 자재의 선택

세상에는 셀 수조차 없을 정도로 다양한 종류의 건축재료가 있다. 그만큼 재료를 선택할 수 있는 폭은 넓어졌지만 그 때문에 오히려 선택하기가 점점 더 어려워지고 있다. 건축주 입장에서는 선택할 재료의 종류가 다양하다는 것이 반드시 환영할 만한 일은 아니다. 처음 의도와는 달리 재료를 잘못 선택했을 때는 다시는 주워 담을 수 없는 시행착오가 될 수도 있기 때문이다. 일반적으로 시행착오를 겪은 후에는 더 좋은 결과를 얻어낼 수 있다고 한다. 하지만 집짓기에서는 시행착오가 결코 도움이 되지 못하는 경우가 더 많다. 집은 내가 선택한 재료가 마음에 들지 않는다고 쉽게 바꿀 수 있는 소모품이 아니기 때문이다. 잘못 선택한 재료를 집에 적용했다면 바꾸고 싶어도 일정 시간 동안이 지나서야 아니 어쩌면 오랜 시간 동안 바꾸지 못할 수도 있다. 그냥 인내하며 살 수밖에. 시행착오 없이 내 집에 맞는 재료를 선택하는 일은 결코 쉽지 않다. 세상에 나와 있는 수많은 재료 중에 이것이 내 집에 딱 맞게 어울리는 재료라는 것을 어떻게 알 수 있을까? 올바른 건축재료는 어떤 기준으로 선택해야 할까?

목조주택은 콘크리트구조와는 건축방식이 전혀 다르다. 건축방식이 다르기 때문에 사용하는 자재가 같더라도 각각의 주택에 적용시켰을 때 완전히 다른 결과를 가져올 수도 있다. 건축방식에 맞게 재료를 잘 사용하려면 재료에 대한 특성을 먼저 파악해야 한다. 같은 재료라고 할지라도 콘크리트 주택에 잘 맞는 것이 목조주택에서는 맞지 않을 수도 있다. 우리나라 주거용 건물에서 가장 인기를 끌고 있는 재료는 아마도 벽지일 것이다. 벽지 중에서도 사용자의 십중팔구는 실크벽지를 선택한다고 해도 과언이 아닐 정도로 실크벽지는 최근까지도 건축주에게 큰 사랑을 받고 있다. 콘크리트 아파트에서도 실내 마감재로 대부분 사용되는 실크벽지가 목조주택에서는 자칫 골치 아픈 문제를 야기할 수도 있다. 같은 실크벽지라 할지라도 아파트에서는 문제가 되지 않지만 목조주택에서는 문제가 될 수 있다는 얘기다. 목조주택 선진국이라 할 수 있는 미국과 캐나다에서는 벽지 대신 페인트를 선호한다. 페인트는 맞고 또 실크벽지는 틀리다고 말할 수는 없다. 하지만 목조주택 선진국에서는 벽지 대신 페인트 마감이 주를 이루고 있다는 사실은 우리에게 시사하는 바가 크다. 목구조나 콘크리트구조와 같은 건축 시스템에 대한 기본적인 이해가 없으면 재료 사용에 대한 시행착오는 충분히 일어날 수 있는 일이다.

건축주가 자재 선택을 주저하게 되는 이유는 첫째 그 자재에 대한 정보가 부족하거나, 둘째 살 수 있는 여력이 안 되기 때문이다. 마음에 딱 드는데 비용 때문에 어쩔 수 없이 다른 재료를 선택하는 경우도 많이 있다. 주택시장의 90% 이상이 목구조로 지어지고 있는 미국과 캐나다에서 실크벽지로 마감된 집을 찾는 것은 그야말로 '하늘의 별 따기'만큼이나 어렵다. 그들이 사용하지 않는 실크벽지를 우리는 아주 보편적으로 사용하고 있는 것이다. 왜 그럴까? 단순히 문화적인 차이 때문일까?

《녹색주택 가이드》라는 책에서는 건축재료를 선택할 때 다음과 같은 4가지를 고려해야 할 필요가 있다고 강조한다. 첫째, 내재 에너지embodied energy, 둘째, 지속가능성 및 자원 효율성, 셋째, 독성, 그리고 마지막으로는 내구성이다. 이들 요소들을 만족하는 재료를 사용하면 친환경적인 주택으로 한 걸음 더 나아가기 쉽다는 것이 이 책의 핵심내용이다. 우리는 하루 중 90% 이상의 시간을 실내에서 보내고 있다. 그래서 건강한 실내환경을 만드는 것은 중요하다. 바닥, 벽, 지붕 마감재는 거주자의 안락함, 삶의 질뿐만 아니라 건강에도 영향을 미칠 수 있다. 따라서 마감재를 선택할 때에는 신중을 기해야 한다. 이런 맥락에서 집의 뼈대가 되는 골조의 경우도 구조적으로 안전해야 할 뿐만 아니라 앞서 언급한 4가지 요소를 만족시키는 재료가 사용되는 것이 여러모로 좋다.

지금부터는 목조주택에 주로 사용되는 건축재료, 구성요소를 시공과정에 따라 핵심만 설명하려 한다. 목조주택의 시스템을 간단히 이해하는데 도움이 되었으면 하는 바람에서다. 최대한 객관적인 자료와 경험을 바탕으로 써내려 갈 것이다. 목조주택은 콘크리트 주택과는 다른 점이 많다. 구성요소 자체가 다르기 때문에 자재 선택의 기준도 다를 수밖에 없다. 목조주택에서 문제가 될 수 있는 자재가 콘크리트에서는 전혀 문제가 되지 않는 경우가 있다는 것을 염두에 두고 있어야 혼선이 없다. 다만 시공하기에 어려움이 있고, 집의 기능에 저해가 되는 자재는 사용하지 않는 것이 좋다.

선진국에서 지어지는 목조주택을 살펴보면 오랜 기간 동안 보편적으로 사용되고 있는 자재가 있다는 것을 알 수 있다. 보편적으로 사용되고 있다는 것은 시장에서 오랜 기간 사용되어 왔고, 많은 사람들에게 거부감을 주지 않는다는 것을 의미한다. 실제로 적용되어서 사용자들에게 검증된 자재라야 보편적으로 사용될 수 있다. 특수한 경우를 제외하고 목조주택에서 잘 적용되고 있는 자재는 그 종류가 한정적일 수도 있다. 한정적이라는 얘기는 다른 한편으로는 그 자재를 선택하면 안전하다는 의미이기도 하다. 한정된 지면에서 집에 사용되는 모든 건축 자재를 다루는 것은 현실적으로 불가능하다. 따라서 여기에서는 목조주택을 지으려는 예비건축주가 집을 짓기 전에 알아두면 도움이 될 수 있을 만한 내용을 중심으로 다루려고 한다. 모쪼록 아래 내용을 통해 시공과정에서 겪을 수 있는 시행착오를 미리 파악하고 내 집에 알맞은 자재를 선택하는데 조금이나마 도움이 될 수 있기를 기대해 본다.

목조주택의 기초시스템

목조주택의 기초는 다른 건축시스템(철근콘크리트, 벽돌, 철골 구조)과 특별히 다를 게 없다. 일반적으로 목조주택의 기초는 철근콘크리트를 사용한다. 기초는 주택에 작용하는 하중(총무게)을 지지하기 때문에 더욱 주의를 기울여야 한다. 기초가 부실하면 그 위에 서 있는 구조물을 아무리 잘 지었어도 안전을 보장할 수 없다. 따라서 기초의 중요성은 아무리 강조해도 지나치지 않는다. 튼튼하게 기초를 만들었다 하더라도 기초를 지지하는 토양(지반)이 단단하지 않으면 심각한 문제가 발생한다. 피사의 사탑은 지반이 탑 구조물의 압력을 견디지 못해 기울어진 대표적인 사례. 남쪽의 토질

지반이 약해 기울어진 피사의 사탑은 부동침하의 대표적 사례다

이 부드러워지면서 탑의 한쪽 부분이 기울게 된 것이다. 완성된 건물은 시간이 지나면서 정착하는 단계를 거친다. 이때 기초를 지탱하고 있는 지반 전체 또는 일부에 문제가 생기면 건물에도 영향을 미치게 되는 것이다. 따라서 기초공사를 시작하기 전 반드시 지반에 대한 충분한 사전작업이 필요하다.

내가 아는 지인으로부터 들은 얘기다. 그는 충남 당진에 부모님을 위해 목조주택을 짓기로 마음먹고 경골목구조로 집 설계를 마쳤다. 시공사와 계약을 하고 착공날짜까지 잡았다. 그런데 공사를 하기 직전에 동네 주민으로부터 집이 들어설 땅이 성토를 한 지 불과 2년 정도밖에 안 되었다는 얘기를 들었다고 한다. 건축주는 불안해서 전문가에게 지질조사를 의뢰하게 되었다. 지질조사 결과 지표면에서 1.5미터 깊이까지 파고 들어가야 성토되지 않은 원래 지반이 나온다는 것이었다. 만약 지질조사 정보 없이 일반적인 기초를 시공했더라면 큰일날 뻔했다며 가슴을 쓸어내렸다. 비록 지질조사에 따라 기초설계를 변경하고 보강해서 시공하는데 생각지도 못한 비용이 추가로 들어갔지만, 원래 설계대로 공사를 진행했더라면 어떠했겠는가? 앞서 예로 들었던 피사의 사탑과 같은 결과가 나오지 않았을 거라고 누가 장담할 수 있겠는가.

목골조는 콘크리트 기초에 단단히 고정되어야 한다

목조주택의 골조를 이루는 나무 뼈대(벽, 바닥, 지붕 골조)는 콘크리트 기초 위에서 세워진다. 이때 기초 위에 목재는 반드시 기초에 고정되어야 한다. 목구조가 기초와 잘 고정되어 있지 않으면 집을 다 완성한 후에라도 문제가 발생할 수 있다. 지진이 발생하거나 강풍이 불 때 집이 기초로부터 미끄러져Sliding 이탈되거나 전복Overturning될 수도 있다. 지진이나 강풍에도 견딜 수 있도록 목구조를 콘크리트 기초에 단단히 고정하려면 못으로만은 역부족이다. 따라서 연결 철물metal connector을 사용해 추가적인 보강을 해주어야 한다. 목조주택이 지진에 잘 견딜 수 있는 이유는 목재 자체의 유연함도 있지만 적재적소에 설치되는 연결 철물이 큰 몫을 하고 있기 때문이다.

목구조를 기초와 고정시키기 위한 철물

집의 뼈대를 형성하는 목골조

목조주택은 주요 구조부가 목재 제품으로 구성되어 있는 집이다. 목조주택의 뼈대, 즉 주요 구조부에 사용되는 목재는 건물(집)에 작용되는 여러 가지 하중-눈, 지진, 바람, 자체무게 등을 견딜 수 있어야 한다. 목조주택의 주요 구조부를 구성하는 대표적인 목재 제품은 규격재dimension lumber, 공학목재제품engineered wood products, 구조용 목질판재plywood, O.S.B다. 이들 제품은 집의 구조적인 성능에 직접적인 영향을 미친다. 따라서 공식적인 절차를 거쳐 구조적으로 인증된 제품만을 반드시 사용해야 한다. 제품들마다 표면에 찍혀 있는 등급도장을 확인하면 공식적인 인증여부를 확인할 수 있다. 마감재로 사용하는 목재를 제외하고 집의 뼈대 역할을 하는 골조에 사용되는 목재는 반드시 구조적인 성능을 인정받은 것이라야 한다. 인증도장에는 등급, 함수율, 공인된 인증기관, 나무의 수종, 제재소의 고유번호가 표시되어 있다. 목재에 인증도장이 찍혀 있다고 하더라도 사용처, 즉 용도에 맞게 사용하는 것도 중요하다. 우리나라에서 목조주택의 골조에 구조용으로 사용 가능하도록 인정받은 목재는 대개 캐나다 또는 미국에서 수입되는 목재에 한정되어 있다. 혹시 다른 나라에서 수입된 목재제품을 구조용으로 사용할 거라면 이 부분을 반드시 체크해야 한다. 단 전제조건은 구조용으로 사용되는 경우에 한해서다.

나무의 함수율

살아있는 나무를 벌목해서 햇볕에 급속히 말리면 표면이 쉽게 갈라지고 변형되기 쉽다. 나무가 갈라지고 변형되는 이유는 나무가 함유하고 있는 수분과 깊은 관계가 있다. 나무에 수분이 얼마나 들어 있는지에 대해 비율로 나타낸 것을 함수율이라고 한다. 벌목된 나무는 세포 속에 일정한 양의 수분을 머금고 있다. 시간이 지나면서 목재의 표면이 건조되는데 이때 세포 속에 있는 수분이 점차 줄어든다. 나무가 외기에 노출되면 주변의 습도에 영향을 받고 특히 비에 노출되면 목재의 수분량은 늘어난다. 함수율 변화에 따라 나무는 수축 또는 팽창하게 된다. 수분이 많아지면 팽창하고 수분이 적어지면 수축하는 특성을 가지고 있다. 급격한 수축, 팽창은 나무가 변형되는 주요 원인이 된다. 나무의 함수율은 목조주택의 성능과 내구성에 영향을 미치는

건조기에서 건조되는 나무

중요한 요소다. 나무는 마르면 수축하고 젖으면 팽창한다. 목조주택의 구조용 골조에 사용되는 규격재는 함수율이 19% 이하로 건조시킨다. 목재의 변형을 방지하고 최적화된 강도를 유지하기 위한 최소 함수율은 19%이기 때문이다.

구조용 목질패널

목조주택 골조의 덮개용으로 사용되는 구조용 목질 판재는 오에스비 보드와 합판이 있다. 오에스비OSB는 영어 Oriented Strand Board의 줄임말인데, 원목을 제재하고 남은 찌꺼기Strand를 일정한 방향성Oriented을 갖게 배치한 다음 겹쳐 만든 보드Board를 말한다. 합판은 원목을 넓고 얇게 깎은 단판veneer을 각 단판의 섬유 방향이 서로 직교되도록 3겹이나 5겹으로 겹쳐 만든다. 각 단판의 섬유 방향, 즉 나뭇결 방향이 서로 엇갈려 있기 때문에 잘 휘어지거나 부러지지 않는 특징이 있다. 우리나라 목조주택 시장에서는 구조용 판재로 합판보다는 오에스비 보드가 훨씬 많이 사용되고 있다. 오에스비 보드가 인기를 끌고 있는 이유는 구조적인 성능은 합판과 거의 비슷하지만 가격이 저렴한 장점이 있기 때문이다. 미국이나 캐나다에서도 보편적인 목조주택에서는 대부분 오에스비 보드가 사용된다.

앞서 얘기했던 오에스비와 합판 이외에도 특수한 목적으로 개발된 고성능 구조용 목질패널이 있다. 외벽골조 바깥에 방수와 통풍을 위해 설치하는 하우스랩house wrap을 오에스비 보드에 조합시킨 제품이다. 짚시스템ZIP System으로 불리는 특수한 오에스비 보드는 한 장으로 방수, 기밀, 단열 성능까지 3가지 기능을 확보할 수 있다. 이런 장점 때문에 특히 북미의 저에

너지 목조주택에 자주 사용되기도
한다. 목조주택은 흔히 과학적인
주택시스템이라고도 말한다. 제조
사마다 지속적인 연구를 통해 개발
된 자재들이 계속해서 시장에 소개
되면서 발 빠르게 변화하는 환경에
대처해 나가고 있기 때문이다.

ZIP system이 적용된 목조주택 외벽골조
(사진제공: ㈜엔에스홈)

철물이 구조에 미치는 영향은 크다

목조주택 골조에서 사용되는 목재를 서로 접합할 때에는 못과 같은 철
물을 사용한다. 못의 종류는 용도에 따라 다양하다. 목조주택 골조용 못은
일반못을 사용하지 않는 것이 좋다. 나무속에 있는 수분으로 인해 일반적
인 못은 부식될 수 있기 때문이다. 못이 부식되면 못과 목재의 접합 성능
이 떨어진다. 구조적인 강도 역시 떨어지게 마련이다. 따라서 목재를 접합
할 때는 부식되지 않는 못을 사용해야 한다. 아연도금 처리된 못은 이런 환
경에 적합하기 때문에 목조주택 현장에서 주로 사용한다. 또한 구조적으로
계산되어 대량 생산되는 금속철물도 사용된다. 목조주택에 사용되는 구조
용 철물은 반드시 구조계산 및 3자 인증을 받은 제품을 사용해야 품질을 보
증받을 수 있다. 우리나라 목조주택 시장에서 잘 알려진 철물은 '심슨스트
롱타이Simpson Strong-Tie'사의 제품이다. 북미 목조주택의 연결 철물 산업
을 이끌고 있는 이 회사는 전 세계적으로도 그 품질을 인정받고 있어 안심
하고 사용할 수 있다.

세계적인 목조건축용 철물 제조회사답게 실험실도 세계 최고 수준을 자랑하고 있다

검증된 실험 데이터를 통해 제작된 목조건축용 철물들(심슨스트롱타이 스톡턴 공장 내 전시장)

다양한 외벽 마감재

외벽 마감재

외벽 마감재는 일반적으로 목재, 금속, 플라스틱(비닐), 벽돌, 시멘트와 같은 다양한 재료로 만들어진다. 눈, 비, 바람 등 외부 기후환경으로부터 1차적으로 집을 보호하는 역할을 외벽 마감재가 담당한다. 외벽 마감재는 집 전체의 미적인 분위기를 이끌어내는 가장 중요한 요소 중 하나이기도 하다. 건축주 입장에서는 집을 짓고 난 후 그것을 유지·관리하는데 많은 시간과 돈이 투입되지 않으면 좋을 것이다. 만약 어느 한 부분에 문제가 생겼을 때 교체나 부분 수리가 쉬워야 한다는 것도 고려해 보아야 한다. 일부 교체가 안 되면 전체를 바꿔야 하는 부담이 있기 때문이다.

한번은 남양주에 목조주택을 짓고 사는 지인의 연락을 받고 그 집을 방문한 적이 있다. 외벽에는 스타코-스티로폼styrofoam 위에 시멘트 모르타

르를 바르고 '스타코stucco'라고 하는 마감코팅을 한 마감재로 되어 있었다. 집을 지은 지는 불과 2년 정도밖에 안 되었다고 한다. 그분은 나를 보자마자 정원으로 안내하더니 지붕 처마 바로 아래쪽 벽에 있는 구멍을 가리키며 "요즘 딱따구리 때문에 미치겠다"며 상기된 표정으로 한숨을 쉬셨다. "예? 딱따구리요?" 어의가 없었다. 차근차근 이야기를 들어보니 주변 산에 사는 딱따구리가 집으로 날아와 벽에 붙어 있는 스타코를 쪼아 여기저기 구멍을 뚫어 놓고 도망가 버린다는 것이었다. 누구도 생각지 못한 피해를 입은 건축주는 내게 아이디어를 달라고 부탁했다. 나로서도 별다른 방안을 생각해낼 수 없었다. 딱따구리의 부리에도 뚫리지 않는 재료를 사용하지 않고서야 또다시 피해를 입지 않으리라는 보장이 없지 않은가. 하지만 건축주는 그 집이 갖고 있는 외관 스타일을 침해하지 않는 범위 내에서 '저렴한 비용'으로 해결되었으면 하는 바람을 가지고 있었다. 결국 비용 문제로 건축주는 쉽게 결정을 내리지 못하고 있다.

창문

창문이 제공하는 가장 기본적인 기능은 빛을 끌어들이는 것이다. 그 외에도 창문은 채광, 통풍, 단열, 방범 등 여러 가지 기능을 가지고 있어야 한다. 이처럼 다양한 기능을 가지고 있기 때문에 창문을 선택할 때 가장 염두에 두어야 할 부분은 어떤 목적으로 사용될지를 결정하는 것이다. 전망이 우선이 되어야 할지, 어두운 공간에 빛을 끌어들이는 것이 더 필요한지를 결정해야 그 목적에 맞는 창문을 올바르게 선택할 수 있다. 신선한 공기를 실내로 들이는 환기 기능을 갖추고 있는 창문도 고려해야 한다. 전망을 확보하고 환기 기능을 갖는 창문이면 금상첨화다. 전망을 확보하기 위해서는 고정창fixed만큼 좋은 것은 없다. 고정창은 열리지 않기 때문에 환기 기능을 가지고 있지는 않다. 하지만 통풍의 기능이 없기 때문에 전망 창이 갖추어야 할 넓은 창의 면적은 쉽게 넓힐 수 있다. 환기 기능이 필요한 창은 작게 고정창과 같이 배치하면 두 가지 목적을 다 갖출 수 있다.

창문의 기능 중 방범 및 안전에 대한 사항은 건축주나 건축가들 사이에서 다소 소홀히 여겨질 때가 많이 있다. 부주의나 사로고 창문의 유리가 깨졌을 때 직접적인 피해는 거주자에게 돌아간다. 깨진 유리 파편에 손을 베

안전유리를 적용한 충격방지 창문(출처: Simonton Windows)

일 수도 있고 심지어는 파편이 몸에 박힐 수도 있다.

　제주도에 지어진 2층 규모의 펜션 건물에서 유리 파손에 의해 발생한 피해사례가 있었다. 여러분도 잘 알다시피 제주도는 바람의 위력이 대단한 곳으로 유명하다. 태풍의 피해가 가장 많이 일어나는 곳도 역시 제주도다. 강풍으로 인해 현장 사무실로 이용하고 있는 컨테이너 박스가 날아갔다는 뉴스를 본 기억도 난다. 저멀리 바다가 보이는 경사진 언덕 중턱 정도에 위치해 있는 이 펜션의 2층에는 바다 전망을 볼 수 있는 커다란 고정창이 설치되어 있다. 높이가 2.1미터, 길이는 4미터가 넘는 커다란 유리가 2중으로 끼워져 있는 고정 창문, 소위 말하는 통창이다. 바람이 세게 불던 어느 날 바람의 압력에 견디지 못해 두 겹으로 되어 있는 유리 중 실내에 면한 유리가 깨지고 말았다. 펜션 주인의 요청으로 현장까지 가본 나는 깨어진 유리를 보면서 살벌한 감정까지 느낄 수 있었다. 불행 중 다행이게도 사고가 있던 날에는 펜션에 손님이 없었다고 한다. 만약에 손님이 있었고 창문 앞쪽에 전망을 바라보라고 놓아둔 소파에 손님이라도 있었다면 끔찍한 일이 벌어졌을지도 모른다. 깨진 유리를 보니 뾰족한 단면이 마치 칼날 같았다.

페인트

　캐나다, 미국, 유럽과 달리 우리나라의 목조주택에서는 페인트로 실내를 마감하는 경우가 그리 많지 않다. 대신에 대부분 목조주택의 벽이나 천장에는 도배지로 마감되고 있다. 외벽 마감 용도가 아닌 실내에 마감할 목적으로 사용하는 페인트는 휘발성 유기화합물VOC과 같은 독성물질의 함량이 낮은 제품을 사용하는 것이 좋다. 페인트는 원재료에 따라 종류나 가

격 차이가 상당히 큰 편이다. 친환경 제품에 대한
일반인들의 인식이 높아지면서 페인트 업계에서
도 휘발성 유기화합물 함량이 적은 등급의 '합성
수지계 페인트'를 생산하고 있다. 제품 종류도 많
고 화학성분에 대한 지식이 없는 건축주는 주의
를 기울이지 않으면 사실 어떤 페인트가 사용되
고 있는지 알 길이 없어 낭패를 보기가 쉽다.

Zero VOC가 표기된 대표적인
친환경 페인트(출처: 디자인플래닛)

동아일보 2017년 3월 10일자 기사에 따르면
환경기준을 위반한 어린이 공간은 2,431곳, 초등
학교가 1,151곳이라고 한다. 서울시 한 초등학교 병설유치원의 실내 벽 페
인트에서는 기준치의 무려 410배 높은 납이 검출되었단다. 환경기준을 위
반한 건수의 원인은 페인트나 마감재의 중금속 함량이 기준을 초과해서다.
적절하지 못한 페인트를 사용해서 적발되었던 것이다. 왜 그럼 이런 페인
트를 사용했을까? 내가 판단할 수 있는 유일한 이유는 값이 싼 페인트를 사
용했기 때문이라는 것 외에는 달리 판단할 수 있는 기준이 없는 듯하다. 값
이 싼 페인트가 무조건 나쁘다는 얘기를 하는 것이 아니다. 제대로 된 페인
트를 원한다면 건축주는 가격에 의해 자재를 판단할 것이 아니라 품질을
먼저 보아야 한다는 것이다. 이런 맥락에서 실내에 사용하는 페인트 제품
을 선택할 때는 반드시 독성물질 여부를 반드시 따져 보아야 한다.

실크벽지(폴리염화비닐)

도배지는 실내 마감재로서 우리나라 사람들이 가장 선호하는 제품 중

하나이다. 합지벽지, 실크벽지, 단열벽지, 방염벽지와 같이 기능과 원료에 따라 다양한 종류가 있다. 방염벽지의 경우 주택에서는 잘 사용하지 않고, 주로 호텔, 사무실 등과 같은 여러 사람이 이용하는 건물의 내부에 주로 사용된다. 불이 났을 때 화염이 번지는 것을 일정 시간 동안 막도록 방염처리를 한 도배지다. 합지벽지는 종이벽지라고 부르기도 한다. 다른 도배지에 비해 재료금액이 저렴하고 시공이 쉽다는 장점이 있다. 이런 장점이 있음에도 불구하고 실제로는 건축주나 건축가에 의해 선택되는 경우는 의외로 적다. 종이벽지는 표피층이 종이로 되어 있기 때문에 오염이 되었을 때가 문제가 될 수 있다. 물을 사용하면 종이가 들고 일어날 수 있기 때문이다. 실크벽지는 벽지 표면에 폴리염화비닐PVC이 코팅되어 있다. 종이벽지에 비해 오염에도 강하고 수명이 길다. 두께도 있어 탄력성이나 보온성이 있다고도 알려져 있다. 이런 장점 때문인지 몰라도 우리나라에서 소비자들에게 가장 인기를 끌고 있는 제품이 되었다. 하지만 실크벽지를 선택할 때는 실내의 환경을 오염시킬 수 있는 측면이 고려되어야 한다. 왜냐하면 표면에 플라스틱 코팅이 되어 있어 숨을 쉬지 못한다는 문제가 있기 때문이다. 숨을 쉬지 못하면 실크벽지 안쪽 구조체에서 수분이 정체되는 상황을 파악하기 어렵다. 구조체 내부의 수분이 피막을 뚫고 밖으로 묻어나지 않기 때문이다.

도배지를 고를 때 유지관리에 맞출지, 실내환경에 맞출지, 디자인에 맞출지에 따라 선택의 기준은 크게 달라진다.

바닥재

바닥재는 장판, 마루, 타일 등 종류가 많아 선택하기가 쉽지 않다. 따라서 나만의 선택 기준을 세워 놓는 것이 중요하다. 내구성, 내습성, 내열성 같은 기능적인 부분을 따질 것인지, 건강을 생각할 것인지, 아니면 경제적인 부분에 초점을 둘 것인지에 따라 재료의 선택이 전혀 달라질 수 있기 때문이다. 우리나라 목조주택에서 가장 많이 사용되는 바닥재는 아마도 마루재일 것이다. 마루는 표면에 사용된 재료에 따라 원목마루, 합판마루, 강화마루, 강마루로 분류된다. 표면에 나무 무늬 필름을 코팅한 마루가 강화마루와 강마루다. 이 둘은 온돌마루라고도 알려져 있는데 원목마루에 비해 내구성, 내마모성이 뛰어나고 가격이 저렴해서 인기를 끌고 있다. 에폭시 접착제를 사용해서 시공하는 마루가 있는데 이때는 에폭시 접착제가 포름알데히드와 같은 독성물질을 얼마나 포함하고 있는지 체크해야 한다.

다양한 바닥재 종류

PART 4

햇빛, 건강하고
행복한 집의 원천

9장

일상에 미치는 햇빛 채광의 힘

33

베를린 국제심포지엄에서 배운 집에 대한 불편한 진실

2017년 5월 초, 독일 베를린에서는 '건강한 건축^{Healthy Architecture}'에 관한 주제로 국제 심포지엄^{Daylight Symposium}이 개최되었다. 북미와 유럽에서 활동하고 있는 건축가, 연구 업적이 뛰어난 교수와 연구원, 세계적인 자재 및 건축회사 관계자 등 360여 명이 참석해 각자의 지식과 경험을 나누는 자리였다. 올해로 7회째를 맞이하는 이번 심포지엄에 나는 국내 건축가로는 처음으로 심포지엄 주최 측의 초청을 받아 융숭한 대접을 받는 호사를 누렸다. 이번 심포지엄을 주최한 벨룩스^{VELUX} 그룹은 세계적인

벨룩스 그룹이 주관한 베를린 국제 심포지엄
(Daylight Symposium)

지붕창 제조회사로 설립 이후부터 '건강한 집healthy home'에 대한 관심을 가져왔다. 제조회사로서는 드물게 제품 연구개발뿐만 아니라 건강과 집에 대한 연구에도 시간과 비용 투자를 아끼지 않고 있다.

이틀간의 공식적인 심포지엄 프로그램을 통해서 나는 '건강한 건축'에 대해 이전보다 더 깊이 고민하게 되었다. 다양한 분야에서 활동하는 실무자들의 발표 내용을 통해 우리가 살고 있는 집의 실내환경이 거주자의 '건강과 웰빙'에 엄청난 영향을 미치고 있다는 사실을 경험하게 되었다. 발표 내용을 듣는 내내 지금까지 경험했던 집들이 머릿속에 하나둘씩 스쳐 지나갔다. 오래전에 이미 지어졌거나 지금 지어지고 있는 집에 대한 생각들로 머리가 복잡해졌다. 나는 무엇에 초점을 맞추어 집을 디자인하고 짓고 있는지 내 자신에게 질문하고 또 질문하는 시간을 가질 수 있었다. 그곳에서의 고민들이 지금 이 책을 쓰게 된 가장 큰 동기부여가 되었다. 베를린에서의 경험은 집에 대한 지금까지의 내 생각을 완전히 바꾸어 놓았다. 이전까지는 집을 디자인할 때 기능, 형태, 공간 구성, 스타일, 실내외 마감재 트렌드와 같은 요소들을 어떻게 다룰까에 초점을 맞췄었다면, 짧은 시간이었지만 베를린에 머물면서 '집의 가치'를 높여주면 '삶의 가치'는 자연스럽게 따라올 수 있다는 결론을 얻게 되었다.

진정한 집의 의미는 무엇일까? 아니 조금 더 직설적으로 질문을 던지는 것이 좋겠다. 집을 짓는 목적은 무엇일까? 알랭 드 보통은 《행복의 건축》에서 '집이 거주자들의 수많은 질병들을 치료할 수는 없겠지만 각각의 공간은 행복의 증거를 보여준다.'고 주장하고 있다. 집은 거주자에게 행복한 감정을 느낄 수 있는 환경을 제공해야 한다. 알랭 드 보통이 주장하는 것처럼 만약 집과 행복이 밀접한 관련이 있다면 그 행복은 집의 어떤 요소에 의해서 채워질 수 있을까? 집 자체가 행복할 수는 없으니 집 안에 사는 사람이 행복할 수 있어야 하겠다. 행복한 사람은 몸과 마음이 건강한 사람이다. 물론 몸이 아픈 가운데에서도 긍정적인 마인드로 현실에 감사하며 사는 사람도 있다. 하지만 대부분의 경우 몸과 마음이 아프면 힘들다. 꼭 죽을 것만 같다. 이런 상황에서 나쁜 감정들은 행복한 감정들을 몰아내기 시작한다.

집은 사람의 몸과 마음 상태에 직·간접적인 영향을 미친다. 사람을 아프게도 할 수 있고 편안하고 안락하게 할 수도 있다. 단, 일정한 조건을 만족시킬 때 이 모든 것이 가능하다. 산업화된 사회에 사는 사람들은 실내에서 보내는 시간이 하루 중 90%를 차지한다. 쾌적함, 안락함, 편안함을 제공하지 못하는 실내환경은 그 속에서 생활하는 사람들의 건강을 잃게 만들 수도 있다. 나쁜 실내환경은 거주자들에게 나쁜 영향을 미치게 마련이다. 집에 사용된 독성물질이 가득한 건축재료-페인트, 벽지, 마루, 타일, 가구에 의해서 실내환경은 오염될 수 있다.

반대로 실내에 머물러 있는 사람들로 인해 실내환경이 나빠지는 경우도 있다. 실내에서 어떤 활동을 하는지에 따라, 몇 사람이 실내에 머물고 있는지에 따라 실내환경에 미치는 영향은 그 차이가 크다. 사람이 많이 모여 있는 꽉 막힌 공간에 몇 시간 있다 보면 머리가 아프고 집중력이 떨어진다. 사방이 꽉 막힌 공간에서 공부를 하거나 일을 하면 학업과 업무능률이 떨어질 수밖에 없다. 사람을 통해서 나오는 유해가스만으로도 실내가 오염될 수 있기 때문이다.

'집을 짓는 목적은 무엇일까?' 만약 여러분이 집짓기를 계획하고 있다면 어떤 집을 짓고 싶은가? 그냥 복잡한 도심이 싫어서, 아파트에 사는 것이 답답해서 한적한 전원에 지은 주택으로 이사 가고 싶어서인가? 아니면 층

간소음으로 스트레스 받지 않고 아이들이 마음껏 뛰노는 모습을 보고 싶어서인가? 이것도 저것도 아니면 투자목적으로 한 채를 더 짓고 싶어서인가?

2017년 5월 베를린에서 열린 국제 심포지엄에 참석하지 못했다면 나 역시 집짓기의 목적이 앞서 얘기한 내용 중 하나였을 것이다. 하지만 지금은 달라졌다. 나의 집짓기 목적은 이전에 비해 방향성이 뚜렷해졌다. 누군가에게 같은 질문을 받는다면 나는 확신을 가지고 "내가 집을 짓는 목적은 이 집에 살게 될 나와 소중한 사람이 행복하고 건강해지기 위해서"라고 대답할 수 있다. 집에 대한 가치관이 바뀌면 집을 짓는 목적도 그 가치관을 따라가기 마련인가 보다.

사람들은 흔히 이런 착각을 하기 쉽다. 집은 세상 어느 곳보다도 안전한 곳이라고. 개인의 프라이버시를 누리며 각자의 삶을 편안히 누릴 수 있는 곳은 집만 한 곳도 없다고. 하지만 이것은 집의 일부 기능만을 부각시키는 아주 단편적인 생각이다. 실제로 안전하고 편안한 삶을 누리기 위해 지은 집 때문에 질병으로 고통받는 사람은 생각보다 훨씬 많다. 몸으로 나타나는 질병뿐 아니라 심리적인 질병에 고통받는 사람들. 제대로 된 원인 파악도 하지 못한 채 점점 병들어 가는 사람들. 그 어느 곳보다 안전한 안식처를 제공해야 할 집이 각종 질병을 유발시키는 온상이 되고 있다는 증거들은 계속해서 나오고 있다. 산업화 사회의 시스템을 잘 구축하고 있는 나라일수록 이런 증거들은 뚜렷이 나타나고 있다. 하지만 사람들은 집 때문에 발생하는 이런 증거들을 심각하게 받아들이지 않는 경우가 허다하다.

베를린 심포지엄에서 발표한 내용에 따르면 '습하고 건강하지 못한 실내 환경'에서 사는 사람들이 유럽에만 8천만 명이나 된다고 한다. 세균은 습한 환경을 좋아한다. 겨울철 건조한 실내에서 가습기를 사용하는 경우가 많다. 가습기에서 습기가 뿜어져 나오는 분무구는 세균이 좋아하는 환경이라고 한다. 겨울철 건강한 실내환경에 도움이 되고자 사용하는 가습기가 세균을 증식시키는 역할을 할 수도 있다는 것이다. 습한 곳에서 발생하는 세균은 여러 가지 질병을 유발시킨다. 천식치료를 받고 있는 유럽 사람들이 1년에 8억 2천만 명이라는 통계도 있다. 유럽인들의 천식은 건강하지 못한 집에서 유발되는 질병이라 그냥 가볍게 넘어갈 수 있는 일은 아니다. 유럽에서 일어나고 있는 일이지만 우리나라 집들에서도 충분히 일어날 수 있는 일이기 때문이다.

건강하지 못한 집은 습하고, 자연광(햇빛)이 충분히 들어오지 않는다. 불쾌하게 덥거나 추운 실내환경을 가지고 있는 집도 건강하지 못한 집이다. 실내환경이 사람들의 몸과 정신 건강에 미치는 영향에 대한 놀라운 통계가 또 하나 있다. 오늘날 유럽 사람 6명 중 1명은 불편한 실내환경에 노출된 채 살고 있다는 것이다. 독일 전체 인구수와 맞먹는 사람들이 나쁜 실내환경을 가지고 있는 집 때문에 고통당하고 있다니 실로 놀라운 일이 아닐 수 없다.

이런 점에서 '건강과 웰빙well-being'은 집이 갖추어야 할 핵심적인 가치 중 하나다. 집은 사람의 몸과 정신 건강에 커다란 영향을 미치기 때문이다. 문제의 심각성 때문에 유럽에서는 이와 관련한 사례연구가 활발히 진행 중이다. 지금까지의 연구결과에서만 보더라도 쾌적하고 안락한 집이 건강과 웰빙에 미치는 영향이 크다는 증거는 많이 있다.

우리나라에서도 콘크리트건물에서 주로 나타나는 '새집증후군'으로 인한 피해가 커지면서 집과 건강에 대한 사람들의 관심이 높았던 적이 있었다. 그때는 매스컴이 앞다투어 피해 사실을 보도했지만 지금은 언제 그런 일이 있었나 싶을 정도로 조용하다. 최근 들어 건강한 먹거리에 대한 일반인들의 관심이 높아지면서 건강식품 산업이 급속도로 발전하고 있는 현상에 비하면 건강한 집에 대한 관심은 매우 낮다. 이런 관점에서 보면 우리나라에서는 집을 짓는 목적이 건강과는 크게 관련이 없어 보인다. 집짓기에 쓰는 비용도 실내환경을 건강하게 만드는데 투자하기보다는 다른 사람들에게 보이는 겉모습에 치중하는 경우가 훨씬 많다.

유럽 사람들은 거주자의 건강과 웰빙에 크게 영향을 미치는 요소 중 하나가 자연광이라고 확신하고 있다. 그래서 과거와는 달리 최근 지어지는 집에는 자연광을 최대한 집 안으로 끌어들이려는 노력을 하고 있다. 자연광이 실내환경뿐 아니라 거주자에게 미치는 영향이 그만큼 크다는 확신 때문이 아닐까 싶다. 베를린 심포지엄에 참석하기 전까지는 나 역시 자연광 daylight이 건물에 미치는 영향이 이처럼 파급력이 크다는 것을 생각지도 못했다.

유럽에서는 건강하지 못한 집에 사는 수많은 사람들이 여러 가지 질병으로 고통받고 있다. 불과 10년 전만 해도 이 부분에 이의를 제기한 사람들은 별로 없었다. 그냥 일어날 수 있는 일이라고 가볍게 넘어갔던 것이다. 얼마 전까지만 하더라도 거주자의 안락함과 건강 따위는 깊이 생각하지 않은 채, 건물의 냉난방을 위한 에너지 사용을 줄이는 데에만 초점을 맞추어 정책을 펼쳤다. 단열과 기밀성능을 높여 에너지가 새어나가지 못하게 하는 방법만을 찾다보니 정작 실내환경과 공기의 질indoor air quality을 개선하려는 노력은 미흡하기 이를 데 없었다. 과거와는 달리 이제 유럽에서도 거주자의 건강과 안락함을 위해 집이 어떻게 계획되어야 하는지에 대한 해결책을 찾아가고 있는 모습을 보여주고 있다. 좀 더 일찍부터 관심을 보였으면 좋았을 테지만 지금이라도 해결하려는 노력을 하고 있다니 얼마나 다행스러운 일인지 모르겠다. 우리나라에서는 아직까지도 거주자의 건강과 안락함에 대한 배려와 관심을 갖지 못하고 있다. 안타까운 일이다. 햇빛은 자연이 우리 인간에게 아무 대가없이 주는 선물이다. 유럽에서는 그 빛을 집 안으로 끌어들이면서 거주자의 건강과 안락함 그리고 에너지를 절약할 수 있는 집을 통해 다양한 해결책을 마련하고 있다.

일본의 조명디자이너 므라즈미 지야키는 그의 책《생활을 아름답게 바꾸는 빛의 마법》에서 '앞으로는 빛의 질이 중요해지는 시대가 될 것이다.'라고 주장하면서 '질 높은 빛은 공간을 밝히는 것에서 벗어나 공간의 분위기를 조절해 심신을 안정시킨다.'라고 말했다. 빛이 거주자의 몸과 마음에 좋은 영향을 미치고 있다는 사실을 강조하고 있는 것이다. 그렇다. 빛에는 우리의 몸과 마음을 안정시키는 특별한 능력이 있다. 므라즈미 지야키는 인공조명을 통해서도 이것이 가능해질 수 있다고 믿고 있는 것 같다. '빛의 질'이 중요해지는 시대가 될 것이라는 그의 주장에는 나도 전적으로 동의한다. 빛이 주는 특별한 능력도 나는 믿는다. 하지만 인공조명을 통해 그 모든 것들이 가능하다는 그의 주장에는 동의할 수 없다.

왜냐하면 나는 건축가 루이스 칸의 말에 더 확신을 갖고 있기 때문이다. "내게는 자연광이 유일한 빛이다. 자연광은 분위기mood를 가지고 있기 때문이다." 인공조명과 달리 자연의 빛은 인공조명이 따라올 수 없는 독특한 분위기가 있다. 그뿐만이 아니다. 자연치유 능력도 가지고 있다. 세상에는 많은 빛이 있다. 우리는 늘 그 빛과 함께 생활하고 있다. 낮에는 햇빛, 밤에는 달빛 그리고 인공조명이 함께한다. 필요한 빛이 '필요한 공간에 필요한 밝기'만큼 비추는 것은 아주 중요하다. 너무 과해도 너무 모자라도 문제가 될 수 있기 때문이다. 필요한 만큼 적절하게 집 안 구석구석까지 빛을 끌어들일 수만 있다면 이보다 더 좋을 수는 없을 것이다. 문제는 어떻게 그 빛을 끌어들이느냐에 달려 있다.

유럽 사람들은 최근 연구개발을 통해 빛의 질이 건강한 집을 위해 절대적으로 필요하다는 사실을 밝혀냈다. 그리고 건강한 집은 사람의 몸과 마음에 상당히 영향을 미친다는 사실도 알아냈다. 그런 사실을 알고 있는 유럽에서는 이미 질 높은 빛을 최대한 집으로 끌어들이려는 노력을 하고 있다. 자연이 대가를 바라지 않고 우리 인간에게 무한히 제공해주는 빛의 혜택을 최대한 누리기 위해서다. 앞서 살펴보았듯이 습하고 건강하자 못한 집의 환경은 유럽 전역을 위협하고 있다. 호흡기질환을 포함한 각종 질병으로 고통받는 사람들이 많아지면서 사회적, 경제적으로 미치는 파급력이 상당히 크기 때문이다. 집 안으로 자연광을 끌어들이는 작은 노력으로 건강하고 안락한 집의 기반이 마련될 수도 있다는 사실을 명심하자.

34

습하고 건강하지 못한 집에 사는 사람이 유럽에만 8천만 명

곰팡이가 자라는 환경은 사람에게 백해무익하다. 습한 곳에서 발생하는 곰팡이는 각종 호흡기질환을 일으키기는 주범이기 때문이다. 8천만 명이 넘는 유럽인들은 여전히 이런 실내환경에서 거주하고 있다고 한다. 습한 실내환경에 노출되어 있는 사람들은 호흡기질환의 일종인 천식에 걸려 고생할 수 있다는 연구결과도 있다. 연구결과를 종합해보면 습한 집 안 환경에 노출된 8천만 명이나 되는 유럽인들이 이미 천식을 앓고 있거나 천식에 걸릴 확률이 높다고 볼 수 있다.

아이나 어른 할 것 없이 사람들은 하루 중 대부분의 시간을 실내에서 보낸다. 집에 있을 때, 일할 때, 공부할 때, 그리고 놀 때조차도 실내에서 시간을 보낸다. 벨룩스 그룹에서 조사한 연구결과를 보면 유럽의 건물에서 가장 문제가 되는 요소는 '습기'라고 한다. 집 안이 습하면 곰팡이를 포함해 여러 가지 세균이 발생하기 쉽다. 이 곰팡이는 천식과 연관된 호흡기 질병을 일으키기도 한다. 유럽 전체 인구의 약 16% 정도가 지금도 습하고 곰팡

집 안 곳곳에 곰팡이가 피어 있는 환경

이가 있는 집에서 살고 있다고 하니 문제의 심각성이 여간 큰 게 아니다. 곰팡이가 자라는 환경은 건강하고 웰빙한 사회가 조성되지 못하도록 하는 주요한 요인이 된다. 벨룩스 그룹 지식센터의 피터 폴드베르그 센터장은 "유럽에서 천식치료에 매년 투입되는 돈은 자그마치 82조 유로나 된다"며 집이나 학교나 사무실과 같은 건물의 실내환경이 지금과 같아서는 안 되는 이유를 밝히고 있다.

유럽인들은 거주자에게 지금보다 더 나은 실내환경을 제공하고 건강에 좋은 환경을 조성해주기 위해 여러 방면에 걸쳐 연구를 진행하고 있다. 자연의 빛(자연광)을 집 안으로 적극적으로 끌어들이는 방안에 대한 연구도 그중 하나다. '적정한 자연광에 의한 쾌적한 온도나 공기의 질을 제공하는 실내환경이라면 업무 생산성이 15%까지 올라간다'는 연구결과가 있다. 이는 자연광이 집 안의 온도나 공기의 질에 긍정적인 영향을 미치고 있음을 나타내고 있다.

기관지 천식으로 알려진 천식은 고치기가 어려운 고질병이다. 한 번 발병하면 평생을 따라다닐 정도로 독한 특성을 가지고 있다. 천식은 육체적인 괴로움을 줄 뿐만 아니라 심리적으로도 사람을 위축시키는 힘을 가지고 있다. 유럽에서는 한해 무려 8억 2천만 명이 넘는 사람이 천식치료를 받고 있으며, 미국의 경우는 천식으로 사망하는 사람의 수가 한 해에 750명에

이를 정도로 생명에도 치명적인 무서운 질병이다.

우리나라도 더 이상 천식의 안전지대는 아니다. 건강보험심사평가원에 따르면 2015년 기준으로 천식환자는 166만 명이었다. 병원을 찾은 환자 수만 통계를 냈으니 실제 천식으로 고생하는 사람들의 수는 이보다 훨씬 많을 것이다. 천식은 잦은 기침 때문에 일상생활에서도 큰 불편을 준다. 주로 차가운 공기, 담배 연기, 자극적인 냄새 등에 노출되면 일어나는 현상이다. 천식은 아이들에게 많이 발병하기 때문에 가볍게 넘길 수 없다. 건강보험심사평가원은 전체 천식환자의 30%가 10세 미만의 어린이라고 한다. 어린 아이의 호흡기는 성인보다 산소를 교환하는 능력이 훨씬 낮다. 호흡 근육이 잘 발달되어 있지 않은 것도 천식이 쉽게 발병되는 이유다. 천식은 아이들의 집중력을 떨어뜨리고 친구들과의 관계도 원활하지 못하게 하는 요인이 될 수 있다. 무엇보다도 폐 기능을 약화시켜서 성장을 느리게 하기 때문에 더욱더 신경 쓰이는 부분이 아닐 수 없다.

전문의들은 천식환자의 증상이 커지는 것을 예방하기 위한 생활수칙을 다음과 같이 얘기하곤 한다. ①미세먼지 농도가 높은 날에는 외출을 삼가라 ②갑작스럽게 찬 공기에 노출되지 않게 주의해라 ③집먼지 주범인 카펫과 같은 재료의 사용을 자제하라 ④담배 연기에 노출되는 것을 피해라 등등. 위에 나열된 내용을 잘 지키지 못하면 천식의 원인이 되기 때문에 가볍게 여겨서는 안 된다. 원인을 알고 있지만 예방을 위한 생활수칙을 일상에서 지키기란 여간 어려운 일이 아닐 수 없다. 정작 근본적인 해결책은 어디에도 나와 있지 않은 것이 현실이다. 약물치료 외에는 뾰족한 해결책을 제시하지는 못하고 있다.

천식 문제를 의학적으로만 접근하여 해결하려 하기 때문에 근본적인 해결책을 찾기가 어려운 것이다. 호흡기 알레르기 질환을 일으키는 원인이 되는 대표적인 물질은 '진드기', '곰팡이', '애완동물의 털'과 같은 코나 입으로 들이마시는 흡입성 물질이다. 흡입성 물질은 실내공기의 질과 깊은 관련이 있다. 집 안에 사용된 건축 자재에서 발생되는 흡입성 물질 역시 공기의 질을 악화시키는 요인이다. 실내공기의 질을 악화시키는 휘발성 유기화합물VOC, 포름알데히드와 같은 유해물질 발생량을 줄인다면 건강한 실내환경을 유지할 수 있다. 유해물질을 통해 나빠진 실내공기를 효과적으로 빼내는 방법은 창문을 열어 환기를 시키는 것이다. 창문을 열어 집 밖의 신선한 공기가 집 안의 나쁜 공기를 밀어내도록 하면 된다. 그러나 이것만으로는 부족하다.

미국을 비롯한 세계 여러 나라에서 빛을 가지고 임상실험을 하여 밝혀진 놀라운 결과가 있다. '자외선에는 우리 몸의 면역력을 높이는 강력한 치유 물질'이 있다는 것이다. 이런 이유 때문에 빛은 면역질환과 만성피로를 치료하는 목적으로도 사용되고 있다.

35

빛이 집의 실내환경에 미치는 영향

날씨에 따라 몸과 마음 상태가 바뀌는 경험은 누구나 한 번쯤은 경험해 보았을 것이다. 흐리고 비가 오는 날에는 왠지 우울하다. 몸도 마음도 축 처진다. 반면 바람이 포근하고 햇살이 따뜻해지면 마음도 여유로워지고 덩달아 몸도 활기가 넘친다. 하늘에서 내리쬐는 햇살은 우리 몸과 마음을 치유하는 독특한 성분을 제공한다. 자연의 빛이 놀라운 치유능력을 가지고 있다는 것은 과학적으로도 이미 입증되었다. 자연의 빛은 우리 몸이 균형적인 바이오리듬을 유지하게 하고 알레르기 치료에도 도움을 준다.

생명과학연구자 케네스 딜런은 그의 책《힐링 포톤, 빛이 사람을 살리다》에서 '지구는 태양 빛으로부터 모든 에너지를 얻듯이, 인간 삶의 가장 근원적인 에너지가 빛이다'라며 빛이 우리 인간에게 제공하는 혜택에 대해 강조하고 있다. 지금까지 사람들은 태양 빛은 그냥 '모든 생명체에 유용한 것'이라는 인식을 갖고 있었다. 늘 곁에 있어 왔으니 특별히 다른 생각을 갖지 못했던 것이다. 쉽게 얻을 수 있는 것일수록 그것에 대한 소중함은 반감되기 때문이다. 사람이 건강하게 살기 위해서 빛이 필요하다는 것은 누구나 잘 알고 있는 사실이다. 아이슬란드 출신 의학자 핀센은 이미 100년 전에 3백 명을 대상으로 피부 결핵환자에게 자외선을 이용해 병을 치료했다. 그에게는 자외선이 인간에게 '자가 치유능력'을 갖게 해 면역력을 높일 수 있다는 확신이 있었기 때문이다.

이처럼 건강을 유지하기 위해 자외선은 우리에게 필수적인 요소다. 자외선에 적절하게 노출되는 것은 몸과 마음의 건강에 유익한 일이다. 그럼에도 불구하고 고도로 산업화된 사회에 사는 우리들은 일상생활을 통해 태양 빛에 노출되는 시간이 그리 많지 않다. 하루 중 대부분의 시간을 실내에서 보내기 때문이다. 다시 말해 밖에서 활동하는 시간이 실내에서 활동하는 시간에 비해 아주 적다. 나 역시 지금까지 이런 사실에 대해 깊이 생각하지 않고 있었다. 하지만 곰곰이 생각할수록 실내환경이 중요할 수밖에 없다는 사실을 깨닫게 되는 요즘이다.

집의 경우도 마찬가지다. 집에서 보내는 시간이 점점 늘어나는 현대인들은 그런 생활패턴에 의해서 태양 빛을 쬐는 시간도 점점 줄어들고 있다. 햇빛이 쨍쨍 내려쬐는 날이면 유럽의 공원은 진풍경이 펼쳐진다. 남녀노소 할 것 없이 공원에 모여 돗자리를 펴고 겉옷을 벗고 햇볕이 살갗으로 쬐어지도록 포즈를 취하고 있다. 몸을 앞뒤로 돌려가며 다양한 포즈를 취하면서 햇볕을 쬔다. 누군가가 나가서 햇볕을 쬐라고 강요하지 않는데도 스스로 햇볕에 살갗을 노출하는 것은 몸이 먼저 반응하기 때문이다. 일반적으로 집에서나 일터에서나 학교 건물 내에서는 자연 빛을 경험할 수 있는 환경이 제공되지 않는다. 만약 실내에서 일상생활을 하는 동안에도 바깥에서와 같이 충분한 햇빛을 경험할 수 있다면 얼마나 좋을까?

초등학교 얘기를 잠깐 하려고 한다. 자연 빛에 대해 얘기하면서 갑자기 왜 학교 얘기냐고 할 수도 있겠지만 빛이 들어오는 환경이 얼마나 아이들에게 중요한지 내가 직접 체험한 내용이라는 점에서 분명 도움이 될 것이다. 덴마크 코펜하겐 근교에 지어진 지 오래된 초등학교에서는 교실에서도 아이들이 자연 빛을 충분히 흡수할 수 있는 방법을 찾고 있었다.

2015년 4월, 나는 안락하고 건강한 집에 대한 해결책을 찾아보려고 덴마크 코펜하겐으로 향했다. 덴마크에 본사를 두고 있는 벨룩스VELUX 그룹의 초청으로 햇빛이 가득한 건축물을 경험해 볼 수 있는 기회를 가지게 된 것이다. 벨룩스 그룹은 자연광이 건물에 미치는 영향에 대한 연구개발에 투자를 아끼지 않는 세계적인 지붕창roof windows 제조회사다.

회사 관계자가 처음 나를 데리고 간 곳은 코펜하겐 근교에 위치한 학교 건물이었다. 1980년대에 지어진 랑제버그Langebjerg 초등학교. 단층으로 지어진 이 학교 건물은 2014년 리노베이션을 통해 교실의 환경이 완전히 바뀌어 있었다. "리노베이션을 하기 전까지는 학교의 전반적인 환경이 매우 열악했었어요. 지붕에 크랙이 여기저기 있었고, 수업 시간이 길어지면서 교실 내부의 공기의 질이 나빠지는 결과를 초래했었죠. 학생뿐만 아니라 선생님까지도 건조한 실내환경으로 숨이 막힐 정도로 답답함을 호소하는 일이 많아지게 되었어요." 안내를 해준 학교 관계자는 리노베이션을 하기 전의 교실 환경이 얼마나 열악했었는지 설명해 주었다. 긴급하게 지붕 리노베이션 공사가 필요하게 된 계기가 여기에 있었다. 자연광과 자연환기가 실내공기의 질에 미치는 영향은 상당히 크다. 그동안의 지속적인 연구를 통해 확신을 가지고 있었던 벨룩스 그룹은 학교 측에 자연채광과 자연환기가 가능하도록 지붕창을 이용한 지붕 디자인을 제안했다. 학교 측이

지붕 개선사업이 완료된 랑제버그 초등학교

제안을 받아들이면서 지금까지 사례를 찾아볼 수 없었던 실험적인 프로젝트가 시작되었다.

리노베이션 공사를 통해 긴급히 풀어야 할 두 가지 문제가 있었다. 첫째는 약해진 지붕구조를 어떻게 보강할 것인가? 둘째는 앞으로 늘어날 학생 수요에 어떻게 대비할 것인가? 이 문제를 해결하기 위해서 벨룩스 디자인팀은 건강과 웰빙 그리고 학습능력을 증진시키기 위해 자연광과 신선한 공기를 교실 내부로 끌어들이는데 초점을 맞추었다. 회사 관계자는 리노베이션의 주목적은 "약해진 지붕을 새로 교체하고, 단열재를 추가하며, 공기의 질을 향상시키고, 실내로 들어오는 자연 빛의 양을 늘리는 것이었다"며 디자인팀이 왜 자연 빛과 자연환기에 초점을 맞추어 프로젝트를 진행했는지 이유를 설명했다.

프로젝트 초기에는 학교 측의 걱정이 없었던 것도 아니었다. 리노베이

선을 하기 전까지 공기의 질이 좋지 않은 실내환경이 학생과 선생님에게 주는 영향에 대해 걱정을 많이 했었다고 한다. 공기의 질이 오염되면 불쾌하고, 숨쉬기가 곤란하며, 가려움이나 알레르기를 발생시킬 수 있기 때문이었다. 하지만 이런 학교 측의 걱정은 기우로 끝났다. 리노베이션이 끝난 이후 교실은 계획대로 충분한 자연광이 들어왔고 자연환기를 통해 신선한 공기가 주기적으로 공급되고 있기 때문이다.

회사 관계자가 안내한 교실에 들어서면서 나는 실내가 밝아서 우리나라 초등학교 교실에서는 쉽게 느낄 수 없었던 아늑함을 경험했다. 교실은 실내공기가 일정 기준 이상으로 오염되기 시작하면 센서가 작동하는 시스템을 갖추고 있다. 지붕에 설치되어 있는 지붕창은 센서로 연결되어 있어 자동으로 열려 자연환기가 된다고 한다. 자동으로 지붕창문이 열리

실내 이산화탄소의 농도가 1000ppm이 넘어가면 자연환기를 위해 지붕창이 열린다

면 교실 실내환경이 어떻게 바뀔지 궁금해서 내심 경험해보고 싶었다. 그런데 바로 옆 교실에서 그런 경험을 하게 되었다. 학생들이 실내활동을 막 끝낸 교실로 들어갔을 때 나는 바로 전에 비어 있던 교실에서 느낄 수 없었던 탁한 공기가 느껴졌다. 앞에서도 언급했듯이 나는 보통 사람보다 코가 민감하다. 5분 정도 교실을 둘러보고 관계자의 설명을 듣고 있는데 머리가 개운함을 느낄 수 있었다. 바로 신선한 공기 때문이었다. 교실 내부의 이산화탄소의 농도가 1000ppm을 넘어서자 센서가 작동해 지붕창이 열렸던 것이다. 지붕창을 통해 맑고 신선한 외부공기가 교실로 들어오는 것이 느껴지더니 실내의 탁한 공기는 사라져버렸다.

"채광이나 공기의 질의 측면에서 보면 분명히 교실의 환경은 향상되었어요. 교실에 신선한 공기와 빛이 들어올 때 좋은 느낌을 받는다는 것은 중요해요." 한스 프로슬레브 교장선생님은 자연 빛과 자연환기가 학생과 선생님에게 건강한 환경을 충분히 제공하고 있다는 것을 체험하고 있다고 한다. 리노베이션이 끝나고 학생들과 선생님이 느끼는 긍정적인 반응으로 인해 학교 이사회에서는 반대편에 있는 다른 건물에 대해서도 리노베이션을 허가했다고 한다.

자연광과 신선한 공기는 실내환경을 좋게 만들어 거주자의 웰빙과 수행능력을 향상시킨다. 사람들의 생체리듬 주기에도 아주 중요한 역할을 하고 있다고 알려져 있다. 랑제버그 초등학교 사례에서도 분명히 밝혀졌듯이 아이들에게 자연광과 신선한 공기는 집중력과 새로운 정보, 지식을 습득하는 능력을 향상시키는데 도움을 준다. 랑제버그 초등학교 프로젝트에 관여한

랑제버그 초등학교 교실에는 자연광이 충분히 들어오고 자연환기로 신선한 공기가 공급된다

사람들 중에서 햇빛이 잘 들고 환기가 잘 되는 공간은 학생들이나 선생님
에게 건강한 환경을 제공한다는 사실에 토를 달 사람은 단 한 명도 없을 것
이다.

　우리 아이들이 방과 후에 대부분의 시간을 보내게 되는 집. 랑제버그 초
등학교와 같은 실내환경이 아이들이 사는 집에도 제공된다면 그 안에서 생
활하는 아이들에게 어떤 영향을 제공해 줄지는 굳이 말을 하지 않아도 쉽
게 추측해 볼 수 있을 것이다.

빛을 끌어들였을 뿐인데
삶의 질이 바뀌다

우리 인간은 본능적으로 빛을 좋아한다. 이런 본능 때문인지 몰라도 햇빛이 내리쬐는 날이면 집 안에 있기보다는 어디라도 나가고 싶은 마음이 굴뚝같다. 햇빛이 풍부하고 비가 잘 오지 않는 나라일수록 관광객의 수도 많은 것이 우연은 아닐 것이다. 영국은 하루에 4계절을 느낄 수 있을 정도로 날씨가 변화무쌍하기로 유명하다. 그래서 그런지 몰라도 영국 사람들이 가장 선호하는 휴가지는 스페인, 이탈리아와 같은 4계절 내내 햇빛이 풍부한 나라들이다.

2006년 내가 영국회사에서 직장생활을 할 때 영국인 동료들에게 휴가지를 고르는 우선순위를 물어본 적이 있다. 내가 물어본 영국인 동료들이나 친구들 대다수도 같은 이유로 스페인, 이탈리아, 그리스와 같은 나라를 휴가지 1순위로 생각하고 있다고 했다. 휴가를 갈 때 일부러 칙칙하고 흐린 날이 많은 계절 또는 나라를 골라서 가는 사람이 있을까?

주택을 설계하다 보면 어느 한 곳쯤은 어둡고 칙칙한 공간이 생기게 마런이다. 의도하지도 않았는데 여러 가지 상황 때문에 어쩔 수 없이 발생하는 것이다. 아예 창문을 내지 못하는 공간이 생기기도 한다. 양쪽의 실을 가로지르는 복도의 경우가 그렇고, 안방에 주로 붙어 있는 복도식 드레스룸walk in closet이 그렇다. 화장실의 경우 창문을 낸다고 해도 마냥 크게 낼 수 있는 상황이 허락되지 않는다.

창문이 없거나 있더라도 크기가 작으면 햇빛이 차단되거나 소량만 실내로 들어올 수 있기 때문에 늘 어둡고 칙칙한 공간이 될 수도 있다. 어두운 공간으로 들어갈 때는 항상 인공조명의 도움을 받아야 하기 때문에 불편하다. 밝은 낮이라도 인공조명 없이는 물건을 분간할 수도 없을 만큼 시야 확보가 어렵기 때문이다. 집에서도 이런 공간은 가족들로부터 외면당하기 쉽다.

아이들은 대개 본능에 따라 행동을 한다. 아이들의 행동을 보면 좋아하거나 싫어하는 것을 분명히 알 수 있다. 표정에서 바로 나타나기 때문이다. 말로 표현하든 행동으로 보여주든 숨김없이 그대로 드러난다. 실내에서 활동하는 아이들의 행동을 잘 관찰해보면 그들이 좋아하고 싫어하는 공간이 어떤 곳인지 쉽게 파악할 수 있다. 이런 행동은 비단 아이뿐만 아니라 남녀노소 할 것 없이 공통적으로 해당된다.

햇빛을 끌어들인 실내에서 남녀노소 상관없이 다양한 사람들이 어떤 행동을 하는지 직접 체험한 이야기를 소개하고자 한다. 2017년 5월 독일 베를린에서 경험한 일이다. 베를린 동물원 바로 옆에 위치한 4층 규모의 쇼핑몰을 둘러보기 위해 찾아갔을 때였다. 작은 가게들이 조밀하게 모여 있는 쇼핑몰은 2016년에 리노베이션을 통해 새롭게 단장한 곳이었다. 출입구 계단을 통해 들어갔을 때 한눈에 들어오는 풍경이 나의 눈길을 사로잡았다. 별다른 기대 없이 찾은 쇼핑몰이었는데 기존의 쇼핑몰과는 너무 다른 실내환경을 보고 놀라움을 금치 못했다. 폭이 20미터도 넘을 것 같은 커다란 유리창이 동물원과 마주하고 있었는데, 그 앞에는 걸터앉을 수 있는 높이에 평상 같은 넓은 휴식공간이 있었다.

건축설계이론에 따르면 쇼핑몰은 특성상 실내에서는 외부와의 시선을 단절시키는 것이 좋다. 쇼핑몰을 찾은 사람들이 상품에만 집중하라고 의도적으로 창문 없이 계획하는 경우가 대부분이다. 그래서 쇼핑몰 안에만 있다 보면 바깥 날씨가 어떻게 변하고 있는지 도무지 알 수 없다. 외부에서 빛이 들어오지 않도록 계획하다 보니 인공조명에만 의존해 조도를 맞춘다.

쇼핑몰 전체를 둘러보았지만 유리창 앞 공간만큼 많은 사람들이 한꺼번에 모여 있는 곳은 없었다. 그도 그럴 것이 나도 어느 순간 자연스레 그쪽

베를린 쇼핑몰 내부에 설치된 대형 창문 앞에 많은 사람들이 앉아 쉬고 있다

을 향해 발길이 옮겨지고 있었으니까. 이처럼 많은 사람들을 끌어모은 요소는 무엇이었을까? 투명한 유리를 통해 동물원을 볼 수 있어서일까? 나는 그렇게 생각하지 않는다. 그곳에 앉아 있는 대부분의 사람들은 동물원을 향해 앉아 있지 않고 유리창에 등을 기대고 있었기 때문이다. 앉아 있는 사람들의 얼굴은 하나같이 편안해 보였다. 대부분의 사람들은 유리창 바깥을 쳐다보며 한참 동안 입가의 미소가 떠나지 않았다.

남녀노소 할 것 없이 사람은 누구나 본능적으로 밝은 곳을 찾는다. 햇빛이 밝게 들어오는 곳에서는 우리의 몸과 마음도 활발하게 움직인다. 많은 양의 햇빛이 실내공간으로 들어오면 그 빛이 가지고 있는 독특한 치유능력 때문에 사람들이 느끼는 감정이 바뀐다. 특히 아이들은 신체활동이 활발해지고 햇빛이 들어오는 곳에서 더 오래 머무르려고 한다.

상당수의 유럽인들은 매년 많은 돈과 시간을 들여 집을 고친다. 고친다기보다는 성능을 개선하는 노력을 한다는 표현이 맞겠다. 유럽인들을 대상으로 진행한 집의 성능개선에 대한 설문조사에 따르면, 응답자의 44%가 1년 내에 '화장실을 고칠 예정이다'라고 답했다고 한다. 그다음으로는 바닥과 주방가구가 39%, 단열재와 벽마감 교체가 38%, 난방과 창문 교체가 34% 순으로 응답했다. 우리나라의 경우에도 오래된 아파트를 리모델링할 때 주방가구를 교체하거나 화장실을 개선하는 데 가장 많은 돈과 시간을 투자하곤 한다. 조금 더 여유가 있다면 벽지와 바닥재 교체가 다음 수순이 될 것이다. 이렇게 많은 시간과 돈을 들여 집을 고치겠다는 것은 현재 살고 있는 집의 환경이 만족스럽지 못하다는 의미다. 만족스럽지 못한 환경을 바꿔서라도 집 안에서의 삶의 질을 높일 수 있다면 시간과 돈을 아끼지 않겠다는 의미이기도 하다.

우리나라 사람들이 어떤 이유로 집을 리모델링하는지에 대해서는 객관적인 자료를 찾기가 쉽지 않다. 건축디자이너로 오랫동안 일하고 있는 나는 낡은 아파트를 리모델링하는 사람들을 많이 보았다. 주관적인 의견이긴 하지만 그들을 통해 알게 된 아파트 리모델링의 이유가 몇 가지 있다. 리모델링을 하는 사람들 대부분은 우선 새로운 분위기로 기분전환을 하고 싶거나, 실내공간을 조금이라도 넓히고 싶은 마음이 있어서다.

유럽인들의 경우는 어떤지 살펴보자. 2015년에 발표된 통계자료에 따르면 유럽인들이 집을 리모델링하는 첫 번째 이유는 '안락함' 때문이었다. 설문에 응답한 건축주는 리모델링 비용 중 많은 부분을 좋은 건축자재를 사용하는데 쓰겠다고 답했다. 좋은 건축자재를 사용하는 것은 건강한 집을 조성하기 위한 기본적이면서 필수적인 요소다. 건강한 집에서는 거주자가 안락하게 생활할 수 있다. 안락한 생활을 하는 거주자는 그만큼 삶의 질도 높아질 수 있다. 건강한 집은 거주자에게 건강한 생활환경을 제공하기 때문이다.

집이 건강한 생활환경을 갖출 수 있게 하려면 어떻게 해야 할까? 많은 유럽인들은 집 안으로 햇빛을 충분히 끌어들여야 하고, 신선한 공기가 들어올 수 있도록 정기적으로 환기를 해야 한다는데 동의한다. 하지만 공기의 질이 나쁜 집에 사는 것이 건강에 얼마나 영향을 미치는지에 대해서는 '깊이 걱정하지 않는다'는 의견이 더 많다. 건강하지 못한 집에 사는 것에 대해 유럽인들 역시 다소 관대한 것으로 조사결과가 나온 것이다.

유럽 12개국 중 헝가리는 공기의 질이 나쁜 실내환경에 사는 것에 대해 '전혀 걱정하지 않는다'라고 답한 응답자가 무려 56.5%였다. 다음으로는

21.4%의 응답자가 나온 네덜란드였다. 반면 '매우 걱정된다'고 답한 나라는 체코가 43.8%, 프랑스가 36.6%로 나타났다. 그다음으로는 벨기에, 이탈리아, 폴란드 순이었다. 결과를 놓고 보면 건강하지 못한 집에 대한 거주자들의 인식은 경제력이나 기후조건과 깊은 관련이 없는 것으로 보인다.

우리나라 국민들은 건강에 대해 유독 신경을 많이 쓰는 경향이 있다. 세계 어느 나라에 견주어 보아도 뒤처지지 않을 만큼 건강에 대한 관심도가 높다. 몸에 좋은 것이라면 돈과 시간을 아끼지 않는다. 산행이 건강에 좋다면 관련 산업이 폭풍 성장할 정도로 많은 사람들이 산행 관련 의류와 장비를 구입하고 산에 오른다. 커피가 몸에 좋다는 보도가 나오니 커피 소비량이 점점 많아져 매년 커피시장 규모가 엄청나게 성장하고 있다. 와인도 그렇고, 자전거도 마찬가지다. 건강에 좋지 않은 음식은 피한다. 하지만 건강을 해칠 수 있는 실내공기 오염에 대해서는 관대하게 대처하는 것 같다. 공기청정기 하나면 모든 것이 해결될 거라는 착각에 빠지기도 한다. 근본적인 해결책을 위한 노력은 위에 나열된 요소에 비해 터무니없이 부족하다.

건강한 집에서는 몸과 마음이 건강해진다. 지금부터라도 늦지 않았다. 집짓기를 계획하고 있는 예비건축주라면 '건강한 집'에 대한 관심은 반드시 가져야 한다. 건강한 집을 짓기 위해서는 이전보다 더 많은 고민이 필요하다. 집이 주는 삶의 가치를 제대로 누리기 위해 지금 당장 해야 할 것은 얼마나 예쁘게 집 모양을 디자인할지, 방은 몇 개가 필요한지를 결정하는 것이 아니다. 건강한 집이라야 건강한 삶을 살 수 있다.

집 안으로 햇빛을
풍부하게 끌어들이려면

　햇빛이 우리 몸과 마음의 건강에 긍정적인 영향을 미친다는 사실은 아무리 강조해도 지나치지 않다. 실내환경이 건강한 집은 대체로 햇빛이 가득하다. 그 빛 때문에 거주자는 마음이 따뜻해지고 밝아진다. 햇빛은 우리에게 이처럼 유익한 존재다. 지붕과 벽으로 둘러싸인 집 안으로 어떻게 하면 충분한 햇빛을 끌어올 수 있을까?

　지붕과 벽은 골조와 마감재로 구성되어서 일정한 두께를 가지고 있다. 마감재는 대개 빛이 통과할 수 없는 재료를 사용한다. '유리로 만든 집'이 아니라면 말이다. 집 안으로 햇빛을 끌어들이기 위해서는 벽이나 지붕에 구멍을 내면 된다. 구멍을 그대로 두면 빛은 들어오겠지만 눈이나 비도 그대로 통과해 실내로 들어오게 마련이다. 눈이나 비가 집 안으로 들어오지 못하도록 구멍을 막는 제품이 바로 창문이다. 창문을 통해서 집 안으로 빛이 들어오고 환기가 이루어진다. 실내의 오염된 공기는 빠져나가고 외부의 신선한 공기가 창문을 통해 들어온다. 그런데 대부분의 창문은 수직 벽에 설치된다.

햇빛은 하늘에서부터 수직 벽의 창문까지 도달할 때 일정한 각도를 유지하고 있다. 태양은 겨울에는 낮게 떠 있고 여름에는 높게 떠 있다. 수직 벽의 창문을 통해서 실내로 들어오는 햇빛의 양은 실의 깊이에 따라 차이가 크다. 창문 근처는 밝은데 창문으로부터 멀어지면 점점 어두운 이유는 태양의 경사각도 때문이다. 태양의 경사각도가 높으면 햇빛이 집 안 깊숙이 도달하지 못한다. 도심지와 같이 인구밀도가 높은 지역에서는 고층건물의 비율이 높다. 도심지 단독주택 단지의 경우도 각각의 필지면적이 작을 수밖에 없다. 내가 지금 살고 있는 단지의 경우도 필지의 면적이 180~210㎡(60~70평)

따닥따닥 붙어 있는 도심지 집들 사이에서는 햇빛이 집 안으로 잘 투과되지 못한다

정도다. 집이 들어서고 주차구획선을 긋고 인접해 있는 땅으로부터 일정 거리만큼 떨어져 내 집을 배치하고 나면 작은 정원도 확보하기 어려울 정도로 좁아진다. 사방으로 집이 들어서면 앞뒤 집, 옆집과의 거리는 불과 1미터 정도다. 집들이 따닥따닥 붙어 있다 보니 햇빛이 실내로 들어올 수 있는 확률도 낮아진다. 햇빛의 경로가 주변의 집들 사이로, 높은 빌딩 숲 사이로 비집고 들어오기가 쉽지 않기 때문이다. 도심지에 있는 주택일수록 실내공간이 좁아 보이고 어둡고 칙칙한 이유도 바로 여기에 있다.

자연광(햇빛)은 3가지-직사광선direct sunlight, 반사광reflected light, 천공광skylight 형태로 건물 안으로 들어온다. 직사광선은 태양으로부터 '직접 곧게 비치는 빛'이고, 반사광은 물질의 표면에 부딪쳤다가 '꺾이어 되비치는 빛'이다. 그리고 천공광은 구름에 의해 '확산 반사되는 빛'이다. 특성이 각각 다른 3가지 형태의 빛을 잘 이해해야 질 좋은 빛을 실내에 충분히 활용할 수 있다. "햇빛은 우리 삶의 주인이다. 햇빛이 가장 드문 계절에도 하루에 최소한 몇 시간 동안 모든 집은 햇빛이 들어야 한다." 건축의 거장 르 코르뷔지에는 집 안이 왜 햇빛에 충분히 노출되어야 하는지에 대한 필요성을 이미 70년 전부터 강조하고 있다.

창문을 설치하는 경험이나 기술에 따라 집 안으로 들어오는 빛의 질과 양에는 차이가 생긴다. 자연광은 창문 이외에 다른 개구부나 반사된 표면에 의해서도 집 안으로 들어온다. 이렇게 집 안으로 들어온 자연광은 낮 시간 동안 효과적으로 집 내부를 밝혀준다. 집 안에서 자연광이 적절하게 자리 잡기 위해서는 자연광을 끌어들이는 창문의 위치, 크기, 모양에 신경을 써야 한다. 만약 자연광의 특성을 이해하지 못한 채 창문계획을 세우면 장점보다는 오히려 그것으로 인해 악영향을 미칠 수 있기 때문이다. 예를 들어, 햇빛이 강하게 내리쬐는 나라 또는 지역에서는 집 안으로 들어오는 빛의 양을 줄이는 것이 좋다. 반대로 가능한 많은 양의 햇빛을 집 안으로 끌어들여야 그 혜택을 누릴 수 있는 지역이나 나라도 있다.

햇빛이 실내로 들어오려면 벽이든 지붕이든 뚫린 부분이 있어야 한다. 그것이 창문이든, 문이든 관계없다. 하지만 문의 경우에는 유리로 되어 있지 않으면 효과를 기대하기가 어렵다. 빛은 대개 수직으로 서 있는 벽에 설치된 창문을 통해서 실내까지 들어온다. 앞에서도 설명했듯이 밝은 대낮임에도 불구하고 집 안에 햇빛이 잘 들지 않는 집들도 상당히 많다. 계획에 의해서든 아니면 짓다 보니 그렇게 되었든 간에 말이다. '햇빛이 우리 삶의 주인'이라고 주장했던 세계적인 건축의 거장 르 코르뷔지에가 오늘날 어둡고 칙칙한 집들을 보면 어떻게 반응했을까 새삼 궁금해진다.

집 안이 어두운 이유는 간단하다. 빛이 들어오는 경로에 창문을 설치하지 않았기 때문이다. 수직 벽에 있는 창문을 통해서 충분한 빛이 집 안으로 들어오지 않는다면 아무리 창문을 크게 만들어 설치한다 해도 효과는 크게 개선되지 않을 것이다. 햇빛의 경로를 잘못 파악하고 있기 때문이다. 이런 현상은 층수가 낮은 건물일수록, 고층빌딩이 많은 도심지일수록, 집과 집 사이의 간격이 좁은 도심의 주택단지일수록 더 뚜렷하게 나타난다.

그러나 이런 불리한 환경이라 할지라도 햇빛을 잘 끌어들일 수 있는 방법은 있다. 지붕 전체가 유리로 되어 있는 건물이 있다고 상상해보라. 만약 지붕 전체가 유리로 되어 있다면 수직 벽에만 창문이 있는 집에 비해 상당히 많은 양의 빛이 실내로 들어올 것이다. 비닐하우스가 즐비하게 들어서 있는 시골 마을에 가서 비닐하우스의 동간 간격을 한번 살펴보라. 비닐하

좁은 동간 간격이지만 비닐하우스 내부는 해가 지지 않는 동안은 언제나 밝다

우스와 비닐하우스 사이는 한 사람 정도만 겨우 다닐 수 있을 정도로 좁다. 주택단지로 따지면 앞뒤 집, 옆집 간의 간격이 좁은 경우다. 좁은 간격에도 불구하고 비닐하우스 내부는 항상 밝다. 벽과 지붕이 빛을 통과시키는 투명한 비닐로 덮여 있기 때문이다. 같은 비닐하우스라도 검은색 그늘막으로 덮인 곳은 어떤가. 밝은 대낮이라도 어둡다. 이처럼 마감재로 덮여 있는 벽이나 지붕의 경우도 유리가 없으면 어두울 수밖에 없다.

지붕 전체를 유리로 시공하는 것은 사람이 늘 머물게 되는 집에는 어울리지 않는 시공법이다. 그 안에 사는 사람은 과도한 햇빛에도 끄떡없이 잘 자라는 농작물이나 식물이 아니기 때문이다. 따라서 지붕의 일부분을 통해

도머창과 수직창 vs 지붕창

적절한 양의 빛이 들어오도록 계획하는 것이 필요하다. 만약 지붕의 일부분에 창문을 설치한다면 어떤 결과를 가져올까?

벨룩스 그룹에서 연구한 결과에 따르면 지붕창^{roof window}은 수직 벽에 설치된 같은 크기의 창문에서보다 두 배나 많은 양의 자연광을, 뻐꾸기 창이라고도 부르는 도머창^{dormer window}에 비해서는 무려 세 배나 많은 양의 자연광을 집 안으로 투과시킨다고 한다.

실내로 들어오는 햇빛의 양이 많아지면 전기에너지 사용을 획기적으로 줄일 수 있다. 해가 지지 않는 한 인공조명을 켤 필요가 없다. 2017년 9월 서울에서 덴마크 건축가인 퍼 아놀드^{Per Arnold}를 다시 만날 기회가 있었다. 그와는 2015년 2월 덴마크 코펜하겐에서 처음 만났다. 퍼는 벨룩스 그룹에 19년간 근무하면서 '자연광, 실내공기의 질이 건강한 집과 어떤 상관관계가 있는가'에 관한 연구를 진행하고 있다. '건강한 집^{healthy home}'에 관해서는 세계적인 명성을 가지고 있는 퍼는 "자연광은 우리에게 많은 혜택을 주는 고마운 존재다. 햇빛이 풍부하게 들어오는 집에서는 해가 떠서 해가 질 때까지 인공조명의 도움이 전혀 필요 없다."며 자연광은 건강한 실내환경을 제공할 뿐만 아니라 에너지 절감에도 큰 역할을 하고 있다고 말했다. "실제로 그런 환경에 사는 사람들의 사례가 있느냐?"는 나의 물음에 그는 "유럽에서는 이를 뒷받침해주는 사례들이 계속해서 늘어나고 있다."며 덴마크의 사례를 얘기해 주었다.

벨룩스 그룹은 덴마크에 지어진 테스트하우스에 4인 가족을 2년간 입주시켜 실생활을 모니터링했다고 한다. 테스트하우스는 최적화된 햇빛의 양이 실내로 골고루 분산될 수 있도록 전용 소프트웨어를 사용해 지붕창을 설계했다. 2년간의 데이터를 분석한 결과 자연광이 거주자에게 제공하는 혜택이 이론에 그치지 않고 실제로 효과가 있음이 증명되었다. 전기에너지 절약 측면에서만 보자면, 지붕창을 통해서 들어오는 충분한 자연광으로 인해 해가 뜨는 일출 직후부터 해가 지는 일몰 직전까지 거주자들은 실내에서 인공조명을 켜지 않은 것으로 드러났다.

덴마크 테스트하우스 내부는 어느 곳이든 햇빛이 풍부하게 들어와 밝다

천창 vs 지붕창

　우리나라 주택에서 지붕에 천창_{skylight}을 설치하는 경우는 있지만 지붕
창_{roof window}의 개념을 이해하고 지붕창을 설치한 곳은 거의 없을 것이다.
천창과 지붕창은 둘 다 지붕에서부터 햇빛을 끌어들이고 자연환기가 가능
한 점에서는 공통점이 있다. 하지만 이 둘의 가장 큰 차이는 창문이 설치되
는 위치다. 일반적으로 지붕과 같이 경사진 곳에서 손이 닿는 위치에 설치
하는 창을 '지붕창', 손이 닿지 않는 곳에 설치하는 창을 '천창'이라고 한다.
실내 환기와 빛을 끌어들이기 위해 일반적으로 벽에 창을 내는데, 일사량
이 적으면 그 효과는 반감된다. 지붕에 창을 내면 균일한 햇빛을 집 안으로
풍부하게 끌어들일 수 있다.

10장

신선한 공기와 햇빛을 집 안으로 끌어들이는 방법

채광, 환기, 전망 등
창문의 역할

따뜻한 햇볕이 내리쬐는 전망 좋은 곳에 설치된 넓은 창가에 앉아 커피 한 잔을 마시는 상상은 누구나 한 번쯤은 해보았을 것이다. 햇볕이 내리쬐는 따뜻한 분위기는 사람들에게 안락함을 제공한다. 그리고 안락감을 느끼는 사람은 몸과 마음이 차분해지면서 머리도 맑아지는 느낌을 받게 된다.

집에서 창문은 적재적소에 사용되기만 하면 거주자에게 많은 혜택을 제공한다. 단, 품질이 우수하고 시장에서 사용자들에게 검증된 창문을 사용해야 하는 조건을 충족시켜야 한다.

기능에 충실하고 역할에 맞는 창문을 적절하게 제대로 선정하는 것은 그래서 중요하다. 집에 설치된 창문은 기본적으로 채광, 환기, 전망을 제공해야 한다. 다시 말해 집 안으로 햇빛을 끌어들이고, 오염된 실내공기를 바깥으로 보내고 신선한 공기가 실내로 들어오게 하는 기능을 가지고 있어야 한다. 게다가 실내에서 바깥을 볼 수 있는 전망까지 확보할 수 있으면 더할 나위 없이 좋다.

집 내부는 벽으로 여러 개의 실-침실, 주방, 거실, 화장실, 서재 등이 구분되어 있다. 모든 실에는 특별한 경우를 제외하고는 창문이 설치된다. 그리고 각 실에 설치되는 창문은 크기나 위치가 제각각이다. 왜냐하면 창문은 실의 용도에 따라 기능 즉 역할을 달리할 수 있기 때문이다. 온 가족이 한 곳에 모이는 거실은 대개 전망을 더 중요하게 생각한다. 거실 벽에는 다른 실에 비해 비교적 넓고 높은 창문이 설치되는 이유가 여기에 있다. 예를 들어, 화장실의 경우는 환기의 목적이 전망을 확보하는 것보다 더 크기 때문에 창문이 거실만큼 클 필요가 없는 것이다. 침실은 어떠한가. 주로 밤에만 사용하는 침실이지만 아침에 깨어날 때 충분한 채광을 확보하기 위해서라도 남쪽이나 동쪽에 창을 배치한다.

창문이 제공하는 기본적인 기능은 빛을 집 안으로 끌어들이는 것이다. 그런데 집을 계획하다 보면 여러 가지 상황 때문에 창문을 설치할 수 없는 공간이 생기게 마련이다. 특히 침실에 붙어 있는 옷장, 식료품 저장실이 있는 다용도실, 복도는 채광을 위해 창문을 설치할 수 있는 외벽을 두지 못하는 경우가 대부분이다. 이렇게 창문을 설치할 수 없는 실은 늘 어둡다. 인공조명을 켜지 않으면 물건조차 분간하기 어려울 때도 많이 있다. 불편한 점을 알고 있지만 창문 설치 계획을 제대로 하지 못하는 데는 이유가 있다. 다른 공간을 조금이라도 밝게 쓰기 위해서는 이들 공간을 구석이나 실의 중앙으로 몰아서 배치할 수밖에 없기 때문이다. 이런 환경을 극복할 수 있는 뾰족한 방법이 없을까? 이럴 때는 벽에 창문을 설치하는 것이 아니라 지붕 쪽으로 생각을 돌리면 의외로 쉽게 답을 찾을 수도 있다.

내가 지금 살고 있는 2층 집에도 창문을 설치할 수 없는 공간이 있었다. 2층 안방 옆에 있는 워크 인 크로짓walk-in-closet, 즉 걸어서 다닐 수 있는 큰 옷장이 바로 그런 공간이었다. 당연히 설계할 때는 채광을 위해서 창문을 계획하는 것이 맞다. 그런데 워크 인 크로짓에 창문을 설치하면 옆집 2층 베란다가 바로 보였기 때문에 난감한 상황이 발생할 수가 있었다. 그래서 창문 없는 공간으로 설계를 마쳤다. 창문이 없으니 빛이 들어오지 않는다. 들어갈 때는 늘 인공조명을 켤 수밖에 없는 어둡고 침침한 공간이 될 수밖에 없는 상황이었다. 이렇게 해서는 안 된다는 건 알고 있지만 방법이 없었다. 공간적으로 아무리 고민을 해봐도 쉽게 답을 찾기가 어려웠다. 그렇게 고민하고 있던 나는 지붕에서 해결책을 찾을 수 있었다. '썬터널sun tunnel'이라고 불리는 제품을 지붕에 설치했는데 의외로 큰 효과를 보고 있다. 썬터널은 워크 인 크로짓 천장에서 지붕까지 직선으로 연결해서 실내로 햇빛을 통하게 한다. 물론 제품과 설치비용은 들였지만 2년이 넘은 지금까지 그것이 주는 혜택을 누리고 있다. 바깥에 약간의 햇살만 있더라도 인공조명을 켤 필요가 없기 때문에 그 안은 늘 대낮같이 밝다. 어둡고 침침할 수밖에 없었을 공간이 밝고 활기찬 공간으로 180도 변신했다.

채광 외에도 창문이 제공해야 할 또 하나의 중요한 기능은 환기다. 환기는 실내공기의 질 문제와 습도조절에도 깊은 관련이 있다. 건강한 실내환경을 갖추는데 있어서 창문의 환기 기능은 아주 중요한 필수 요소다. 자연환기는 창문을 열어서 통풍을 시키는 반면 기계환기는 팬과 같은 기계장치를 사용해 통풍을 시킨다. 우리나라 건축법에 따르면 실내 환기의 목적은 '신선한 공기의 유입', '열기구 사용으로 인한 가스 배출', '새집 증후군의 예방', '화장실 악취, 습기 배출', '화재 시 연기 배출'을 하는 것이라고 정의 내리고 있다. 이처럼 환기의 목적은 다양하지만 결국 환기라는 것은 오염된 실내공기를 밖으로 배출시키고 외부의 신선한 공기가 집 안으로 들어오도록 하는 것이라고 볼 수 있다.

신선한 공기가 집 안으로 들어오려면 공기가 움직일 수 있도록 조치를 취해야 한다. 공기가 움직여야 집 밖의 신선한 공기가 집 안으로 들어와서 오염된 공기를 집 밖으로 밀어낼 수 있기 때문이다. 창문을 열어놓았다고 환기가 잘될 거라는 생각은 금물이다. 창문의 크기와 환기의 양은 정비례하지 않는다. 창문이 크다고 환기도 잘 된다는 것은 아니라는 의미다. 환기가 잘 되려면 공기가 역동적으로 움직일 수 있어야 한다. 따라서 창문의 위치나 개폐방식을 올바르게 선택하는 것은 환기에 있어서 무엇보다도 중요하다.

창문은 개폐방식에 따라 그 종류도 명칭도 다양하다. 물론 제품의 가격에도 차이가 생긴다. 창문의 개폐방식은 기능에 따라 선택적으로 사용해야 한다. 집에 설치하는 창문을 전망과 채광용으로만 사용한다면 굳이 열리는 창문을 사용하지 않아도 된다. 열리는 기능이 없이 유리만 있는 고정창 fixed window을 사용하면 두 가지 기능이 충분히 충족된다. 비용적인 측면에서도 훨씬 효율적이다. 이와 마찬가지로 환기 목적으로만 사용하려면 창문 전체가 열릴 필요가 없다. 전체 창문 중 일부만 열려도 환기 기능은 충분히 충족시킬 수 있기 때문이다. 환기를 위해 열리는 부분을 제외하고는 고정창을 사용하면 '환기와 전망 그리고 채광'까지 가능한 창문이 된다. 가격도 전체가 열리는 같은 크기의 창에 비해 더 싸면서 창문 중간의 프레임을 없앨 수 있어서 시야 확보도 훨씬 좋아진다.

환기, 전망, 채광 이외에 에너지 효율이 높은 창문을 사용하는 것도 중요하다. 단열 유리가 끼워져 있는 창문을 사용하는 것은 에너지 효율을 높일

창문을 잘 조합해서 설치하는 것만으로도 에너지 효율을 높일 수 있다. 가운데는 고정창, 양쪽은 개폐가 가능한 창을 조합해서 만든 멀리언 창문(출처: Simonton Windows)

수 있는 방법 중 하나다. 에너지 효율이 높은 창문에는 고성능 유리가 끼워져 있다. 고성능 유리는 태양열을 집 안으로 통과시켜 실내를 따뜻하게 해주는 기능이 있다. 태양열이 유리창을 통해 취득하는 열량을 열획득solar gain이라고 한다. 열획득은 실내를 따뜻하게 하면서 실내에서의 열이 손실되는 것을 막아준다. 따라서 창문을 선택할 때는 기능에 따른 유리의 성능을 꼼꼼히 따져보는 것이 필요하다.

소음은 집 안의 편안한 생활을 방해하는 요소 중 하나다. 집에서 편안한 생활을 누리기 위해서는 집 밖의 소음이 집 안으로 들어오지 않는 환경이 만들어져야 한다. 자동차, 고속도로, 철도, 공항 근처 비행경로 가까이 살고 있는 사람들은 소음에 의해 피해를 입는 경우가 많다. 집을 구성하고 있는 요소 중에서 외부소음에 취약한 것은 대개 창문이다. 얇은 유리로 소음을 차단하는 일은 결코 쉬운 일이 아니기 때문이다. 이런 점에서 소음 차단에도 효과적인 창문이 있다면 선택을 고려해 볼 만하다.

보안security적인 측면에서 창문은 충격에 의해 쉽게 깨지거나 파손되어
서는 안 된다. 혹시 유리가 깨질지라도 뾰족하고 날카로운 유리 조각에 의
해 2차 피해를 당해서는 더더욱 안 된다. 예를 들어, 북미에서 목조주택 건
축주들에게서 인기를 끌고 있는 창문이 있다. '사이먼톤Simonton window' 창
문은 유리가 깨졌을 때 2차 피해를 막기 위해 특수 유리를 사용하고 있다고
한다. 깨지더라도 유리 파편이 날카롭지 않게 작은 알갱이 형태로 부서지
는 것이다. 이런 유리로 설치된 창문을 사용하면 예측하지 못한 사고 때문
에 깨어져도 살을 베이거나 박힐 위험이 그만큼 낮다. 이 제품은 북미에서
4년 연속 소비자 만족도 1위를 차지하고 있다고 한다. 사람들에게 사랑을
받는 데는 분명한 이유가 있다.

위에서 살펴본 창문의 역할 중에서 채광을 확보하는 것은 말처럼 쉽지
않다. 수직 벽에 설치된 창문을 통해서 실내 깊숙한 곳까지 빛이 들어오도
록 하는 것은 더 어렵다. 바깥 공기가 실내로 들어와 역동적으로 움직여 오
염된 공기를 다시 집 밖으로 빠져나가게 하는 것도 쉽지 않다.

수직 벽에 설치되는 창문과 달리 지붕창을 통해서는 하늘을 더 많이 볼
수 있다. 집 안 한 곳에 앉아서 벽에 있는 창문을 통해서 보는 하늘과 지붕
에 설치되어 있는 창문을 통해서 보는 하늘의 크기는 상당히 다르다. 벽 창
문을 통해서 볼 수 있는 시야는 좁다. 주변의 집이나 건물 벽과 같은 장애
물이 많기 때문이다. 반면 지붕창을 통해서는 하늘을 가리는 장애물이 상
대적으로 적다. 따라서 지붕창을 통해서는 하늘을 더 많이 볼 수 있다. 하
늘을 많이 볼 수 있다는 것은 그곳을 통해 햇빛도 풍부하게 들어올 수 있다

벽에 설치된 창문을 통해 보면
장애물이 많은 반면 지붕 창문으로는
하늘을 더 많이 볼 수 있다

는 의미이기도 하다. 지붕창이 벽 창문에 비해 집 안으로 들어오는 햇빛의
양이 2배 이상 많은 것은 이런 이유 때문이다. 유럽에서는 개폐가 가능한
지붕창을 이미 오래전부터 사용해오고 있다. 그 이유는 지붕창의 채광, 환
기 기능이 벽 창문에 비해 훨씬 우수하다는 것을 오래전부터 알고 있었기
때문이다.

여름철엔 과열, 겨울철엔 열손실의 주범이 지붕창?

집의 뼈대가 되는 골조의 외벽과 지붕에는 단열재가 설치된다. 단열재를 설치하는 이유는 집의 안쪽과 바깥쪽에서 일어나는 열의 이동을 막기 위해서다. 단열재는 따뜻한 집 안의 열이 바깥으로 빠져나가지 않게 하고, 집 밖의 차가운 공기가 집 안으로 들어오지 못하도록 차단한다. 외벽과 지붕의 단열성능이 좋으면 좋을수록 열의 이동이 적어 외부의 온도에 상관없이 실내온도가 일정하게 유지된다. 벽이나 지붕에 구멍이 뚫려 있지 않다면 단열효과는 구멍이 뚫려 있을 때보다 훨씬 더 좋다.

하지만 단열재로 감싸져 있는 외벽과 지붕에는 구멍이 뚫릴 수 있다. 아니 뚫려야 한다. 물론 창문이나 문을 설치하기 위해서다. 구멍 뚫린 벽이나 지붕에는 어떤 일이 발생할까? 뚫린 구멍으로 열의 이동이 빈번하게 일어날 것이다. 열의 이동이 잦으면 실내온도도 바깥 온도에 따라 올라갔다 내려갔다 널을 뛰게 된다. 이런 환경에서는 집의 실내온도를 일정하게 유지하기 어렵다. 그렇다고 열의 이동을 없애기 위해서 집에 창문이나 문을 설치하지 않을 수야 없지 않은가. 방법은 구멍 난 곳에 기능과 성능이 뛰어난 창문을 끼워 넣는 것이다. 특히 지붕에 창문을 설치할 경우에는 더욱더 성능을 고려해야 한다.

지붕창을 통해서 집 안으로 들어오는 빛의 양은 외벽 창문에서보다 2배나 많다고 한다. 밝은 실내환경을 조성하는 데는 아주 좋다. 하지만 많은 양의 빛으로 인해 거주자가 불편을 느낄 수도 있다. 여름철에는 지붕창을 통해서 실내로 뜨거운 열기가 과하게 들어오기도 하고, 반대로 겨울에는 그곳을 통해 집 안의 따뜻한 열이 바깥으로 빠져나가는 열손실이 일어나기 때문이다. 겨울철 열손실에 대해서는 크게 걱정을 하지 않아도 좋다. 제조기술의 발달로 인해 성능이 우수한 고성능 창문을 제조하는 회사들이 많아지고 있기 때문이다. 열손실을 최소화할 수 있도록 유리도 단열유리를 사용한다든지 이중 또는 더 나아가 삼중 유리를 사용해 창문을 만들기도 한다. 지붕창에서 일어날 수 있는 더 큰 문제는 과열이다. 유리를 통해서 과도하게 빛이 들어오면 실내가 과열되어 더워질 수 있다. 이처럼 과열은 실내온도를 불필요하게 높여서 거주자에게 불쾌감을 유발하기 때문에 가능하면 피해야 할 요소다.

특히 우리나라의 경우 여름철 일사량은 다소 높은 편이다. 여름철에 많은 양의 햇빛이 지붕창을 통해 들어온다면 실내온도가 상승할 수밖에 없는 역효과가 나타날 수 있어 주의를 기울여야 한다. 여름철 과열을 막는 효과적인 방법은 지붕창에 열차단 관련 제품을 설치하는 것이다. 열차단 제품을 선택할 때도 물론 주의해야 할 점이 있다. 열은 차단하되 빛은 집 안으로 들어올 수 있어야 한다. 설치한 제품이 열뿐만 아니라 빛까지 차단시킨다면 실내가 어두워져 채광기능을 기대하기 어렵다.

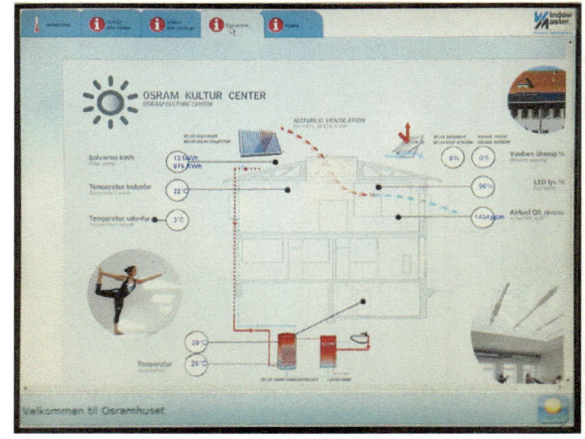

자동제어 장치를 통
해 지붕창 개폐가 가
능하도록 설계된 오
스람 문화센터

　　세계적으로 품질에 대해서 정평이 나 있는 지붕창 제조회사 벨룩스 그
룹은 90%의 외부 열을 차단할 수 있고 빛 투과율은 97%에 달하는 블라인
드 제품을 만들어 지붕창과 함께 보급하고 있다. 열차단 제품의 성능이 왜
중요한지에 대해서는 2015년 4월 덴마크 코펜하겐에 위치한 오스람^{OSRAM}
문화센터를 방문했을 때의 경험을 통해 확실하게 체험할 수 있었다.

　　오스람 문화센터는 2009년에 리노베이션 작업을 할 당시 지붕에 자동개폐가 가능한 지붕창을 설치했다. 이전에는 어둡고 칙칙했던 공간이 새롭게 설치한 지붕창을 통해서 들어오는 햇빛으로 인해 밝고 따뜻한 분위기가 넘치는 공간으로 탈바꿈되었다. 오스람 문화센터를 방문한 날은 흐리고 가끔 빗방울도 떨어지는 전형적인 북유럽의 날씨였다. 직원은 2층에 위치한 복합문화공간으로 나를 안내했다. 일반인이 사용하지 않는 시간이라서 나는 당연히 그곳에 들어가면 '실내가 어둡겠구나'라고 속으로 생각하고 있었다. 그런데 이게 어찌된 일인가. 지금은 커뮤니티 시설로 사용되는 꽤나 넓은 실내는 인공조명 없이도 활동이 충분히 가능할 정도로 밝았다. 물론 인공조명은 켜져 있지 않았다. 지붕에 설치한 지붕창에서 빛이 풍성하게 들어오고 있었기 때문이었다. 내부를 한참 둘러보고 있는데 이번에는 지붕창으로 강한 햇빛이 들어오는 것이 느껴졌다. 변화무쌍한 북유럽 날씨를 제대로 체험하고 있었다. 직사광선이 지붕창으로 직접 들어오니 지붕창 쪽으로는 쳐다볼 수 없을 정도로 눈이 부셨다. 지붕창 밑으로 자리를 옮겼는데 잠시 후 뜨거운 햇살이 온몸으로 느껴졌다. 그때 나를 안내한 직원이 벽에 있던 리모컨을 조작해서 열차단 역할을 하는 블라인드로 지붕창을 가렸다. 방금 전까지만 하더라도 열기가 온몸을 감싸고 있었는데 블라인드가 쳐지니 더 이상 뜨거운 열기는 느낄 수 없었다. 외부의 열은 차단되었지만 실내는 인공조명 없이 시각적으로 보기에도 전혀 불편함이 없었다. 이런 경험을 통해서 과열 때문에 지붕창의 설치를 꺼려할 필요는 없겠다는 확신을 가질 수 있었다.

기후변화가 점점 심해지면 외부 기온이 높아지기 때문에 추가적인 과열의 원인이 되기도 한다. 집 내부의 과열 현상은 저에너지를 표방하는 주택일수록 더 자주 관찰되곤 한다. 저에너지 주택의 경우 기밀과 단열성능에 초점을 두고 시공한다. 이럴 때에는 환기를 시키면 효과를 볼 수 있는데 저에너지 주택의 경우 자연환기보다는 반드시 기계에 의한 환기장치를 사용하라고 한다. 벨룩스 그룹의 연구에 따르면 지붕창을 이용해 자연환기를 하면 과열된 집 안 공기를 충분히 낮출 수 있다고 한다. "여름철 바깥 온도는 섭씨 32도까지 올라갔지만 집 안은 에어컨 없이도 견딜 만한 섭씨 26도를 유지할 수 있었어요." 벨룩스 지붕창이 설치되어 있는 테스트하우스에 2년간 실제로 거주한 가족의 말이다. 밤에 외부의 시원한 공기가 지붕창을 통해 실내로 들어와 과열된 집을 식힐 수 있었기 때문에 가능했던 것이다.

과열된 공간을 식힐 수 있는 좋은 방법이 바로 자연환기다. 지붕창을 통해서는 효율적인 자연환기가 가능하다. 집 안에서 바람이 통하게 하는 자연환기는 체감온도를 낮춰 주는 효과를 가져다준다. 우리 인간은 본능적으로 집 안에서 바람이 통하는 자연환기를 원한다. 한여름에 바람 한 점이라도 스쳐 지나면 우리 몸과 마음은 더없이 시원해진다. 하지만 이런 본능은 집 안에 설치된 에어컨에 의해 사라져 버린 지 오래다. 요즈음에는 에어컨 바람이 조금이라도 새어나가지 못하도록 창문을 꼭꼭 걸어 잠근다. 에너지 손실이 걱정되기 때문이다. 이런 우리의 생활방식의 변화는 집짓기에서 자연환기에 대해 생각을 하지 못하게 하는 결정적 이유가 되고 있다.

집 안에서 자연환기, 즉 바람이 잘 통하게 하려면 굴뚝효과stack effect를 활용하면 좋다. 굴뚝효과는 '건물에서 내부와 외부에서 발생하는 온도차에 의해 공기가 이동하는 현상'이다. 집의 높은 곳과 낮은 곳에 각각 창문을 설치하면 최적의 굴뚝효과를 얻을 수 있다. 공기는 뜨거우면 위로 올라가려는 성질이 있다. 실내온도가 외부온도보다 높으면 아래쪽에서 위쪽으로 흐른다. 집 안이 과열되어 있으면 집의 낮은 곳에 설치한 창문에서 높은 곳에 설치한 창문으로 공기의 흐름이 생기게 된다.

집 안에서의 과열은 사람에게 불쾌함을 주고, 수면의 질을 떨어뜨리며, 업무나 학업 능률을 감소시키기 때문에 집짓기를 계획할 때는 더욱더 주의를 기울여야 한다. 덥다고 느껴질 때 실내공기의 흐름으로 인해 발생하는 가느다란 바람은 몸을 식혀주기에 충분하다. 창문을 통한 자연환기는 여름에도 통기가 잘 되도록 공기의 흐름을 증가시킨다는 점에서 우리에게 아주 유익하다.

지붕에 설치한 창문으로
들어오는 채광의 효과

　사전에 잘 계획하고 설계하여 자연광을 집 안으로 끌어들이면 거주자들은 건강과 관련해서 다양한 혜택을 받는다. 뿐만 아니라 적절하게 실내로 들어온 자연의 빛은 거주자의 감성까지도 자극한다. 집 안에서 거주자가 안정적인 기분과 행복한 느낌을 갖는 것은 그 빛이 거주자에게 긍정적인 영향을 미치기 때문이다. 자연의 빛, 즉 자연광은 집에서 사용하는 에너지를 줄이는 데에도 한몫을 한다. 해가 지기 전까지 자연광은 집 안 구석구석까지 머물러 있다. 그동안에는 인공조명을 사용할 필요가 없다. 하루 중 절반 이상의 시간 동안 인공조명을 켜지 않아도 집 안이 어둡지 않다. 이와 같이 자연광을 잘 활용하면 집 안에서 사용하는 조명 에너지의 소비를 크게 줄일 수 있는 환경을 만들 수 있다.

　자연광이나 신선한 공기만큼 실내공간에 다양한 변화를 주는 요소도 없을 것이다. 집 안 구석구석까지 자연의 빛이 들어오면 시각적으로 밝은 느낌을 준다. 실내가 밝으면 같은 공간이라도 더 크고 더 넓게 느껴지기 마련이다. 어디 그뿐인가. 밝은 실내공간에 머물면 몸과 마음이 따뜻해지고 안정이 된다. 거실, 주방, 다이닝룸, 서재, 침실 등 집 안 곳곳마다 풍부하게 햇살이 드리워지는 상상을 해보라. 상상만으로도 어느새 몸과 마음이 긍정적인 기운을 받게 되는 것을 느낄 수 있을 것이다. 풍부한 햇빛이 가득한 집 안에서는 거주자들이 따스함, 안정감, 편안함을 느끼게 된다. 몸과 마음이 따뜻해지고 안정되며 편안함을 갖게 되면 행복한 감성이 온몸에 퍼지게 된다. 집 안 가득히 넘쳐나는 자연의 빛은 우리가 행복할 수 있도록 긍정적인 역할을 하곤 한다. 햇빛이 가득한 집! 어떤가. 상상만으로도 입가에 미소가 절로 나오지 않는가.

비트루비우스가 쓴 《건축십서》라는 유명한 건축 서적이 있다. 고대 로마시대부터 전해 내려온 역사상 가장 오래된 이 책에도 자연의 빛에 관련된 내용이 기록되어 있다. 기본적으로 《건축십서》에는 건축가로서의 역할뿐만 아니라 '어떻게 건축물을 이해할 것인가', '어떻게 건축물을 디자인하고 지어야 하는가'에 대한 내용들도 가득하다. 비트루비우스는 이 책에서 건축가는 건물을 설계할 때 세 가지 핵심사항을 지키는 것이 중요하다고 강조하고 있다. 첫째는 견고성, 둘째는 유용성, 셋째는 아름다움을 위해 집중해야 한다는 것이다. 쉽게 풀이해보면, 건물은 하중을 견디는 좋은 뼈대, 즉 구조를 가지고 있어야 하며 기능과 사용자의 목적에 적합할 뿐만 아니라 아름다워야 한다는 것이다. 세 가지 핵심사항을 지켰다 할지라도 그것들과 더불어 '자연의 법칙'을 따르는 것도 설계할 때 빼먹어서는 안 될 중요한 내용이라고 말하고 있다. 자연의 법칙을 따른다는 것은 건축은 자연을 거스르지 않도록 힘을 빼야 한다는 의미다. 건축물 내부로 자연의 빛을 끌어들이는 것만큼 자연의 법칙을 따르는 건축이 어디 있겠는가. 자연을 거스르지 않는 건축에 대한 중요성은 옛날이나 지금이나 아무리 강조해도 지나치지 않는 법칙임에 틀림없다.

《건축십서》에는 천창^{skylight}에 대한 얘기도 나온다. 비트루비우스는 천창을 통해 건물 내부로 어떻게 효과적으로 빛을 끌어들일 것인지에 대해서도 깊이 고민하고 있었던 것 같다. 이 책은 전기가 발명되기도 훨씬 이전에 쓰였다. 따라서 그 당시 건축가로서는 건물 내부로 자연광이 깊숙이 들어오도록 늘 고민해야 하지 않았을까 싶다. 로마시대에 건축된 판테온 Pantheon 신전은 하늘에서 내려오는 자연의 빛을 건물 안으로 끌어들였던 대표적인 건축물이다. 판테온 신전에는 중앙 돔 중심에 지름이 약 9미터

판테온 신전의 거대한 돔

정도인 구멍이 있다. 이곳을 통해 들어오는 빛은 판테온 신전의 내부를 밝히는 유일한 광원(光源)이었다. 판테온의 돔 구멍을 통해 위에서부터 들어오는 빛은 내부를 구석구석 비춰 준다. 자연의 빛을 건물 내부로 끌어들여 최대로 활용했던 전형적인 사례라고 볼 수 있다. 비록 구멍이 뚫려 있어 비가 올 때는 그 빗줄기가 건물 안쪽으로 들어올 수밖에 없었지만 비로 인한 피해보다는 빛에 의한 혜택을 더 많이 누렸을 것임에 틀림없다. 오늘날의 건축물 지붕 위에 뚫린 구멍에는 천창이나 지붕창을 설치할 수 있다. 유리를

끼워 넣을 수 있는 점이 판테온 신전의 돔과 가장 큰 차이라면 차이다. 하지만 기능상의 원리는 오늘날의 천창이나 지붕창과 같았다는 점에서 교훈을 삼을 만한 충분한 가치가 있다.

빛은 인테리어 치장을 대체할 수 있는 훌륭한 재료다

유럽에서는 오래전부터 하늘에서 내려오는 자연의 빛을 건물 내부로 끌어들이려고 무던히 애써 왔다. 벽에 있는 창문을 통해 실내를 밝히는 데는 한계가 있었기 때문이다. 빛이 잘 들어오지 않는 실내는 늘 어둡고 분위기도 칙칙할 수밖에 없다.

"실내에 빛이 가득하면 벽이나 천장의 거추장스런 장식-색과 인테리어 치장을 생략해도 장식의 원래 취지인 휘황찬란함을 느끼게 됩니다. 색이 없어도 실내 표면에 반사된 빛 때문에 충분히 아름다움을 나타낼 수 있기 때문입니다." 덴마크 코펜하겐 근교 바우스배어 교회를 설계한 건축가 요른 웃존은 빛이야말로 가장 훌륭한 인테리어 소재라고 평가하고 있다. 호주 시드니 오페라하우스도 설계했던 요른 웃존은 건축물에 풍부한 변화를 제공하는 디테일을 자주 사용하는 건축가로 잘 알려져 있다. 그는 건축물에 풍부한 변화를 제공해주는 요소가 햇빛이라고 생각했던 것이다.

최근에 우리나라를 비롯해 세계 여러 나라에서 현대적으로 지어지는 집들을 보면 벽과 천장 장식에 상당한 시간과 돈을 투자하는 경우가 적지 않다. 내가 알고 있는 지인은 집을 지을 때 외벽과 지붕을 치장하는 마감재에 어마어마한 돈을 투자했다. 그러다보니 정작 실내에 투입할 수 있는 비용이 모자라서 애를 먹었다는 쓸쓸한 이야기를 들은 적도 있다. 만약 내가 살 집의 설계를 요른 웃존에게 의뢰했다면 물론 그럴 일은 일어나지 않을 테지만 말이다. 그는 아마도 집을 꾸미는 장식을 위해 쓰는 비용을 줄이는 대신 지붕창을 잘 계획해보자고 나를 설득했을지도 모를 일이다. 지금 같은 상황이라면 그의 제안에 100% 설득당하고 싶은 심정이다.

　"자연의 빛을 건물 안으로 끌어들이는 아주 사소한 일이 세상을 더 나은 곳으로 만들 수 있다"는 말을 누군가로부터 듣는다면 그 말에 동의하기는 커녕 헛웃음밖에 안 나오는 사람이 더 많을 것이다. 하지만 캐나다 국립연구소 제니퍼 베이치 박사는 그 말에 전적으로 동의하고 있다. "우리가 세상을 더 좋은 곳으로 만들 수 있다고 말하는 것은 과장이 아닙니다. 다만 조건을 갖춰야 합니다. 모든 공간이 사람들에게 최고의 것을 가져올 수 있는 곳이라야 가능합니다." 베이치 박사는 건물이 기능에 따라 사람들에게 최고의 것을 제공하면 불가능한 일이 아닐 수 있다고 주장한다. 다만, 건물이 최고의 실내환경을 가질 수 있으려면 자연광이 꼭 필요하다고 말하고 있다. 지금까지 많은 사람들로부터 가볍게만 여겨졌던 자연광이 사무실에 비춰면 직장인들의 업무효율을 높이고, 학교 교실에 비춰면 아이들의 학업능률이 좋아지며, 병원 병실 안에 비춰면 환자들의 몸과 마음에 유용한 혜택을 제공한다는 증거들은 유럽과 북미 지역을 중심으로 계속해서 쏟아지고 있다. 하지만 우리나라에서만은 예외인 것 같아 안타까운 마음을 금할 길이 없다.

　지붕창으로부터 들어오는 자연광 그리고 신선한 공기는 우리가 생활하는 공간뿐 아니라 그 안에 있는 사람들에도 다양한 혜택을 제공해준다. 지붕창은 자연광을 집 안 구석구석까지 도달하도록 한다. 그런데 자연광으로부터 좋은 혜택을 제공받기 위해서는 전제조건이 있다. 빛이 질적으로 좋아야 한다는 것이다. 질적으로 좋은 빛은 시각적으로 사물을 밝고 명료하게 만들어 공간이 넓게 보이도록 하며 친근감을 주는 분위기를 조성해준다.

빛은 에너지소비를 줄이는데 큰 몫을 담당한다

자연광은 수세기에 걸쳐 실내를 밝히는 주요한 광원으로 사용되어 왔다. 물론 미래에도 건물이 존재하는 한 건축에 없어서는 안 될 존재라는 것도 틀림없는 사실이다. 자연광은 주간에는 인공조명을 대체해 조명 에너지 사용을 줄일 뿐 아니라 냉난방 부하를 줄이는데도 긍정적인 영향을 미친다. 저에너지 건물을 디자인할 때 냉난방 부하는 우선적으로 고려해야 할 대상이다. 건물의 냉난방에 사용하는 에너지가 전체 에너지소비 중 가장 높은 비중을 차지하고 있기 때문이다. 잘 계획된 자연광을 건물 내부로 끌어들이면 냉난방 부하를 상당 부분 줄일 수 있다. 최근 발표된 연구조사에 따르면 자연광은 '건강과 안락함'을 동시에 제공하기 때문에 그 안에 거주하는 사람들에게는 없어서는 안 될 필수적인 요소라고 한다.

자연광이 거주자에게 제공하는 다양한 혜택은 집짓기를 계획하고 있는 사람들에게는 희소식이 아닐 수 없다. 자연광이 풍부한 실내공간은 거주자들에게 시각적인 만족도, 열 환경-과열되거나 차가워지는 환경에 대한 만족도가 높은 것으로 나타났다. 자연광의 혜택을 최대한 잘 누리기 위해서는 집 안 구석구석까지 골고루 빛이 퍼지도록 계획하는 것이 중요하다. 잘못된 계획으로 빛이 한곳으로 집중되면 전체적으로 너무 빛이 강해져 눈이 부시다. 눈이 부시면 시야가 방해 받을 수 있어 행동에 제약이 온다. 하지만 잘 계획된 자연광은 시각적으로 안정감을 주고, 신체주기 리듬에 좋은 영향을 제공하며, 개인적인 웰빙에도 기여하는 효과를 기대할 수 있다.

다시 한 번 강조하지만 설계 초기부터 잘 계획된 지붕창을 통해 얻을 수 있는 혜택은 상당히 많다. 우리 몸은 전체적인 건강에 대한 균형을 잡기 위해 낮에는 적당한 빛에, 밤에는 어둠에 노출되어야 한다. 이와 같이 우리 몸의 시계가 잘 작동되려면 아침에 들어오는 햇빛의 역할이 아주 중요하다. 충분한 햇빛을 제공하지 못하는 실내환경은 우리의 몸과 마음의 건강에 나쁜 영향을 미친다. 이로 인해 개인, 사회, 더 나아가 폭넓은 경제생활에도 악영향을 미칠 수 있다.

직장인들이 어둡고 침침한 실내환경에서 일했을 때에 비해서 햇빛이 풍부하게 들어오는 사무공간으로 옮기고 나서는 업무능률이 약 15% 정도 높아졌을 뿐만 아니라 자기 일에 대한 만족도가 훨씬 좋아졌다는 연구결과가 있다. 또한 햇빛의 유무에 따라 같은 교실 내에서 학생들의 학습능력이 높게는 18%까지 차이가 났다고 한다. 높은 학습능력을 보인 학생들은 대부분 창문 주변이나 햇빛이 풍부한 곳에 앉아 있었다. 단순히 우연의 일치라고 생각하기에는 햇빛이 우리에게 주는 혜택이 크다는 명백한 증거들이 여러 곳에서 나타나고 있다.

집 안으로 최대한의 자연광을 끌어들이는 효과적인 방법은 수직 벽에 설치하는 창이 아니라 지붕창을 이용하는 것이다. 이런 사실은 실험연구 데이터에서도 잘 나타나 있다. 수직 벽에 설치한 창문으로 들어오는 햇빛의 양을 수치로 변환해보면 10중에서 2.5 정도에 해당한다. 반면에 지붕창으로 들어오는 빛의 양은 평균적으로 5.0 이상이다. 수치상으로만 보더라도 지붕창으로 들어오는 빛의 양이 벽 창문을 통해서 들어오는 빛보다 두 배나 양이 많다.

11장

지붕창을 통해 집 안 구석구석을
밝게 만드는 아이디어

집 안으로 빛을 끌어들이는
다양한 침실 아이디어

경사가 가파르고 높은 지붕 아래의 침실

지붕에 있는 창을 통해 밤하늘의 별을 보며 잠을 잘 수 있다는 것은 상상만 해도 즐겁고 행복한 일이 아닐 수 없다. 경사가 가파르고 층고가 높은 지붕 내부 공간을 침실로 꾸며볼 계획이 있다면 지붕창을 설치해보자. 상상이 현실이 될 수도 있다.

오른쪽 사진은 지붕창 4개를 2개씩 위 아래로 설치한 침실의 모습이다. 밤에는 밤하늘의 별을 보는 것이 가능하고, 낮 동안에는 집 밖의 넓은 풍경을 볼 수도 있다. 가파른 경사 지붕에 창문을 설치하는 경우에는 창문 손잡이에 손이 닿을 수 없는 경우가 생길 수 있다는 것도 고려해야 한다. 이때에는 손으로 열고 닫는 수동 개폐방식이 아닌 자동 개폐방식으로 창문을 계획하는 것이 좋다.

지붕창을 계획할 때 또 하나 생각해야 할 것은 지붕창을 통해 바깥의 뜨거운 열이 실내로 들어오지 못하도록 조치를 취해야 한다는 것이다. 열을

경사가 가파르고 높은
지붕 아래의 침실에
설치된 지붕창

제어해야만 침실에서 안락함을 누릴 수 있기 때문이다. 열은 차단하고 빛은 통과시키는 특별한 기능을 가진 블라인드는 이런 환경을 만드는데 있어서 큰 역할을 한다. 열을 막아주는 블라인드를 고를 때는 빛은 잘 들어오는지, 블라인드를 내렸을 때 시각적으로 방해받지 않고 밖을 볼 수 있는지 여부를 반드시 확인해야 한다. 열을 막는다고 빛이 차단되면 실내가 어두워지고, 빛이 들어오지 않으면 바깥을 내다볼 수 없어 답답한 느낌을 받기 때문이다.

밝고 환한 침실

다음 사진은 경사진 지붕 내부 공간을 활용해서 만든 침실을 보여준다. 경사 지붕에 몇 개의 지붕창을 연속으로 설치했다. 지붕 내부는 자칫 잘못하면 어둡고 칙칙한 공간이 되기 쉽다. 이런 곳에 지붕창을 활용하면 침실

지붕창으로 들어오는
풍부한 자연광에 의해
밝고 환한 침실

내부 깊숙이 자연광이 들어올 수 있어 실내가 밝고 환하다. 수동으로 개폐
가 가능한 지붕창이라면 침대에서도 쉽게 열고 닫을 수 있는 장점도 있다.

공간이 넓어 보이는 침실

　최근에는 우리나라에도 모던한 스타일의 집을 선호하는 사람들이 많아
지면서 지붕모양에도 큰 변화가 일어나고 있다. 전통적인 스타일의 집은
경사가 있는 박공gable roof-지붕 경사면이 두 개로 된 삼각형 모양의 지붕
또는 모임hip roof-지붕 경사면이 4개로 되어 있고 지붕 용마루에서 모이는
지붕이다.

　반면 모던한 스타일의 집은 경사가 없는 평지붕flat roof이 대부분이다.
평지붕 아래의 침실은 지붕 경사면을 그대로 활용하는 박공 또는 모임지붕
의 내부에 있는 침실보다 단조롭고 좁아 보이기까지 한다. 평지붕을 뚫어

평지붕에 설치한
지붕창으로 인해
공간이 넓어 보이는
침실

서 창문을 설치할 수 있으면 공간도 넓어 보이고, 침실로 들어오는 햇빛이 풍부해져 훨씬 환해진다. 평지붕에도 물론 지붕창 설치가 가능하다. 다만, 평지붕용으로 만들어지는 지붕창을 설치하지 않으면 외부 기후에 의해 변형이 생기면서 물이 샌다거나 기능적으로 성능을 발휘하지 못하는 경우가 생길 수 있으니 유의해야 한다.

창문과 발코니가 한번에 해결되는 침실

단독주택을 꿈꾸는 사람들의 머릿속에 가장 인상 깊이 떠올릴 수 있는 이미지가 하나 있다. 여러분도 분명 공감할 것이다. 그 이미지는 '아침에 일어나 창문을 열고 발코니에 나가 신선한 공기를 마시며 기지개를 펴는 장면'일 것이다. 이런 장면은 머릿속에서 상상만 하고 있어도 입가에 행복한 미소가 흘러나온다. 하지만 2층 침실에서 발코니를 만들 수 있는 여건

이 허락되는 경우는 극히 드물다. 복잡하고 땅이 좁은 도심지 주택에서 발
코니를 갖는다는 것은 더더욱 어렵다. 침실 문을 열고 발코니에 나가 기지
개를 펴는 일이 뭐 그리 호사스러운 일도 아닌데 어쩔 수 없이 포기해야 할
때가 너무 많다.

　닫혀 있을 때에는 일반적인 창문과 다를 바 없는데 창문을 열었을 때 발
코니로 변신되는 창문이 있다면 일석이조(一石二鳥)일 텐데. 마치 자동차가
로봇으로 변하는 '트랜스포머'처럼 말이다. 위 사진은 창문과 발코니 기능
이 하나로 되어 있는 제품을 설치한 침실 사례를 보여준다.

낮과 밤을 위한 침실

　높이가 낮은 벽 위에 경사 지붕이 있는 경우에는 수동으로 개폐가 가능
한 지붕창을 설치하는 것이 좋다. 비용 대비 효율이 높아지기 때문이다. 침

천창을 통해서 들어오는 빛을 차단해야 할 경우도 있다

실에서는 반드시 어둠이 짙게 깔린 밤에만 잠을 자야 하는 것은 아니다. 낮 동안이라 할지라도 빛이 아니라 어둠이 필요할 때가 있다. 이처럼 낮에 잠을 자야 하는 경우에는 햇빛을 차단해야 질 높은 잠을 잘 수 있다. 이때는 지붕창에 암막blackout 블라인드를 설치하는 방법이 있다. 암막 블라인드는 반드시 밖에서 들어오는 빛을 100% 차단하는 기능이 있는 것을 선택해야 한다.

가파른 경사 벽이 있는 침실

경사가 가파른 벽은 도심에서 흔히 생길 수 있다. 우리나라 건축법규에도 이웃집의 일조권을 침해하지 않도록 일정한 규칙을 따르라는 규정이 있다. 정북방향으로 벽이 높게 서면 남쪽에서 비치는 햇빛을 막아 이웃집까지 빛이 내려가지 못한다. 이런 현상을 막기 위해 정북방향 벽은 일정 높이 이상부터는 경사를 두어야 한다. 그 경사는 햇빛이 이웃집에 비칠 수 있는 경로가 된다. 그렇게 생긴 벽은 마치 지붕과 같이 자연스럽게 일정 경사각

을 가지게 되는 것이다. 이때는 밖으로 개폐가 가능하며 높은 지붕창을 사용하는 것이 좋다. 경사 벽 아래쪽은 그대로 두면 경사각 때문에 거의 사용하지 못하는 공간으로 전락한다. 높은 지붕창으로 벽 아래쪽까지 닿을 수 있게 설치하면 빛도 충분히 들어온다. 중간 높이부터는 바깥으로 열리는 창을 통해 몸을 숙이지 않고도 바깥 풍경을 감상할 수도 있다.

풍부한 빛으로 혜택을 받을 수 있는 다양한 거실 아이디어

빛을 두 배로 끌어들이기. 전망은 덤

거실이 가지고 있는 조망권(전망) 하나만 가지고도 집의 값어치는 상당히 차이를 보인다. 우리나라 아파트도 조망권이 있는지 없는지에 따라 같은 옵션의 아파트지만 그 값어치가 달라진다. 외국의 경우에도 집에서 바라볼 수 있는 바다, 산, 시티, 호수 등의 조망에 따라 사람들의 선호도가 크게 차이가 난다. 거실은 집 안의 여러 공간 중에서도 가장 많은 사람이 모이는 공간이므로 밝고 따뜻한 분위기를 조성하는 것이 무엇보다 중요하다. 밝고 따뜻한 분위기는 사람들을 자연스럽게 끌어모으는 힘이 있다. 더 많은 빛을 끌어들이기 위해서는 하나의 지붕창을 설치하는 것보다 두 개 또는 세 개의 지붕창을 연속으로 설치하면 좋다. 지붕창의 면적이 클수록 더 많은 빛을 집 안으로 끌어들일 수 있기 때문이다. 창문 면적이 크면 풍성한 빛과 더불어 더 넓은 조망권을 확보할 수도 있다.

연속된 지붕창은 풍성한 빛과 넓은 조망권 확보에 유리하다

시리즈로 설치한 지붕창은 실내를 더 밝고 아늑하게 만든다

실내를 더 밝고 아늑하게

앞쪽 사진과 같이 2층 거실 코너 공간에 두세 개의 지붕창을 설치하면 사랑스럽고 아늑한 분위기를 만들어낸다. 더 많은 자연광을 실내로 끌어들이면 더 넓어 보일 뿐만 아니라 색감도 선명하고 사물이 명확하게 보이게 하는 효과를 제공해준다. 이로 인해 시각적으로도 즐거워지는 분위기가 조금 더 형성된다. 두 개 이상의 지붕창을 시리즈로 설치함으로써 바깥의 환상적인 전망도 확보할 수 있다.

인공조명에 의지하지 않는 화장실을 만드는 아이디어

화장실은 대개 채광과 환기에 취약한 곳에 위치한다. 채광이나 환기를 잘 못하게 되니까 어둡고 습한 환경이 만들어지는 것이다. 창문은 작게 설치하고, 환기는 천장에 매입한 작은 환기팬에 의지한다. 그래서 퀴퀴한 냄새가 나기도 한다. 두 개의 지붕창을 위아래로 연속해서 설치하면 많은 양의 빛을 화장실 내부로 끌어들일 수 있다. 위쪽에 설치하는 지붕창은 손이 닿지 않기 때문에 자동 개폐가 가능한 제품을 사용하면 편리하다. 시간마다 자동으로 개폐되도록 프로그램을 맞춰 열어두면 환기도 걱정 없다. 비가 내리면 센서가 감지해 자동으로 닫히기 때문에 창문을 열어놓고 집을 비워도 안심이 된다. 화장실에 설치하는 지붕창을 선택할 때는 몇 가지 유의할 사항이 있다. 첫째는 습기 문제에 따른 유지보수에 신경을 써야 한다. 화장실은 습기가 많이 발생하는 곳이기 때문이다. 둘째는 프라이버시 확보를 위해서는 블라인드도 필요하다. 화장실에 사용하는 블라인드는 내구성이 뛰어나고 습기에도 강한 내습성이 뛰어난 제품인지 확인할 필요가 있다.

프라이버시를 확보할 필요가 있을 때는 블라인드를 내리면 된다

어둡고 칙칙한 욕실이 햇살이 가득히 들어오는 욕실로 탈바꿈한 모습을 경험한 사람이라면 '프라이버시 때문이라도 창을 크게 낼 수 없다'는 생각은 다시는 하지 않을 것이다.

단독주택이라도 설계할 때 여러 가지 여건 때문에 아파트와 같이 화장실에 창문을 낼 수 없는 경우도 있을 수 있다. 중요하다고 생각하는 실을 먼저 배치하다 보면 화장실이 제일 후미진 곳으로 밀리게 되니까 이런 일이 발생하는 것이다. 이런 경우에도 막혀 있는 화장실 안으로 자연광을 끌어올 수 있는 방법이 있다. 썬터널sun tunnel을 활용하면 자연광이 안으로 들어와 인공조명을 사용하지 않아도 될 정도의 밝은 빛을 제공한다. 흐린 날의 경우에도 썬터널을 통해 들어온 자연광은 60와트 전구를 설치한 만큼의 빛을 제공한다고 한다.

창문을 설치할 수 없는 경우라면 썬터
널이 대안이 될 수 있다

주로 북쪽에 배치되어 어두운 주방을 밝게 만드는 아이디어

우리나라 대부분의 집 주방은 대체적으로 어둡다. 창문이 없는 경우도 있고 창문이 있더라도 높이가 낮고 길쭉한 창문을 설치한다. 창문을 제외한 나머지 벽에는 가능한 가구를 많이 설치해 수납공간을 확보하기를 원하기 때문이다. 빛은 포기해도 수납장은 포기 못하는 마음은 충분히 이해가 간다. 어두운 공간은 인공조명으로 대체할 수 있다지만 수납공간은 별도의 공간이 없으면 대체가 불가능하다. 그래서 주방 싱크대 앞에 있는 창문도 작게 뚫는다. 이렇게 되면 당연히 집 밖에서 들어오는 빛의 양은 적을 수밖에 없다. 게다가 지붕이 평평한 평지붕인 경우 주방의 중앙은 인공조명이 아니고서는 물건을 식별할 수 없을 정도로 어두운 환경이 될 확률이 아주 높다. 이런 곳이라 할지라도 지붕창을 설치하면 충분한 자연광을 끌어들일 수 있어 주방 전체가 환해진다. 자칫 어둡고 침침한 곳에서 인공조명에 의지할 수밖에 없는 공간이 밝고 매력적인 공간으로 바뀔 수도 있다. 높은 경사 지붕에 지붕창을 설치하면 자연광을 끌어들여 더 밝게 주방을 사용할

주방 위 평지붕에 설치된 지붕창을 통해서 실내 깊숙이 충분한 빛이 들어온다

경사 지붕에 설치된 지붕창은 채광과 환기를 동시에 제공한다

수직 벽과 경사 지붕에 맞게 조합된 지붕창

수 있을 뿐만 아니라 요리할 때 나오는 습기, 연기, 각종 냄새를 배출할 수 있는 환기통로를 제공하기도 한다.

위 사진은 경사진 지붕에 설치한 두 개의 지붕창과 흰색 페인트 마감 처리된 두 개의 수직 벽 창문이 아름답게 조합을 이루고 있다. 덕분에 어둡고 칙칙한 구석 공간이 주방의 중심으로 바뀌었다.

45

밝고 명랑한 분위기로 만드는
아이 방 아이디어

아이들은 아주 특별한 경우를 제외하고는 언제나 밝다. 본능적으로 밝고 명랑한 아이들에게 밝은 공간에서 놀고 공부할 수 있는 환경을 제공해 주어야 하는 것은 어쩌면 우리 어른들의 당연한 의무인지도 모르겠다. 밝은 공간에서는 아이들이 더 밝게 자랄 수 있기 때문이다.

경사 지붕 아래쪽에 고정된 창과 위쪽에 자동으로 열리는 창을 결합하면 아이들 방에 풍부한 자연광을 끌어들일 수 있다. 놀이와 잠을 병행하는 아이 방의 특성상 적당한 환기는 필수다. 자동으로 프로그램되어 시간마다 개폐가 가능한 지붕창은 오염된 내부공기를 바깥으로 빼내고 신선한 공기를 실내로 들어오게 한다. 아이 방에 설치하는 지붕창의 경우 자동 개폐를 조작하는 원격조정 패드는 호기심 많은 아이들의 손이 닿지 않는 곳에 놓는 것이 좋다.

밝은 실내환경에서 생활하는 아이는 밝고 명랑하다

과도한 열이 실내로 들어오지 않도록 적절한 조치도 필요하다

아이 방에 창문을 계획할 때 한 가지 주의할 점은 아이 방이 과열되거나 과도한 햇빛으로 눈부심 현상이 나타나지 않도록 빛의 강도를 조절해 주어야 한다는 것이다. 하루 종일 일정한 양의 자연광이 부드럽게 방 안으로 확산되도록 조치를 취하는 것이 가장 좋은 방법이다.

자연광과 자연환기를 통해 신선한 공기까지 풍부해진 아이 방은 수면을 취하거나, 숙제를 할 때, 놀이를 포함한 모든 활동에 완벽한 공간이 된다.

46

자연의 빛과 자연환기로
집중력을 높이는 서재 아이디어

용어사전에서 서재는 '책을 갖추어 놓고 책을 읽거나 글을 쓰는 방'이라고 정의한다. 물론 지금은 컴퓨터를 놓고 업무를 보는 경우가 더 많기는 하지만 어찌되었든 빛이 중요한 역할을 하는 곳임에는 틀림없다. 빛이 너무 강해도 너무 약해도 집중하기가 쉽지 않기 때문이다. 따라서 서재는 일정한 조도가 필요하다. 그렇다고 외부 자연광을 차단하고 인공조명에만 의지하기에는 너무 삭막한 분위기가 될 수도 있다. 책을 보다가 가끔 창밖으로 눈을 돌려 풍경도 보고 날씨

의 변화도 느낄 수 있다면 금상첨화 아니겠는가.

책상 위에 설치한 커다란 지붕창은 풍부한 자연광을 들이고 신선한 공기를 제공한다. 질 좋은 자연광과 자연환기를 통한 공기가 서재에 풍부해지면 집중력이 높아지고 생산성 역시 증가하게 된다.

적절한 채광과 조도를
제공해주는 지붕창

책상 위에
설치한 지붕창

자연채광으로 어두운 복도를
밝게 만드는 아이디어

집 안에서 햇빛이 제일 안 들어오는 곳을 꼽으라면 십중팔구 현관이나 복도일 확률이 높다. 실과 실을 연결해주는 통로의 역할을 하기 때문에 복도는 대개는 실내 벽으로 막혀 있다. 실내 벽으로 공간이 나누어진 복도는 창문을 설치할 수 있는 여건이 안 되기 때문에 인공조명이 없으면 늘 어둡다.

1층에 복도가 있다면 지붕창을 설치하기도 쉽지 않다. 이런 상황이라면 썬터널을 고려해보는 것도 좋은 방법이다. 썬터널은 창문이 없는 곳에 바깥에서 들어오는 자연광을 제공해주기 때문이다. 썬터널을 적재적소에 사용하면 해가 떠서 다시 질 때까지는 인공조명에 의존하지 않고 밝은 빛의 혜택을 누릴 수 있다.

만약 복도 위에 지붕창을 설치할 수 있다면 그것만으로도 환상적인 조명 효과를 내기도 한다. 계단 위쪽에 지붕창이 설치되어 있다면 자연광은 계단실을 따라 아래로 비치면서 다양한 실내 분위기를 만들어낸다.

지붕창을 설치할 수 없는 복도에는 썬터널이 대안이 될 수 있다

복도나
계단실의
지붕창은
멋진 실내
분위기를
만들어낸다

PART 5

햇빛이 가득한 집에
산다는 것

12장

안락하고 친환경적인 집이 갖추어야 할 필수요소

선진국에서는
왜 자연채광에 주목하는가?

여러분이 계획하고 있는 가까운 미래의 집은 어떤 모습이기를 원하는 가? 집 안에서 어느 공간을 가장 좋아하는 곳으로 만들고 싶은가? 거실, 침실, 주방 아니면 서재? 만약 집 전체가 거주자 모두가 좋아하는 공간으로 만들어진다면 이보다 더 좋은 경우는 없을 것이다. 그러나 집짓기를 시작 해보면 하나의 공간에 집중하는 것도 만만치 않은 현실의 벽 앞에 서야 할 때가 많다. 비용도 그렇고 넉넉지 못한 시간 등 여러 가지 제약 때문에 정작 원하는 것을 실행에 옮기지 못한 채 발목이 잡히는 경우가 적지 않다. 하지만 사람 욕심이라는 것이 끝이 있겠는가. 한정된 공간이지만 조금이라도 넓어 보이면 좋을 것 같고, 가능하면 적은 비용을 들여 원하는 것들을 다 갖추고도 싶다. 어두운 곳보다는 집 안 곳곳이 밝았으면 좋겠고, 최신 인테리어 트렌드에 맞게 실내를 꾸미고 싶은 마음도 굴뚝같다. 난방과 냉방에 사용하는 에너지도 절약해 에너지 비용도 줄이고 싶다. 하고 싶은 것들이 어디 이뿐이겠는가. 이외에도 집짓기를 계획할 때 고려해야 할 것들을 나열하면 끝도 없다.

　내가 처해 있는 금전적, 시간적 상황이 여유롭다면 무슨 걱정을 하겠는가. 여유롭지 못한 상황에서 집을 지으려다 보니 어쩔 수 없이 상황에 끌려 다닐 수밖에 없다. 이것이 현실이다. 이런 현실 속에서는 건축주는 을이 될 수밖에 없다. 넉넉지 못한 설계비용을 지불하게 되면 내 의지와는 상관없이 건축가가 제안하는 대로 설계를 급히 확정지어야 한다. 쓸 수 있는 공사비가 한정되어 있다 보니 한참 시공을 진행 중이라도 시공사가 제안하는 대로 각종 마감재까지도 바꿔야 할 처지에 놓이게 될 수도 있다. 빠듯한 건축비는 시시때때로 건축주의 속을 타들어가게 만든다. 현실을 생각하면 안타깝지만 어쩌겠는가. 건축주가 이런 상황에 놓이면 많은 부분을 감수할 수밖에 없다. 포기할 것들은 일찌감치 포기하는 편이 낫다.

　여러 가지 여건 때문에 다른 것들은 포기해야 할 상황에 처할지라도 건축주로서 절대로 절대로 놓아서는 안 될 것이 있다. 그것은 바로 '건강한 집'에 대한 소망이다. 많은 것들 중에서 '건강한 실내환경'을 조성하는 노력은 끝까지 놓아서는 안 된다. 외부에서 볼 때 집의 외관이 단순한 박스 형태면 어떤가. 외벽이나 지붕 마감을 위해 저렴한 마감재로 덮어씌우면 또 어떤가. 누군가 "저 집은 밖에서 보면 너무 싼 티가 난다"고 얘기한다면 듣는 입장에서는 속이야 조금 상할 수도 있다. 하지만 희망을 가지시길…. 사실 집의 외부 모양은 지은 지 6개월만 지나면 눈에 들어오지도 않는다. 외부 모양에 치중해서 많은 비용을 투입하는 건축주들은 6개월 눈요기를 하기 위해 값비싼 대가를 치르고 있는지도 모른다.

　집은 나와 내 가족이 하루 중 대부분의 시간을 보내야 할 소중한 장소다. 소중한 가족이 건강한 삶을 살 수 있으려면 집이 건강해야 한다. 삶에 대한 만족도 행복도 기쁨도 결국은 건강한 몸으로부터 시작되는 것이 아니겠는가. 집을 완성하고 입주한 후 몇 개월이 지나면 내 관심에서 멀어져 갈 그런 것들에 여전히 시간과 돈을 쓰겠다면 말리고 싶은 생각은 없다. 하지만 그렇다 할지라도 건강한 실내환경에 대한 투자에까지 너무 인색하지 않았으면 좋겠다.

햇빛은 건강한 집의 환경을 만드는데 꼭 필요한 요소다. 왜 그럴까? 햇빛을 집 안으로 끌어들이도록 미리 계획된 집에 살고 있는 유럽 사람들은 어떤 생각을 하고 있는지 들어보자.

"우리 집에서 제가 가장 좋아하는 곳은 현관이에요. 현관문을 열고 들어가면서부터 환상적인 광경이 펼쳐져요. 왜냐하면 현관을 열고 집 안으로 들어오는 순간 밝고 전망이 탁 트여 넓게 느껴지는 공간은 저의 영혼을 차분하게 재충전시키거든요." 영국 무어랜드에서 집 안 구석구석까지 햇빛이 풍부한 집에 사는 여주인 줄리아 씨의 말이다.

"저희 집에는 햇빛으로 가득한 현관이 있어요. 지붕창을 통해 자연광이 집 안으로 들어오는데 그것은 마치 집 밖에 있는 나무가 집 안에도 있는 것 같은 느낌을 주어요."

에스토니아 시골에 거주하는 티나는 지붕창을 통해 풍부한 햇빛이 들어온다는 이유 한 가지만으로도 집 안 여러 곳 중에서 현관이 제일 좋다고 얘기하고 있다.

"저는 특별히 주방을 가장 좋아해요. 아침이면 해가 뜨는 것을 볼 수 있는 이곳 주방에서 에스프레소 커피를 즐기죠. 저녁이면 해가 지는 풍경이 들어와요."

덴마크 코펜하겐에서 5층에 있는 주택을 리노베이션해서 사는 클라우

드 씨의 말이다.

"제가 가장 좋아하는 장소는 두개 층 높이로 오픈되어 있는 거실이에요. 거실 소파에 앉아 있으면 마치 열려 있는 하늘 아래에서 쉬고 있는 것 같은 착각이 들 정도에요. 구름이 낀 흐린 날에도 빛으로 가득하니 참 신기해요."

독일에 사는 크리스토프 씨의 말이다.

"저는 주방과 다이닝룸이 참 좋아요. 그곳 천장에 설치된 지붕창을 통해 낮에는 자연광이 풍부하게 들어오고 지붕창 너머로 보이는 전망도 아주 멋지죠."

불가리아에서 어둡고 칙칙한 저층 아파트 꼭대기 층을 리노베이션해서 사는 스페인 건축가 갈라타 씨는 애초부터 빛의 장점을 파악하고 리노베이션 작업에 들어갔다.

위에서 언급한 사례들을 보면, 집이 위치한 주변환경도 다르고, 나라

햇빛으로 가득한 현관

아침이면 해가 뜨는 것을 볼 수 있는 주방, 다이닝

두 개 층 높이로 오픈된 거실

도 다르고, 거주하는 사람들도 다르다. 하지만 이들의 각자 다른 이야기에서 한 가지 공통점을 찾아볼 수 있다. 이들은 집 안으로 들어오는 자연의 빛이 주는 분위기를 나름대로 만끽하고 있다는 것이다.

유럽은 지금까지도 많은 사람들이 오래전에 지어진 어둡고 칙칙하며 습한 집에 살고 있다. 이런 집은 실내환경이 건강하지 못하다. 건강하지 못한 환경 속에서 사는 사람들은 몸과 마음이 건강하지 못하다. 실제로 많은 유럽 사람들이 각종 호흡기질환으로 고통을 받고 있다는 통계가 이 사실을 뒷받침하고 있다. 자연의 빛이 우리 인간에게 주는 혜택은 너무나도 다양하다. 이런 사실을 잘 알고 있는 유럽 선진국에서는 자연광이 집과 어떤 관련이 있는지에 대해 오래전부터 연구하기 시작했다. 건축전문가, 연구원, 학계, 관련 산업계 할 것 없이 하나의 목적으로 연구에 몰두해왔다. 그리고 그 연구를 종합해본 결과 자연의 빛은 집과 거주자들의 건강에 아주 긍정적인 영향을 끼치고 있다는 사실이 밝혀졌다. 집짓기를 계획하고 있는 건축주가 자연광에 주목해야 할 이유는 자연광은 인류가 존재하는 한 결코 없어지지 않을 자원이기 때문이다.

"방에 자연의 빛이 들어오지 않으면 그곳은 더 이상 방이 아니다." 건축가 루이스 칸의 말이다. "너무 심하게 말하는 거 아니냐"고 반문하는 사람도 있을 것이다. 하지만 인간에게 자연의 빛이 주는 혜택이 크다는 사실에 부정할 사람은 그리 많지 않을 것이다. 개인적이지만 나는 루이스 칸의 말에 전적으로 공감한다. 나는 집의 가치, 삶의 가치를 찾기 위해 지난 20여 년간 건축이란 직업과 함께한 여정을 정리하고 있다. 수많은 자료를 뒤지고 전문가들과 의견을 나누고 여러 나라의 주택들을 직접 찾아가 경험해본 바에 의하면 그렇다는 얘기다.

루이스 칸은 왜 그렇게도 집 안에 들어오는 자연의 빛을 강조했던 것일까? 덴마크 건축가 요른 웃존도 자신이 설계한 수많은 건축물에 자연의 빛을 적용시키려 부단히 노력한 사람 중 하나다. 고대 그리스 건축물에도 자연의 빛이 잘 적용된 사례가 지금까지도 많이 남아 있다. 로마시대에 지어진 건축물에도 자연의 빛을 활용한 사례를 어렵지 않게 찾아볼 수 있다.

자연광은 우리의 몸과 마음의 건강과 웰빙에 있어서 아주 중요한 역할을 한다. 하지만 복잡하게 산업화된 시대를 살아가는 우리들은 자연광에 노출되어 자연과 한 몸이 되는 일조차 쉽지 않은 하루하루를 살고 있다. 궁극적으로 자연광이 절대적으로 부족한 삶을 살고 있다고 해도 과언이 아닐 정도다. 자연광의 중요성은 누구나 잘 알고 있다. 그러나 건물 안에서 그 혜택을 누리지 못하면 우리가 하루 중 빛에 노출될 수 있는 시간은 최대로 잡아도 불과 10% 정도다. 왜냐하면 하루 동안의 생활패턴을 살펴보면 우리는 바깥에서보다는 실내에서 보내는 시간이 하루 중 90%를 차지하기 때문이다. 주중에는 사무실에서 일하고 학교에서 공부하며 집 안에서 집안일을 하는 시간 대부분은 실내에서 보낸다.

이런 의미에서 보면 건축물을 계획하고 설계하는 건축가와 디자이너의 역할은 상당히 중요하다. 얼마나 많은 건축가와 디자이너가 건물 특히 집을 설계할 때 자연의 빛을 실내로 끌어들이려 노력하고 있는지에 대해서는 솔직히 의문이다. 자연광이 건물뿐 아니라 그 안에 거주하는 사람에게까지도 제공하는 혜택을 잘 알지 못하는 경우라면 더더욱 의문이 생길 수밖에 없다. 햇빛의 중요성을 모른 채 우리들의 일상의 삶과 빛을 어떻게 접목시킬 것인가를 고민하는 것은 거의 불가능하기 때문이다. 기존에 해오던 방식과는 너무나도 다른 해결책을 찾아 나서야 하기 때문에 웬만한 열정 없이는 시도조차 하기 어려울 수 있다. 그렇다고 그냥 무시해 버리기에는 자연광이 우리에게 제공하는 혜택은 너무나 크다.

어맨다 탤벗은 그의 책《어바웃 해피니스》에서 "빛은 제대로만 사용한다면 기분을 좋게 해주고 삶의 질을 높이는 데도 중요한 역할을 한다."고 했다. 자연의 빛은 우리의 몸과 마음의 안정에 필요한 다양한 혜택을 제공하고 있다는 의미다. 인간은 오래전부터 빛을 따뜻하고, 안전하며, 편안함을 주는 요소로 인식해왔다. 햇빛으로 인해 밝은 공간에서는 어둡고 칙칙한 곳에서보다 안전하다고 느끼는 것은 당연하다. 햇빛은 일상 행위나 감성적 측면에서도 커다란 영향을 미친다고 알려져 있다. 먹고, 자고, 공부하고 일하며, 질병에서 회복하는 일상에도, 행복이나 슬픔을 느끼는 감정에도 큰 영향을 준다.

햇빛을 집 안으로 끌어들이기 위해서는 집짓기 계획 초기부터 고민을 많이 해야 한다. 초기에 계획을 세우지 않으면 그 효과가 반감될 수 있는 여지가 충분히 남을 수 있기 때문이다. 도심지에 햇빛이 잘 들지 않는 땅에 집을 짓는 경우라면 더더욱 많은 고민이 필요하다. 이런 곳에 짓는 집에 채광계획을 세우지 않고 외관과 실내공간 계획에만 공을 들이면 집이 완성된 후에 후회할 일이 생길 수 있다. 햇빛이 잘 들어오지 않는 공간에는 채광창을 적절하게 사용하면 아주 효과적인 광원이 된다. 그리고 그것으로부터 받는 혜택은 고스란히 거주자에게 돌아가기 마련이다.

거주자의 건강과 웰빙을 극대화시키는 '액티브 하우스'의 탄생

액티브 하우스^{Active House}는 오늘날 우리가 가장 중요하게 생각해야 할 기후변화, 에너지소비, 실내 거주환경을 다루기 위한 원탁회의를 통해 처음 제기되었다. 덴마크 코펜하겐에서 열린 원탁회의에는 건축분야에서 국제적으로 명망 있는 연구원, 엔지니어, 건축가들이 모였다. 액티브 하우스는 주택을 새로 짓거나 리노베이션 할 때 고려해야 하는 에너지 설계와 거주 적합성 요인을 어떻게 결합할 것인가에 대해 깊이 고민한 끝에 내려진 최종 결과물이다. 토론에 참석한 전문가 그룹은 "미래를 대비한 에너지 설계는 모더니즘 이후 가장 성공적인 사례다. 우리는 1920년대에 누렸던 것처럼 좋은 삶-건강, 신선한 공기, 풍부한 자연광을 찾고 있다. 하지만 이러한 움직임이 실제로 새로운 시대가 될 수 있다는 것을 믿는다."며 최종 결론에 이르게 되었다.

전 세계 에너지소비량의 약 40%는 건물의 난방 및 냉방을 위해 사용된다고 한다. 건물의 냉·난방 에너지가 증가하면 대기 중에 이산화탄소 양이 늘어나 기후변화에도 커다란 영향을 미친다. 전 세계가 건축물에 사용되는 에너지소비를 줄이려고 노력하는 것도 바로 이런 이유 때문이다. 건축물의 에너지소비 문제에 대해 논의를 하고 본격적으로 행동으로 옮기기 시작한 지는 불과 몇 년밖에 되지 않았다. 앞으로 지어지는 건물들은 에너지를 절약하기 위해 여러 가지 규제를 따르지 않으면 안 된다. 하지만 기존에 지어진 건물은 여전히 이런 문제들 안고 있을 수밖에 없는 상황이다.

우리나라에서도 최근 들어 건물의 냉·난방 에너지소비를 줄이기 위해 건축물의 에너지관련 법규는 1년이 멀다 하고 빈번하게 강화되고 있다. 건물의 단열기준이 계속해서 높아지면서 더불어 기밀성능에 대한 관심도 커지고 있다. 에너지소비를 줄이려는 노력은 주거용 건물에도 예외가 없다. 단열과 기밀성능을 높이기 위해 가능한 외벽이나 지붕에는 구멍을 뚫지 않으려고 애를 쓴다. 어쩔 수 없이 창문이나 문을 설치해야 하는 경우라도 크기를 최소화시키려는 노력을 하고 있다. 집의 내·외부 공기의 이동을 차단하는 기밀성능이 높아질수록 집은 더 이상 스스로 숨을 쉴 수 없는 상태가 된다. 이런 상태가 지속되면 집은 서서히 병들어간다. 집이 숨을 쉴 수 없으니 집 안에서 오염된 공기가 빠져나갈 수 있는 확률도 점점 낮아진다. 단열과 기밀을 극대화시킨 패시브 하우스Passive House가 기계환기에 100% 의존하는 이유는 자연환기를 통해 손실될 수도 있는 소량의 에너지조차도 허용해서는 안 된다는 생각 때문이다.

우리는 하루 중 90% 이상의 시간을 실내에서 보낸다. 직장인들은 사무실 안에서 일하고, 학생들은 교실 내에서 공부한다. 주부들은 집 안에서 대부분의 시간을 보낸다. 일과를 마친 직장인, 수업을 마친 학생들은 집으로 돌아와 나머지 시간을 집 안에서 보낸다. 회사 건물, 학교 건물, 주거용 건물이 건강한 실내환경을 제공하지 못하면 그 안에서 생활하는 사람들의 몸과 마음도 점점 병들기 쉽다. 에너지소비를 줄임과 동시에 건강하고 안락한 주거환경을 제공하는 집을 지을 수만 있다면 얼마나 좋을까.

이제부터 간단하게 설명할 액티브 하우스가 추구하는 비전은 '집의 가치'를 고민하는 사람들에게 좋은 정보를 제공해 줄 것이라 확신한다. 액티브 하우스를 통해 만들고자 하는 집의 가치는 세 가지다. 첫 번째, 집은 거주자가 더 건강하고 더 편안한 생활을 할 수 있도록 안락함을 제공해야 하고, 두 번째, 필요한 에너지소비에 균형을 잡을 수 있도록 긍정적인 도움을 주어야 하며, 마지막으로 지역의 환경에 긍정적인 영향을 끼쳐야 한다. 이것이 바로 액티브 하우스가 추구하는 비전이자 최종 목표점이라고 할 수 있다.

집이 안락한 환경이 되려면 자연광과 신선한 공기가 집 안 가득 넘쳐야 한다. 이 두 가지 요소는 실내 거주환경에 막대한 영향을 미친다. 그리고 실내 거주환경은 좋은 공기의 질, 적절한 열 기후-차거나 덥지 않은 환경, 적당한 전망, 소음으로부터 안락한 환경에 영향을 받는다. 따라서 실내 거주환경이 좋은 집을 짓기 원한다면 자연광, 열 쾌적성, 실내공기의 질, 소음 방지의 네 가지 요소를 설계 단계에서 통합적으로 고려해 집 안에 적용시켜야 한다.

자연광

자연광은 수세기에 걸쳐 건물의 실내를 밝히는 주요 광원으로 사용되어 왔다. 적절하게 잘 계획되어 집 안으로 들어오는 자연광은 건강과 관련해 거주자에게 여러 가지 혜택을 제공한다. 최근 연구에서도 자연광이 사람들의 감정과 웰빙에 긍정적인 영향을 미친다는 증거들이 계속 나오고 있다. 자연광을 집 안으로 적절하게 끌어들이기 위해서는 창문의 역할이 무엇보다 중요하다. 질이 좋은 자연광이 풍부하게 집 안으로 들어오면 거주자가 안락하고 즐거움을 느낄 수 있다. 이런 혜택 때문에 집짓기에서는 자연광을 가볍게 여길 수가 없다.

창문은 자연광을 집 안으로 투과시키는 역할 외에 전망을 제공한다. 따라서 창문은 최고의 전망을 제공할 수 있는 위치에 설치하는 것이 중요하다. 하늘과 집 주변환경을 포함한 전망을 줄 수 있어야 한다. 집은 외부 자연환경에 최대한 노출되도록 계획하면 좋다. 밖에서 들어오는 자연의 빛을 최대한 실내로 끌어들이고 녹색식물과 교감하며 하늘을 바라볼 수 있도록 배려한 집은 누구라도 살고 싶은 곳이 될 수 있다.

열 쾌적성

집이 갖추어야 할 여러 가지 목적 중 하나는 극도로 변화가 심한 외부환경으로부터 거주자를 보호하는 것이다. 너무 덥거나 추운 환경은 거주자의 건강을 해치는 결과를 초래한다. 실내에서 양질의 열 쾌적성이 필요한 이유가 있다. 이런 환경은 생명을 유지하는데 아주 중요하기 때문이다. 사람들은 너무 덥거나 너무 춥다고 느껴지면 몸에서는 본능적으로 경고 시스템을 작동한다. 더울 때 땀을 흘리게 하고 추운 환경에서는 일정 시간 동안 따뜻한 기온을 유지하도록 우리 몸에 명령을 내리는 것이다.

집 안이 너무 덥거나 너무 춥지 않으려면 열로부터 쾌적한 환경을 적절하게 유지시키는 것이 중요하다. 여름철이나 겨울철에 덥거나 춥지 않은 환경, 즉 집 안의 열 쾌적성이 좋으면 사람들의 몸과 마음의 분위기를 올려주고, 일의 수행능력이 향상되며, 어른들의 경우 질병에 걸릴 수 있는 확률을 완화시켜 주기도 한다. 집은 추가적으로 에너지를 사용하지 않으면서 여름철에는 집 안이 데워지는 것을 최소화시키고, 겨울철에는 실내온도를 최적화시킬 수 있어야 한다. 집 안에서 열 쾌적성을 유지하기 위해 대부분의 사람들은 에너지를 사용한다. 여름철에 에어컨을 켜거나 겨울철에 난방을 하는 것이다. 효율적으로 에너지를 사용하는 기술을 바탕으로 양질의 열 쾌적성을 제공하도록 디자인하는 것은 그래서 중요하다. 자연환기 시스템, 차양막 블라인드, 자동제어 장치를 사용한 디자인 방법을 사용하면 효율적으로 실내의 열 쾌적성을 높일 수 있다.

실내공기의 질

집에서 실내공기의 질의 중요성은 아무리 강조해도 지나치지 않을 정도다. 실내공기의 질이 좋으면 천식, 알레르기와 같은 각종 호흡기 질환뿐만 아니라 심장혈관 등의 질병을 막을 수 있다. 또한 전반적으로 웰빙에 영향을 미치는 냄새 관련 문제들을 피할 수 있도록 도움을 준다. 양질의 실내공기는 거주자에게 첫째는 안락함을 제공하고, 둘째는 건강을 보장하며, 셋째는 일의 수행능력을 향상시키고, 마지막으로 외부환경 즉 자연과의 연결고리를 생성시켜 준다.

성인 한 사람이 하루에 소비하는 음식과 물은 약 2kg이라고 한다. 그에 반해 한 사람이 들이마시는 공기의 양은 얼마나 될 거라고 생각하는가? 무려 15kg다. 이 수치를 환산하면 성인 한 사람이 약 12,000리터의 공기를 하루에 들이키는 꼴이다. 공기가 사람의 건강에 미치는 영향이 얼마나 큰지 알 수 있는 통계다.

집은 거주자에게 양질의 공기를 제공해야만 한다. 실내에서 양질의 공기를 얻으려면 환기가 필요하다. 이때 환기를 위해서 사용하는 에너지를 최소화하는 것이 좋다. 에너지소비를 최소화하려면 가능한 자연환기 시스템을 사용하면 좋다. 아니면 상황에 따라서 하이브리드 환기 시스템-자연환기와 기계환기를 병행하는 시스템을 사용하는 것도 고려해 볼 만하다. 환기를 시키는 목적은 질이 좋은 공기와 열 쾌적성을 유지하기 위해 집 안 공기를 신선하게 바꿔 주는 데 있다.

소음 방지

소음에 대해 최적화된 환경을 갖추면 거주자의 건강, 웰빙, 일의 수행능력에 긍정적인 영향을 미친다. 극단적인 경우, 소음에 노출되면 심장혈관병을 일으키거나 가중시킬 수도 있다는 것을 알아야 한다. 소음은 스트레스와 두통을 일으키고 학습장애의 원인이 된다. 소음 때문에 생기는 문제는 또 있다. 소음은 수면장애를 불러오고 충분한 휴식을 취하지도 못하게 막는다. 수면장애와 불충분한 휴식은 밤에 발생되는 소음 때문이다. 그래서 집짓기를 계획할 때는 반드시 침실에 대한 차음방안을 고려하는 것이 필요하다. 집을 설계할 때는 거주자가 외부 교통소음이나 내부 설치물에서 나오는 소음에 가능한 노출되지 않도록 주의를 기울여야 한다. 그리고 생활공간의 전반적인 소음의 질을 최소화시킬 수 있도록 디자인되어야 한다.

덴마크의 경우 교통소음으로 인해 발생하는 심장혈관병과 고혈압으로 한 해 평균 적게는 200명 많게는 500명이 사망한다는 통계가 있다. 집의 외피는 원하지 않는 외부소음이 내부로 들어오는 것을 막아준다는 의미에서 또 하나의 중요한 기능을 가지고 있어야 한다. 지붕과 외벽 그리고 창문의 차음 성능에 대한 고려가 필요한 것은 이런 이유 때문이다.

가족의 삶의 가치를 높이는 집

우리나라 사람들은 자의든 타의든 간에 '삶을 위한 집'이 아닌 '집을 위한 삶'을 사는 경우가 많다. 삶의 질을 따지기보다는 지금보다 더 값비싼 집을 얻어 자산적인 가치를 높이기 위해 꽤나 많은 시간과 노력을 투입하고 있다. 작은 아파트에서 시작해서 팔고 사고를 반복하다 보면 어느새 대형 평수의 아파트에까지 이르게 된 자신을 발견하곤 한다. 그런 자신의 상황을 되돌아보면서 스스로 뿌듯함도 느낀다. 집을 위한 삶을 추구하는 사람들은 지금 살고 있는 아파트 시세가 얼마나 되는지에 늘 관심이 쏠려 있다. 새로 분양하는 아파트로 갈아타야 또 한 단계 올라갈 수 있으니 관심을 가질 수밖에 없다.

영국에 살고 있을 때 내가 즐겨 보던 TV 프로그램이 있었다. 매주 한 번 저녁 황금시간대에 방영하는 프라퍼티 래더Property Ladder라고 하는 프로그램이다. 오래된 주택을 사고 되팔기를 반복하면서 사다리를 올라가듯 더 좋고 더 비싼 주택을 소유할 수 있는 방법을 보여주는 프로그램이다. 사고 되팔기를 반복하면서 한 단계씩 비싼 주택을 사는 모양새가 꼭 사다리를 타고 올라가는 것과 같다 해서 프라퍼티(부동산) 래더(사다리)라는 이름을 붙인 것이다.

이 프로그램의 핵심내용은 대략 이렇다. 부동산의 가치를 잘 알지 못하는 아마추어 부동산 개발업자가 인생을 변화시켜 줄 수 있을 만큼의 이윤을 최대한 만들기 위해 주택을 사서 리노베이션하는 과정을 담은 것이다. 이 프로그램에 출연하는 모든 사람들의 관심은 오직 시세 차익, 즉 이윤뿐이다. 누가 얼마의 이윤을 남겼느냐가 중요한 포인트다. 모든 초점이 돈에 꽂혀 있는 것이다. 주택을 고르는 기준도, 실내를 꾸미는 기준도, 외관을 변경하는 기준도, 방을 없애고 거실을 넓히고 주방 가구를 새로 바꾸는 이 모든 기준이 바로 이윤이다. TV에 아마추어 부동산 개발업자로 소개되는 출연자는 대개 젊은 부부다. 젊은 부부는 한마디로 막대한 이윤을 위해 자기들이 가지고 있는 모든 것을 바쳐 주택을 수리하고 꾸민다. 그 모습을 보고 있노라면 처절함까지 느껴지기도 했던 기억이 난다. 자신들이 직접 살기 위해 모든 것을 투자해 집을 수리하고 꾸민다면 그 결과는 굳이 말을 하지 않아도 좋은 결과를 낼 수 있다. 노력과 투자와 열정이 집중적으로 투입되기 때문이다. 하지만 위에 언급한 TV 프로그램의 출연자들처럼 여전히 많은 사람들은 '삶을 위한 집'이 아닌 '집을 위한 삶'을 살고 있다. 참으로 안타까운 현실이 아닐 수 없다. 그렇지만 누가 누구를 탓하겠는가. 나를 포함한 많은 사람들이 이런 시스템의 직간접 수혜자일 터인데….

남들에게 보여주기 위해 집을 선택하는 경우도 적지 않다. 이들은 집으로 과시욕을 불태우고 싶은 생각을 가지고 있는 사람들이다. 겉으로 보이는 집의 외관에 유난히 신경을 많이 쓰는 것도, 최신 유행하는 인테리어 트렌드를 좇아 몇 년이 멀다 하고 실내를 장식하는 것도 불편함 때문이 아니라 어쩌면 남들에게 보여주고 싶은 마음이 더 커서가 아닐까 싶다.

더 이상 '집을 위한 삶'에 가치를 두는 우를 범하지 말아야 한다. 적어도 집짓기를 계획하는 예비건축주라면 '삶을 위한 집'에 더 높은 가치를 두고 노력해주기 바란다. 내 집을 짓는 과정은 돈에 가치를 두는 경제적인 이유 때문이 아니라 '삶의 가치'를 위해서 시작해야 한다는 것이다.

"큰 집에 있어도 편안히 쉬지 못하는 사람이 많아요. 그런 사람은 결국 바깥의 세상에도 적응하지 못하는 것과 다름없죠." 미국에서 아주 작은 집에 거주하는 집주인 윌리엄 씨의 말이다. 작지만 편안히 쉴 수 있는 집은 크기가 크고 화려하지만 거주자의 삶을 제대로 반영하지 못하는 집보다 훨씬 더 나은 가치를 담고 있다는 그의 말에 고개가 절로 끄덕여진다.

삶을 위한 집에 가치를 두면 그 안에 사는 거주자를 최우선 순위로 생각할 수밖에 없다. 이들은 '집이 거주자에게 어떤 혜택을 주어야 할까'에 대해 깊이 생각하게 된다. 집은 건강한 생활환경을 거주자에게 제공해야 한다. 그래야 그 안에 사는 사람들의 몸도 마음도 건강해지기 때문이다. 만약 내가 지어서 입주하게 될 집이 자연광이 풍부하게 들어오는 집이라면, 에너지소비를 위해 화석연료를 사용할 필요가 없는 집이라면, 화석연료를 사용하지 않으므로 결과적으로 이산화탄소가 대기 중으로 전혀 배출되지 않는다면 어떻겠는가? 만약 내가 사는 집이 필요한 에너지소비를 줄일 뿐만 아니라 필요한 에너지보다 더 많은 에너지를 생산하면서 환경에 더 도움이 된다면, 그 안에 살고 있는 가족의 건강을 향상시키는데 도움이 될 수 있다면 또 어떻겠는가? 결국에는 건강한 집이 답이다.

2015년 12월 파리에서 열리는 국제기후변화회의에서 195개국이 채택한 파리 협약에 따라 세계는 '기후변화'를 이 조약에 포함하기로 약속했다. 유럽에서는 건축물이 전체 에너지 사용량의 40%, 탄소 배출량의 37%를 차지한다. 우리나라도 사정은 비슷하다. 건물에서 사용하는 에너지소비를 절약하는데 더욱더 초점을 맞추면 현대 생활에 미치는 나쁜 영향을 줄이는 데 중추적인 역할을 할 수 있을 것이다. 따라서 우리가 사는 집, 일하는 회사, 공부하는 학교 건물을 설계하고 조직하는 방식에 있어서 패러다임의 전환이 필요한 때가 되었다.

전 세계의 기후와 에너지 변화에 대한 해결책은 에너지 혁신과 미래에 지어지는 건물의 에너지 성능에 달려 있다고 해도 과언이 아니다. 현재까지 집에서 사용하는 에너지로부터 배출되는 이산화탄소 양을 줄이려는 대부분의 시도는 단열성능을 높이는데 있었다. 외벽과 지붕의 단열성능을 높여 실내 열이 바깥으로 쉽게 빠져나가지 못하도록 하기 위해서다. 열의 이동을 제한해 화석연료로 만들어지는 냉·난방 에너지의 소비를 줄어들게 하는 것이었다.

햇빛을 풍부하게 끌어들인 집

'액티브 하우스'라고 불리는 새로운 개념의 에너지 주택은 덴마크에서 처음 소개되었다. 액티브 하우스는 자연의 빛을 실내로 끌어들여 인공조명이나 난방을 위한 에너지를 생산한다. 햇빛을 실내로 끌어들이는 액티브 하우스의 기본원칙은 지속가능한 미래를 만들기 위해 자연광을 이용해야만 한다는 확신으로부터 시작되었다. 자연광을 이용한 에너지 주택은 더 이상 뜬구름 잡기식의 허황된 이야기가 아니다. 미국, 캐나다, 러시아, 유럽 곳곳에 지어진 액티브 하우스는 자연광이 에너지 주택에 얼마나 큰 기여를 하고 있는지 잘 보여주고 있다. 만약 자연광이 풍부한 집에서 생산된 지속가능한 에너지를 사용한다면 이산화탄소 배출량은 분명 감소할 것이다. 결국 햇빛을 풍부하게 끌어들인 집에 사는 사람들은 자연광에 의해 생산된 지속가능한 에너지를 원하는 만큼 사용할 수 있게 된다. 더불어 건강하고 안락한 실내환경은 자연스레 만들어진다.

실내공기의 질을 중요하게 생각하는 집

신축 주택의 디자인 및 시공은 '실내공기의 질Indoor Air Quality'에서 엄청난 발전을 이루었다. 1973년에 발생한 오일쇼크 이후로 건축가, 시공 및 자재 업체는 신축 주택의 에너지 효율성을 향상시키기 위해 열심히 노력해 왔다. 그중 하나가 집의 단열성과 기밀성을 높이는 기술의 개발이었다. 단열과 기밀을 높이면 집의 에너지 효율성도 좋아지고, 실내로 들어오는 외부의 공기를 막을 수 있다. 실내에 있어도 '외풍'이 심하게 느껴지는 집은 단열 및 기밀성능이 낮기 때문이다. 옛날에 지어진 건물일수록 외풍이 심하다.

나는 어릴 때 할머니가 계신 시골집에서 며칠씩 머물곤 했다. 겨울에 가면 넓은 방 한구석에 언제나 화로가 놓여 있었다. 아궁이에 나무를 때서 방을 데웠는데, 아궁이 가까운 쪽은 방바닥이 너무 뜨거워 앉아 있지 못할 정도였다. 그런데 아궁이로부터 멀리 떨어진 방바닥은 열기가 전달되지 않아 항상 냉골이었다. 냉골 바닥 근처에 화로를 놓고 뜨거운 숯을 담아 놓았던 이유도 방 안에서의 온도 차이를 극복하기 위함이었다.

외풍은 집이 외벽 구조체와 마감재 사이의 작은 틈이나 단열재가 끊어져 있는 곳에서의 온도차로 인해 찬바람이 실내까지 들어오기 때문에 생긴다. 옛 속담에 "바늘구멍으로 황소바람 들어온다"는 말이 있다. 추울 때는 아주 작은 구멍으로도 황소와 같은 거센 바람이 들어온다는 뜻이다. 이런 경험을 한 번이라도 해본 사람들은 집짓기의 최우선 순위로 단열이나 기밀을 꼽을 것이다. 겨울철 황소바람 때문에 상당한 고통을 당했기 때문에 머릿속에 여전히 좋지 않은 기억으로 남아 있기 때문이다.

그럼에도 불구하고 무조건 기밀성능을 높이는 집을 짓겠다는 생각은 금물이다. 기밀성을 높여서 얻는 혜택은 분명 많다. 하지만 기밀성이 우수하다는 것은 집이 밀봉되어 있다는 의미이기도 하다. 비닐 봉투에 집이 꽁꽁 쌓여 있다고 생각해보라. 생각만 해도 답답하고 숨이 막힐 것 같다. 기밀성이 우수한 집일수록 숨을 쉴 수 있는 기능을 반드시 고려해야 한다. 1년 내내 원하는 온도와 습도를 유지하기 위한 조치가 필요하다는 말이다. 자연 환기를 통해 얻어지는 신선한 공기와 기계장치의 공기정화 필터를 통해서 오염된 공기가 걸러진 맑은 공기를 집 안으로 지속적으로 공급하는 것이 건강한 실내환경을 위해서 무엇보다 중요하다.

13장

건강한 집에 살고 있는 가족들의 리얼 스토리

거주자의 안락함과 웰빙을 위해 설계된 캐나다 걸프 하우스

캐나다 '걸프 하우스Great gulf house'는 집 안에 거주하는 가족들의 신체적, 정신적 건강을 증진시키는 동시에 에너지 효율까지 높은 집을 만들겠다는 목적으로 지어졌다. 집 안 곳곳에 접목시킨 스마트한 디자인과 기술을 집약시킨 덕분에 건강하고 에너지 효율이 높은 집이 완성될 수 있었다. 걸프 하우스는 캐나다에서 최초로 공식적인 인증을 받은 액티브 하우스Active House다.

걸프 하우스가 위치하고 있는 곳은 캐나다 토론토 서쪽으로 약 90분 거리에 있는 온타리오 쏘롤드Thorold, Ontario다. 2013년에 완공된 걸프 하우스는 액티브 하우스 개념이 집 안 구석구석까지 잘 접목되어 있다. 걸프 하우스에 실제로 살고 있는 가족들의 생활방식을 통해 얻어진 데이터는 최적화된 액티브 하우스 연구자료로 활용되고 있다.

걸프 하우스 설계를 담당했던 디자인팀이 이 집을 설계할 때 중점적으로 생각했던 디자인 요소들이 몇 가지 있다. 첫 번째 요소는 모던한 스타일로 심플하게 외관을 디자인했다는 것이다. 외관을 심플하게 디자인한 이유는 집을 다 짓고 난 이후 유지보수에 신경 쓰고 싶지 않은 건축주의 의견이 있었기 때문이다. 두 번째 요소는 입주하면서부터 집에 거주하면서 들어가는 운영에너지-냉난방 비용, 조명 에너지 비용 등을 줄이는 것이었다. 유지보수와 에너지 절약은 디자인팀이 중점적으로 해결해야 할 몫이었다. 이런 요구사항들을 만족시키기 위해 특별한 디자인 프로세스가 적용되었는데, 경험을 통해 자연광이 어떻게 일상생활을 향상시킬 수 있는지에 초점을 맞춘 디자인을 진행시킨 것이었다.

디자인팀은 자연광이 집 안 구석구석까지 들어오면 거주자의 생활환경은 더 나아질 수 있다는 결론을 내렸다. 실내로 자연광을 최대한 효과적으로 끌어들이기 위해 디자인 단계에서부터 철저하게 검증했다. 사전에 컴퓨터 프로그램을 통해 다양하게 시뮬레이션한 데이터를 가지고 최종 설계에 반영시켰다. 계단실은 1층과 2층 공간을 이어주는 기능을 가지고 있다. 1층과 2층을 연결해주는 그야말로 없어서는 안 되는 고마운 존재다. 하지만 다른 한편으로는 계단실로 인해 2층과 1층이 단절되기도 한다. 특히 2층으로 들어온 빛이 1층까지 내려오지 못하는 경우가 그렇다. 일반적으로 층과 층을 연결하는 계단실은 디딤판이나 챌판이 다 막히도록 설계하고 시공한다. 계단이 막혀 있으니 오르내리면서 계단 아래를 볼 수가 없다. 계단 난간의 경우에도 촘촘한 기둥을 세로로 세우거나 아예 벽처럼 막는 경우가 대부분이다. 빛이 내려오는 길을 계단실이 막고 있는 셈이다.

걸프 하우스의 경우 2층으로 들어오는 빛을 1층까지 끌어들이기 위해 완전히 열려 있는 계단을 계획했다. 계단실은 발을 딛는 디딤판만 있게 하고 수직으로 세워지는 챌판은 없앴다. 난간의 경우에도 불투명 소재의 벽

걸프 하우스의 오픈형 계단실을 통해 1층까지 빛이 잘 투과되고 있다

으로 막지 않고 빛이 충분히 투과할 수 있도록 투명유리를 설치했다. 이렇게 함으로써 지붕에서부터 들어오는 자연광은 2층뿐만 아니라 계단실을 통해 1층까지 잘 들어오게 된다.

지붕창을 통해 풍부한 자연의 빛이 높은 거실을 가득 채우고 있다. 넓게 펼쳐진 개방형 평면은 빛이 들어오면서 실제보다 훨씬 더 크고 넓게 보이는 효과를 준다. 과도한 빛은 실내가 과열되는 원인을 제공한다. 실내가 과열되면 열을 식히기 위해 에어컨 사용을 늘릴 수밖에 없다. 따라서 에어컨 의존도를 최소화할 수 있는 방안이 필요했다. 에너지 사용을 줄이며 가장

효과적으로 해결할 방안은 자연환기를 최대한 활용하는 것이었다. 충분한 빛을 끌어들이기 위해서는 고정된 지붕창으로도 가능하다. 하지만 개폐가 가능한 지붕창을 설치한 이유는 자연환기를 통해 집 안의 오염된 공기가 밖으로 나가고 신선한 공기가 원활하게 공급될 수 있게 하기 위함이었다.

개폐가 가능한 지붕창

디자인팀이 놓치고 싶지 않았던 또 하나의 디자인 요소가 있었다. 집 안 어디에서나 실내와 바깥 공간이 시각적으로 연결되었으면 하는 것이었다. 실내와 실외를 연결하는 가장 쉬운 방법은 마치 담장을 허물어 이웃과의 소통을 가능케 하듯 실내와 외부를 가로막고 있는 벽과 지붕을 허무는 것이다. 그렇다고 벽을 허물고 지붕을 허물어서야 집이 온전해질 수 없다. 방법은 벽의 일부를 뚫고 지붕의 일부를 뚫어 그곳에 창문을 설치하면 된다. 그러나 계획 없이 창문을 아무데나 설치했다가는 이웃하고 있는 집들에 의해 개인 사생활, 즉 프라이버시가 침해받을 수 있기 때문에 주의해야 한다. 걸프 하우스의 디자인팀은 이런 이슈들을 해결하기 위해 많은 고민과 노력을 기울였다. 이런 노력 때문에 집 안 모든 방에서 프라이버시 침해 없이 외부 세계의 풍경을 감상할 수 있게 건강하고 안락한 집이 탄생될 수 있었다.

실내외를 연결해주는 창문의 역할을 충실히 수행하도록 잘 계획되어 있다

"우리는 대부분의 시간을 실내에서 보내며 살 수 있을지도 몰라요. 하지만 우리 인간들은 여전히 빛과 공기와 외부의 열려 있는 개방성을 고대하고 있죠. 우리는 이런 환경에 맞게 창조되었다고 저는 믿어요. 햇빛, 신선한 공기, 아름다운 공간은 우리의 신체와 정신 건강에 상당한 영향을 미친다고 확신해요."

거주자의 건강과 안락한 실내환경을 중요하게 생각해서 액티브 하우스 개념을 접목시켰다는 개발사 대표의 말이다. 눈에 보이는 것에만 집중해 집의 내부와 외관에만 신경 써서 집을 지으려는 우리의 모습과 비교하면 커다란 문화적 차이를 느낄 수밖에 없다.

걸프 하우스에서 중점을 둔 주요 디자인 요소와 성과들

Q1

햇빛이 풍부하게 들어오는 집에 살아보니 달라진 점이 있다면?

"이 집은 자연광을 전략적으로 사용해서 건강한 실내환경을 만든 캐나다 최초의 사례라고 해요. 자연광은 우리 가족이 웰빙well-being의 삶을 사는데 꼭 필요한 것 같아요. 집 안 곳곳에 퍼져있는 햇빛만 봐도 삶이 풍성해지는 것을 느껴요. 자연광은 우리 아이들의 집중력을 높여주기도 했어요. 아이들이 밝아지니까 집 안 분위기도 아주 좋아졌죠. 해가 떠서 질 때까지는 인공조명을 켜지 않아도 생활에 전혀 불편함을 느끼지 못할 정도로 실내가 밝아요. 인공조명을 사용하는 횟수가 줄어드니까 불필요한 전기에너지 사용을 줄이게 되었죠. 자연광을 이용한 액티브 하우스에 대한 개념을 들었을 때는 사실 걱정도 많이 했었어요. 집 안으로 햇빛이 들어오면 정말이지 밝은 분위기가 연출되어 좋을 것이라는 생각도 있었지만 오히려 그 빛 때문에 실내가 너무 뜨거워지지는 않을까 하는 불안감도 있었기 때문이었죠. 좀처럼 불안감을 떨치지 못하고 있는 저희 가족에게 디자인팀이 했던 말이 위로가 되었어요. '자연광이 집 안 모든 공간에 풍부하게 들어오게 하면서 동시에 과열 때문에 불편을 겪지 않으려면 사전에 계획을 잘 세워야 해요. 그 부분에 대해서는 전문지식과 경험을 가지고 있는 디자인팀을 믿어보세요.' 저희 집을 설계했던 디자인팀은 이 분야의 풍부한 경험을 가지고 있는 전문가 그룹이었어요. 그들은 자연광을 평가하는 도구를 사용해서 다방면으로 집 전체를 모델링을 했어요. 집 안 모든 공간이 충분히 자연광을 받을 수 있도록 말이죠. 그 결과물을 보고 나서는 저희 가족도 안심을 할 수 있었어요. 모델링을 통해 디자인팀은 가장 효율적인 지붕창의 크기와 채광을 위해 효과적인 위치를 우리 가족에게 제시했고 애초 계획대로 지붕창을 모두 설치했어요. 결과는 정말 극적이었죠. 애초 계획대로 모든 것이 완벽했고 우리 가족들은 그 결과에 만족하며 건강한 삶을 즐기고 있어요."

집 안에 햇빛의 양이 얼마나 들어와 있는지를 지표로 삼고 있는 요소가 주광률Daylight Factor이다. 주광률이 높다는 것은 실내에 빛의 양이 풍부하다는 의미다. 빛의 양이 풍부해지면 실내의 밝기가 커진다. 실험결과에 의하면 일반적인 집의 외벽 창문에서 체크한 주광률은 1~2% 사이라고 한다. 반면 걸프 하우스는 가장 밝은 곳은 주광률이 10.4%에 달했고, 대부분의 공간에서도 3~5%를 기록하고 있다고 한다. 수치만 비교하더라도 걸프 하우스가 일반주택에 비해 실내가 얼마나 더 밝은지 알 수 있다.

Q2
창문을 열어놓는다고 자연환기가 될까?

"우리 가족이 또 한 가지 심각하게 고민했던 부분이 바로 환기였어요. 집 안이 오염된 환경은 우리 가족의 건강에 나쁜 영향을 미친다는 것을 잘 알고 있었어요. 그래서 적절한 환기가 될 수 있는 시스템을 갖추고 있어야 한다고 생각했죠. 그런데 환기를 하면 나쁜 공기는 교체될 수 있어서 좋지만 실내 에너지가 낭비될 수 있다는 것 때문에 고민이었어요. 겨울철 난방으로 실내공기가 데워졌는데 환기를 하게 되면 실내온도가 내려갈 것은 당연한 사실이었으니까요. 그래서 이것저것 신경 쓰기보다는 기계환기에 맡겨볼까도 생각했었어요. 자연의 흐름에 따라 환기를 하면 좋기는 한데 앞서 얘기한 불안감 때문에요. 이론적으로 생각하면 자연환기가 우리 몸에 더 이상적인 혜택을 줄 것이라는 사실을 부정할 사람은 아마 거의 없을 거예요. 하지만 하루 24시간 돌아가는 기계환기가 더 편하고 안전할 것이라는 생각도 있었기 때문에 더 고민이 되었어요. 창문을 열어놓는다고 해서 실내공기가 순환이 잘 될까라는 의문도 있었죠. 디자인팀은 자연환기에 대해 우리 가족이 가지고 있던 우려를 하나씩 풀어줬어요. 우선 개방적으로 평면 계획을 제안했어요. 넓은 공간을 통해 자연스럽게 실내공기가 흐름을 탈 수 있도록 말이죠. 전문 용어로 교차 환기, 굴뚝 효과 stack effect를 활용해서 더운 공기는 위로 올라가고 찬 공기는 아래로 내려오도록 실내환경을 만든 거죠. 교차 환기와 굴뚝 효과는 기계에 의해 돌아가는 팬fan 에너지에 대한 의존도를 낮출 수 있다고 하네요. 그리고 질 좋은 공기를 제공하죠. 자연환기는 사용자가 제어하기 때문에 유지보수가 필요하지 않다는 것도 좋은 점이었어요."

Q3
높은 곳에 설치된 창문을 어떻게 열고 닫나?

"자연환기를 하려면 창문을 열어야 하죠. 벽에 설치된 창문은 대부분 손이 닿는 곳에 위치하도록 계획되기 때문에 열고 닫을 때 문제가 되지 않아요. 하지만 손이 닿지 않는 높은 지붕에 설치된 지붕창의 창문은 수동으로 열고 닫는 것이 거의 불가능하다는 것을 알고 있었죠. 때문에 이 부분을 어떻게 해결할까 지켜보고 있었어요. 창문을 열고 닫는 문제뿐 아니라 과열에 의해 피해를 줄이기 위해 스크린 같은 블라인드도 가렸다가 다시 쳐야 하는 상황도 문제였어요. 디자인팀은 전자제어 시스템을 접목시키면 지붕창이나 블라인드의 경우도 실내외 환경에 따라 자동으로 제어 기능을 갖출 수 있다며 자동화 시스템을 제안했어요. 자동 제어장치를 사용하니까 모든 방에서 습기, 온도, 자연환기가 자동으로 조절되더라고요. 예를 들어 우리 아이들이 방에서 격하게 놀고 있을 때 자동 제어장치가 방 안의 이산화탄소 양을 측정해 창문이 자동으로 열려 환기를 시키는 것과 같은 일이 벌어지는 거죠. 정말 신기해요."

52

유지비용이 저렴한
생활공간 미국 스미스 하우스

　　스미스 주택Smith residence은 미국 최초의 액티브 하우스다. 건강한 실
내환경과 뛰어난 에너지 효율을 제공하는 것이 스미스 주택을 짓는 목표였
다. 스미스 가족은 2013년 미국 최초의 액티브 하우스로 보금자리를 옮기
면서 새로운 삶을 살고 있다. "스미스 가족에게 액티브 하우스를 제안했을
때, 가족 모두는 뛸 듯이 기뻐했습니다." 스미스 주택을 설계한 건축가 제
프 데이는 스미스 가족과의 첫 만남을 회상하며 이렇게 말한다. 스미스 하
우스는 전통적인 미국식 목조주택 스타일의 외관을 가지고 있다. 모던한
감각으로 실내를 꾸민 것에 비해 이 집의 외부 스타일이나 형태는 전통적
인 모습으로 디자인했다. 집 외관을 모던하게 설계하지 않은 이유는 이웃
집들과 조화를 이루기 위해서였다. 스미스 주택이 미국의 전통적인 주택
스타일을 유지하고 있는 것도 이 때문이었다. 주변환경에 잘 어울리는 스
타일로 현대적인 감각은 떨어질지 몰라도 성능 면에서는 주변 집들과의 커
다란 차이를 보이고 있다. 스미스 하우스에 적용된 액티브 하우스 개념은

집의 라이프사이클, 즉 수명주기 동안 운영, 에너지, 유지비용을 최소화시켜 준다.

    이 집은 기존에 있는 오래된 1층 주택을 철거하고 그 자리에 2층 규모로 새롭게 지어졌다. 오랜 시간 동안 역사적인 전통을 이어가고 있는 지역적 특성 때문에 엄격한 디자인 가이드라인을 지킬 수밖에 없었다. 이런 규정 때문에 집의 외관 디자인도 전통적인 스타일을 따라야만 했다. 집주인 스미스 씨는 인테리어 디자이너와도 긴밀하게 협력해서 작업을 진행했다. 전통적인 모습의 주택임에도 불구하고 우수한 실내환경과 에너지 효율성을 보장하기 위해 최첨단 건축재료와 장치를 사용한 것도 경험이 풍부한 디자인팀과 적극적으로 일했기 때문이었다.

"저는 어떤 프로젝트든지 정말로 중요한 것은 지역사회, 즉 커뮤니티에 잘 어울리는 집을 짓는 것이라고 생각해요. 무엇보다 이 집은 이웃들로부터 분명 주목을 끌고 있으면서 커뮤니티의 사랑을 받고 있어요. 사람들이 저보고 어디 사느냐고 묻는 경우가 종종 있어요. 그럴 때면 저는 액티브 하우스에 산다고 얘기하죠. 그러면 사람들도 그곳이 어디인지 알아요." 스미스 주택의 건축주 데이빗 스미스 씨는 첨단시설을 갖춘 주택을 계획하더라도 커뮤니티와 동떨어진 외부 모습은 배제하는 것이 좋다고 말한다.

스미스 하우스에서 중점을 둔 주요 디자인 요소와 성과들

Q1

자연광 및 스마트 패시브 솔라 디자인

"디자인팀이 처음에 자연광과 자연환기에 초점을 둔 건강한 주택에 대한 개념을 얘기했을 때 가족 모두가 뛸 듯이 기뻐했어요. 저희 가족은 집은 모름지기 자연에 순응해야 한다고 생각했기 때문이죠. 디자인팀은 이 집이 기능적으로 앞서 얘기한 성능을 잘 수행하려면 배치가 중요하다고 강조했어요. 태양이 뜨고 지는 경로를 따라 집을 배치하는 것이 중요하다는 말이었죠. 디자인팀의 노력 덕분에 저희 집은 전망이 좋은 방향으로 배치되었을 뿐만 아니라 자연광이 실내로 잘 들어오는 최적의 조건을 갖추도록 계획되었어요. 앞서 말씀드린 대로 이 집이 위치한 지역은 역사적인 전통성을 강조하고 있어요. 미국의 전통적인 스타일의 주택은 벽 창문이 폭이 좁고 긴 형태가 대부분이에요. 그래서 대개는 실내에 항상 빛이 부족해요. 흐린 날에는 집 안쪽으로 들어갈수록 어두움이 더하죠. 하지만 저희 집은 이 같은 약점을 지붕창으로 보완했고 그 덕을 톡톡히 보고 있어요. 지붕 몇 군데를 뚫어 지붕창을 설치한 덕분에 그곳으로 자연의 빛이 충분히 실내로 들어올 수 있게 되었어요. 지붕창을 이용해서 주기적으로 자연환기도 시켜주는데 실내공기의 질도 높은 점수를 줄 수 있을 정도로 가족 모두가 만족해하고 있죠. 디자인팀은 에너지 효율을 극대화시키기 위해서 태양에너지를 적극적으로 이용했다고 하더라고요. 패시브 솔라 디자인 passive solar design은 태양에너지를 집 안으로 끌어들여 기능을 높일 수 있는 가장 효과적인 방법 중 하나라고 덧붙여 설명해 주었어요. 이렇게 패시브 솔라 디자인을 잘 활용하면 인공조명의 사용을 줄이고, 안락함을 향상시키며, 겨울철에는 열획득을 높이고, 여름철에는 햇빛으로 인해 집 안으로 들어오는

자연광과 자연환기에 의해 건강한 생활공간이 만들어진 스미스 하우스

원하지 않는 열을 감소시켜 준데요. 그래서 그런지 예전에 살았던 전통적인 집에 비해 에너지 사용이 상당히 줄어들었어요. 인공조명의 사용이 줄어들면 집 안에서 발생하는 열의 양도 줄어들게 되는 것 같아요. 집 안의 열이 감소하니까 여름철에는 에어컨을 사용하는 빈도수가 줄더라고요. 태양의 경로에 맞게 배치된 이 집은 지붕창으로 햇빛이 풍부하게 들어오지만 눈부심을 못 느낄 정도로 잘 계획되어 있어요. 환기와 관련해서는 자연환기와 기계환기를 병행해서 사용하는 하이브리드hybrid 환기 시스템을 적용시켰어요. 하이브리드 환기 시스템은 온도나 기상조건에 따라 작동되고 있죠. 최적의 시스템 덕분에 뜨거운 여름에도 에어컨을 켜지 않아요."

Q2

**태양에너지를 통해
어떤 혜택을 받고
있나요?**

"이 집에는 자연광을 실내로 끌어들이는 것 외에 태양광전지photovoltaic를 이용해 태양에너지가 제공되고 있어요. 1년 중 며칠은 냉방과 난방 수요가 최고로 올라가기도 해요. 하지만 그 기간은 사실 며칠 되지 않아요. 그 이외의 기간 동안은 이 집에서 필요로 하는 에너지보다 더 많은 양의 에너지가 태양에너지에 의해 자체적으로 생산되고 있어요. 에너지 데이터를 종합해보면 이 집에서 자체 생산해내는 에너지만으로도 1년 동안 냉방과 난방을 포함해서 사용되는 모는 에너지를 충당하고 있다는 거죠. 지붕재는 솔라리스solarless 지붕타일로 시공했어요. 솔라리스 지붕타일은 표면에 햇빛과 열을 반사하는 반사입자로 코팅되어 있어 시원한 느낌을 유지해요."

일반적인 주택의 주광률은 평균 2% 미만이다. 주광률이 낮다보니 실내공간을 어둡게 만들고 인공조명의 사용 빈도수는 높을 수밖에 없다. 주광률을 사전에 컴퓨터로 시뮬레이션 할 수 있는 디자인 분석 소프트웨어를 사용한 스미스 하우스는 평균 주광률이 5%에 이르도록 계획되었다. 집 안 대부분이 밝고 화사한 느낌을 주는 이유가 여기에 있다.

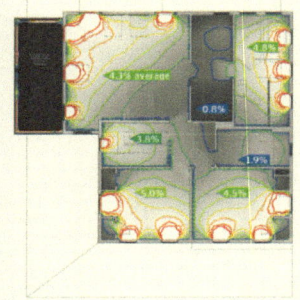

스미스 하우스의
2층 평균 주광률

안락한 주거환경에 에너지 효율까지 고려한 노르웨이 퓨처 액티브 하우스

첨단 기술이 접목된 집에서는 살기 편하다. 하지만 그 편리함 때문에 다른 부분을 놓칠 수도 있다. 주택에서도 마찬가지다. 첨단 기술로 발명된 여러 가지 장치들이 집에 적용된다면 마냥 편리할 것 같지만 장점만 갖고 있는 것은 아니다. 마치 양날의 검과 같다고나 할까. TV 리모컨의 발명으로 채널을 돌릴 때마다 겪었던 불편함은 해소되었을지 몰라도 그 편리함 때문에 TV 앞에서 더 많은 시간을 보내게 된 것은 부정할 수 없는 사실이다.

퓨처 액티브 하우스Future Active House는 새로운 개념의 집을 짓기 원하는 건축주의 고민을 통해 나온 결과다. 퓨처 액티브 하우스는 미래의 친환경 주택에 영감을 줄 수 있는 첨단 기술을 접목했다. 그리고 첨단 기술과 대치될 수도 있는 자연친화적인 개념을 동시에 적용시킨 집이다.

어울릴 수 없어 보이는 첨단과 자연친화적인 개념을 동시에 만족시키기 위해 디자인팀은 오랜 고민과 노력을 기울였다. 그리고 마침내 새로운 개념을 가진 이 집만의 청사진을 개발할 수 있었다. 첨단 기술과 자연과의 조화를 위해 이 집은 시간이 지나도 질리지 않고 여전히 변함없는 외관디자인과 가볍고 유연한 인테리어로 꾸며졌다. 노르웨이의 아름다운 자연경관과 잘 연결되도록 계획한 것도 자연과의 조화를 생각해서다. 그 밖에도 이 집은 집에서 사용하는 에너지소비 절감을 위한 여러 가지 해결책을 제시하고 있다. 액티브 하우스 개념을 도입했기에 이 모든 것이 가능할 수 있었다.

노르웨이에 위치한 퓨처 액티브 하우스Future Active House는 2012년에 완공되었다. 노르웨이에서는 최초의 액티브 하우스다. 노르웨이의 날씨는 여름에는 온화하고 밝지만, 겨울에는 폭설과 밤이 긴 것으로 유명하다. 이런 변화무쌍한 기후 환경에서 집을 지으려면 시스템적으로 접근해야 만족스러운 결과를 얻을 수 있다. 퓨처 액티브 하우스는 현대의 가정에서 필요한 여러 가지 조건들을 만족시켜 주는 두 가지 혁신적인 해결책을 제시하고 있다. 첫째는 에너지, 실내기후, 그리고 환경 사이의 상호작용을 시스템적으로 고려해서 계획했다. 둘째는 에너지 효율성을 높여줌으로써 거주자가 주변의 자연과 지역 커뮤니티를 적극적으로 활용할 수 있는 건강하고 안락한 생활공간을 보여주고 있다. 이를 위해 디자인팀에서 초점을 두었던 것은 집에서 발생되는 이산화탄소 배출을 줄이고 재생이 불가능한 재료의 사용을 최소화하는 것이었다. 에너지 컨설턴트와 기획 초기부터 긴밀히 협력한 이유가 여기에 있다.

디자인적인 측면에서 볼 때 퓨처 액티브 하우스의 내부는 밝고 심플하며 유연한 실내환경을 가지고 있다. 외관은 시대를 초월할 수 있는 독특한 모양을 갖추고 있다. 디자인팀은 집의 효율성과 집 안에 설치된 첨단 기술 장치들을 평가하기 위해 입주 후 2년 동안 에너지소비 데이터와 기타 집의 성능에 대한 측정치를 수집했다. 여기서 축적된 데이터는 같은 장소에 있는 6채의 건강한 타운하우스를 개발하는데 유용하게 사용되었다.

　"우리가 원했던 집의 외관은 엄격하고 현대적이면서도 노르딕 문화에 거슬리지 않는 것이었어요. 내부는 밝고 화려했으면 좋겠다고 생각했고요. 퓨처 액티브 하우스는 우리가 원했던 2가지 모두를 충족시켜 주고 있죠. 입주해서부터 살고 있는 내내 그 혜택을 누리고 있어요."

노르딕 문화에 거슬리지 않는
현대적인 외관을 가지고 있는
퓨처 액티브 하우스

햇빛을 끌어들여 밝고 화려한
실내환경이 만들어졌다

362

퓨처 액티브 하우스에 사는 가족이 말하는
집의 주요 디자인 요소와 성과들

"저희 집은 자연광이 가지고 있는 여러 가지 조건들을 최적화시키기 위해 디자인 되었다고 해도 과언이 아니에요. 저희 가족은 집 안으로 양질의 풍부한 자연광을 끌어들일 수 있다면 실내 거주환경이 향상될 뿐만 아니라 인공조명에 대한 필요성도 줄어들 거라고 생각했어요. 디자인팀은 겨울철 열획득 성능이 우수한 지붕창으로 들어오는 햇빛을 통해 실내 난방 에너지 사용이 줄 수

밝고 따뜻한 실내와 노르딕 자연환경을 볼 수 있는 환경을 제공하는 창문

364

있다고 제안했고 저희 가족은 그 제안을 기꺼이 받아들였죠. 덕분에 밝은 실내환경은 보너스로 주어지더군요. 디자인팀의 제안대로 집 안에서 사용하는 에너지 사용도 절약되었어요. 사전에 디자인팀과 시뮬레이션을 통해 자연광을 최적화시키려고 했어요. 1층의 각 실에 커다란 창문을 설치했고, 2층에 있는 4개의 침실에는 벽 창문을 4개, 지붕창을 4개 설치했어요. 시뮬레이션 결과에 따라 창문 계획을 했는데 실제로도 자연광이 집 안 곳곳에 들어올 수 있는 우수한 실내환경을 갖게 된 거예요. 저희 가족 모두는 지금의 결과에 만족하고 있어요. 실내는 밝고 따뜻하며 노르딕 자연환경을 눈으로 만끽할 수도 있고 전망까지 제공하는 이 집에 사는 저희 가족 모두는 정말 안락하게 하루하루를 보내고 있답니다."

Q2
굳이 하이브리드 환기 시스템을 사용하는 이유가 뭐죠?

"저희 가족은 실내공기의 질이 가족구성원의 삶에 어떤 영향을 미치는지에 대해서는 무덤덤했던 것 같아요. 디자인팀이 보여준 기술자료나 통계자료는 공기의 질에 대한 저희 가족의 인식을 180도 바꾸어 놓았어요. 그때까지 실내공기의 질이 그렇게까지 우리 몸과 마음에 나쁜 영향을 줄 수 있다는 사실을 잘 모른 채 살아왔었죠. 환기의 중요성도 디자인팀의 설명을 듣고 난 후에야 깨달을 수 있었으니까요. 일반적으로 집에서의 생활패턴을 보면 봄, 여름, 가을에는 그나마 창문도 열고 문도 열어서 환기를 시키곤 하죠. 그런데 겨울에는 차가운 공기 때문에 창문을 거의 열지 않게 되잖아요. 오히려 겨울철에 더 자주 환기를 시켜 줘야 하는데 말이죠. 저희 집도 환기 방법에 대해 고민을 많이 했어요. 결과적으로는 디자인팀이 제안하는 대로 자연환기와 기계환기를 병행하는 하이브리드 환기장치를 사용하기로 최종 결론을 내렸고요. 겨울철에는 기계식 환기장치가 작동이 돼요. 기계장치를 사용해서 외부의 신선한 공기가 집 안으로 들어오는 거죠. 그런데 신선한 공기가 그대로 실내로 들어오면 실내에서 데워진 공기가 금방 식어버리는 문제가 발생하죠. 저희도 처음에 이 부분에 대해 걱정을 많이 했어요. 신선한 공기는 좋은데 실내온도가 내려가게 되는 거잖아요. 실내온도가 내려가면 내려간 온도만큼 온도를 높이기 위해 난방을 해야 하죠. 이런 현상을 방지하기 위해 디자인팀은 열회수장치를 사용한다고 하더라고요. 집 밖의 신선한 공기가 실내로 들어오기 바로 전에 기계장치에서 찬 공기를 예열시켜 따뜻한 공기가 들어오게 하는 거죠. 그러면 환기를 통해서 실내공기의 온도가 낮아지는 것을 막을 수 있고 난방에너지를 더 사용하지 않으니까 에너지 사용을 줄일 수 있는 개념이었어요. 겨울철 환기는 그렇게 기계장치로 해결했어요. 겨울과 달리 여름에는 자동으로 제어되는 지붕창과 벽 창문을 통해 자연환기를 하고 있어요. 집 안에서 공기의 흐름이 원활하게 되도록 잘 계획하면 자연환기를 통해서 실내온도가 떨어지는 효과가 있는데, 이 집은 그런 계획이 정말 잘 되어 있어요. 실제로 자연환기를 통해 에어컨을 켜는 횟수가 1년 중 손에 꼽을 정도로 적어요."

Q3
에너지 효율적인 기술이 혼합되어 있다고 하던데요?

"저희 집에는 에너지소비를 줄일 수 있는 다양한 에너지 절약기술이 들어가 있어요. 디자인팀은 재생 가능한 에너지 자원의 사용은 극대화하면서 동시에 에너지소비는 최소화하는 양방향 전략을 가져가겠다고 했죠. 저희 가족은 그런 의견에 반대할 이유가 없었고요. 지붕창에는 차양막 스크린을 설치했는데, 추운 날에는 열 손실을 줄이고 더운 날에는 집 안이 과열되는 것을 막는다고 하더군요. 실제로 살아보니 차양막 스크린이 그 역할을 제대로 잘 하고 있다는 것을 몸소 체험하고 있죠. 차양막 스크린 역시 자동제어 장치에 의해 작동이 돼요. 높은 천창에 설치되어 있어 손이 닿지 않기 때문이죠. 자동제어 장치에 의해 작동되는 차양막 스크린은 실내 기후 환경을 쉽게 컨트롤할 수 있어 좋아요. 덕분에 실내환경도 쾌적하죠. 저희 집의 지붕, 벽, 바닥에는 단열성능이 우수한 단열재를 사용했어요. 단열을 꼼꼼히 잘해서 그런지 여름에는 집이 시원하게 유지되고 있고 겨울에도 열 손실이 줄어 난방 에너지를 줄이는데도 큰 몫을 하고 있죠. 재생 가능한 재료인 나무를 집 안 곳곳에 사용했는데 나무의 좋은 성분 때문인지 실내환경도 아주 좋답니다. 실제로 1년간 살아보고 에너지소비량을 보니까 일반주택에 비해 두 배가량 낮게 나왔더라고요. 그 결과를 보고 깜짝 놀라지 않을 수 없었죠. 노르웨이 주택에서 평균적으로 소비되는 에너지가 연간 170kw/h인데 비해 저희 집의 연간 에너지소비량은 평방미터당 79kw/h였어요."

54

밝고 건강한 실내공간을 제공하는 영국 카본 라이트 하우스

카본 라이트 하우스Carbon light houses는 영국 최초의 액티브 하우스다. 이 집은 거주자의 삶의 질을 향상시킬 수 있는 안락하고 지속가능한 생활 환경을 제공하도록 설계 단계에서부터 계획되었다. 카본 라이트 하우스 프로젝트는 이 집이 미래 주택의 모델이 될 것이라는 구상하에 시작되었다. 미래 주택의 모델이 되기 위해서 카본 라이트 하우스는 집에서 사용하는 에너지 사용을 줄이고 환경을 해치는 대신 존중을 표방하면서 동시에 지역 커뮤니티에 미적인 가치도 더해주어야 했다.

2011년에 완공된 카본 라이트 하우스는 영국 정부에서 추진하고 있는 '탄소 제로 주택Zero-carbon homes을 위한 표준'을 충족시키기 위해 설계 및 시공된 최초의 주택이었다. 두 세대가 나란히 붙어 있는 듀플렉스duplex-우리나라에서는 '땅콩집'으로 불리는 주거 형태로 되어 있다. 카본 라이트 하우스는 에너지효율이 높고 지속가능한 주택 안에서 기쁘게 사는 것이 가능할 뿐만 아니라 건축비용도 터무니없이 높지 않다는 것을 잘 증명해 보이

평범해 보이는 외관 스타일을 가지고 있는 듀플렉스 형태의 카본 라이트 하우스

고 있다. 그럼에도 불구하고 이 집에는 최신 기술이 접목되어 있다. 최신 기술 덕분에 안락한 실내 기후를 가진 생활환경을 제공하고 있다. 실내 기후조건이 우수하면 거주자의 신체리듬과 웰빙에 긍정적인 영향을 준다. 액티브 하우스의 핵심적인 디자인 원칙에 따라 카본 라이트 하우스는 에너지, 실내 기후, 환경을 디자인에 적극적으로 활용했다. 결과적으로 이 집은 에너지 사용을 최소화하고 거주자에게 환경적인 책임의식을 높이며 공동체 의식을 갖도록 하는데 큰 역할을 담당하고 있다.

"사람들은 새로 지은 이 집이 아주 작은 창문이 있는 벽돌마감으로 되어 있어서 '저 집 내부는 분명히 어두울 거야'라는 생각을 할 거라고 봐요. 이 집에서 살아보지 않았다면 저도 아마 다른 사람들과 같은 생각을 하고 있었을 거예요. 이곳에 살면서 저희 가족이 가지고 있었던 그런 고정관념은 완전히 바뀌었죠. 다른 사람들이 생각하는 빛과 우리가 생각하는 빛의 개념은 완전히 다르답니다."

외부에서 보이는 모습과 달리 자연광이 풍성하게 들어와 밝고 안락한 느낌을 주는 카본 라이트 하우스 내부

9가지 항목에 대한 카본 라이트 하우스의 성능은 전체적으로 고르게 퍼져 있다

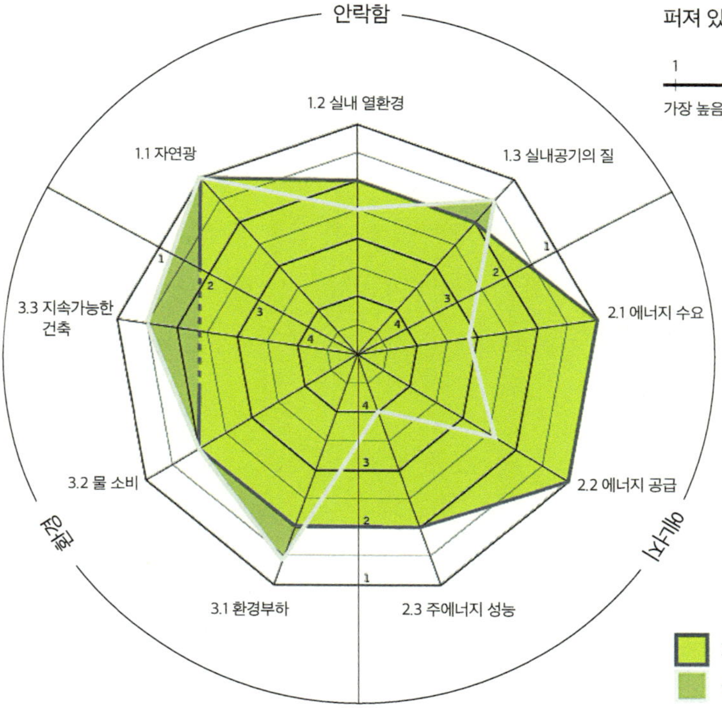

1	2	3	4
가장 높음			가장 낮음

안락함

1.2 실내 열환경

1.1 자연광

1.3 실내공기의 질

3.3 지속가능한 건축

2.1 에너지 수요

3.2 물 소비

2.2 에너지 공급

환경

에너지

3.1 환경부하

2.3 주에너지 성능

■ 계산상의 성능
■ 실제 성능

카본 라이트 하우스에 사는 가족이 말하는
집의 주요 디자인 요소와 성과들

Q1

자연광 때문에
불편한 점은
없었나요?

"저희는 햇빛이 우리 가족에게 얼마나 긍정적인 영향을 주고 있는지 한번도
의심해본 적이 없어요. 따라서 '어떻게 하면 자연의 빛을 집 안으로 최대한 끌
어들일 수 있을까?'를 처음부터 고민했어요. 저희 집은 이런 고민으로 시작되
었다고 해도 과언이 아니에요. 설계 초기부터 디자인팀은 자연광이 얼마나 집
안으로 들어오는지 정확한 데이터를 얻기 위해 소프트웨어를 통해서 집을 모
델링했어요. 지붕창의 위치를 조정하고 크기 등을 조율해 가면서 최적의 조건
을 얻어내기 위해 다양한 시뮬레이션 작업을 했죠. 저희 가족도 그런 과정을
놓치지 않고 다 보았고요. 그래서 더 믿음을 가질 수밖에 없었어요. 다양한 시
뮬레이션 과정을 통해 저희 집에 잘 맞는 최적의 조건을 찾아냈어요. 디자인
팀은 저희 집 전반에 걸쳐 평균 주광률을 5%까지 달성할 수 있겠다고 확신했
죠. 일반적으로 벽 창문을 사용한 집의 주광률이 2% 미만이라고 하니 저희 집
은 일반 집들에 비해 2배 이상의 햇빛이 들어오게 되는 상황인 거죠. 실제로도
똑같은 결과를 얻게 된다면 좋겠다고 생각했어요. 바닥 면적 대비 창문의 면적
을 4:1로 계획했어요. 즉 바닥 면적에 비해 창문 면적을 상당히 넓게 했다는 얘
기인데요. 실제로 집을 완공하고 나서 주광률을 측정해보니 설계 시뮬레이션
결과와 크게 다르지 않았어요. 지붕창을 최대한 활용했기 때문에 하늘에서 내
려오는 빛을 제대로 받아들일 수 있었기 때문이죠. 덕분에 지붕창을 통해서 볼
수 있는 인상적인 하늘은 보너스로 얻게 되었어요. 지붕을 통해 보이는 하늘은
정말이지 멋져요. 가만히 들여다보고 있으면 마치 자연에 내 몸이 나와 있는

착각이 들 정도죠. 외벽 창문과 지붕창에는 블라인드와 셔터를 설치해 외부 날씨나 계절에 상관없이 자연광의 레벨과 안락한 실내온도를 유지하도록 했어요. 이런 부분도 디자인팀에서 세심하게 고려해서 집 안이 자연의 빛으로 가득한 공간이 되었어요. 여름철 강한 햇빛으로 인해 집 안이 과열될 수 있는 여지도 확 줄어들었고요. 집 안에서는 안락하고 편안한 분위기에서 시간을 보낼 수 있다는 것이 행복해요."

Q2
하이브리드
환기 시스템을
적용하셨다고요?

"앞에서도 얘기했지만 자연의 빛을 집 안 곳곳에 끌어들이는 것이 저희 집의 1차 목적이었어요. 그다음으로 저희 가족이 중요하게 생각했던 요소가 실내공기 오염에 대한 부분이었죠. 아직도 많은 유럽 사람들이 실내환경이 좋지 못한 곳에 지내면서 여러 가지 건강문제로 고통을 호소하고 있다고 들었거든요. 더욱이 에너지 절약을 목표로 짓는 요즘 집들은 빈틈이 하나도 없게 짓고 있잖아요. 단열과 기밀 성능을 높여서 실내공기가 새어나가지 않게 하기 위해서요. 그렇다 보니 별도의 환기 계획이 없으면 실내공기가 오염될 수밖에 없을 거예요. '어떻게 신선한 공기를 집 안으로 끌어들일 수 있을까?' 이것이 문제였어요. 입주 후 유지 관리비를 생각하면 에너지소비도 더 늘어나지 않아야 한다고 생각했죠. 디자인팀은 저희 가족의 고민을 해결해주기 위해 하이브리드 환기 시스템을 제안했어요. 1년 내내 신선한 공기로 가득한 안락한 실내환경을 조성하기 위해서는 자연환기와 기계환기 시스템을 계절에 따라 사용하자는 거죠. 기계에만 의존하지 말고 자연에만 의존하지도 말자는 개념이에요. 하이브리드 자동차도 기름과 전기를 병행해서 사용하잖아요. 경우에 따라 기름으로 가기도 하고 전기로도 가는 차가 하이브리드 자동차잖아요. 환기도 이런 시스템을 적용시킨 거예요. 여름에는 자연환기를 해요. 벽 창문과 지붕창을 열어 바깥 공기가 집 안으로 들어와 내부공기를 자연스럽게 밀어내도록 하는 거죠. 이렇게 하면 집 안이 시원하고 오래된 실내공기가 바깥으로 빠져나가 신선한 공기로 대체돼요. 자연환기는 집 안이 과열되지 않게 해서 열 쾌적성을 유지하는데도 도움을 주어요. 극도의 태양 빛을 차단하면서 동시에 자연환기를 시키면 실내온도가 쾌적하게 유지된다고 했는데 살아보니까 정말 그렇게 되더라고요. 집 안이 정말 쾌적해요. 환기 기능을 높이기 위해서 저희 집에서는 벽 창문과 지붕창이 아주 중요한 역할을 하고 있어요. 특히 계단 주변의 3층 아트리움에서는 지붕창을 통해 1층까지 신선한 공기가 순환되는 구조를 가지고 있죠. 1층 벽 창문과 지붕창의 높이 차이에 의한 굴뚝 효과stack effect가 극대화되어서 실내공기의 흐름이 아주 원활하게 움직이는 거예요. 저희 집의 창문, 차양막 스크린, 난방 시스템은 에너지소비를 줄이고 건강한 실내환경을 제공하고 있어요. 이 모든 시스템은 지능형 자동 시스템으로 연결되어 작동되고 있어요. 이 시스템의 장점은 정교하고 자동화된 빌딩 관리 시스템에 의해 제어되고 있어서 아주 편리하게 최적화된 기능을 활용할 수 있다는 거예요. 겨울철에는 열회수장치를 갖춘 기계식 환기 시스템을 사용해서 자연환기 시스템을 보완하고 있어요. 열회수장치는 주방과 욕실에서 버려지는 열을 추출해서 다시 집 안을 덥히는데 재활용돼요. 이로 인해 난방 시스템에 대한 수요가 많이 줄어들었어요."

"비용을 많이 쓰지 않고 온수와 난방을 해결하고 싶은 생각은 집을 짓는 사람들은 누구나 다 하고 있을 거예요. 저희도 그 부분에서는 예외가 아니었어요. 난방과 온수를 적은 비용을 들여 해결할 수 있는 에너지원이 있다면 저희 집은 처음부터 생각했던 새로운 개념의 집이 될 수 있을 것만 같았어요. 그래서 생각한 것이 태양광 집열기와 히트 펌프였어요. 태양광은 저희 집의 온수와 난방을 위해 필요한 거의 모든 에너지를 제공하고 있죠. 저희 집은 화석연료 에너지, 즉 전기를 포함한 에너지를 최소한으로 줄이기 위해 처음부터 고민했고 또 그렇게 설계되었어요. 이를 위해서 저희 집에는 태양열 집열기와 공랭식 히트 펌프를 설치했어요. 이 시스템을 사용하는 집에서 난방과 온수에 사용되는 에너지로부터 발생하는 이산화탄소 배출량을 70% 가량 줄여준다는 데이터를 디자인팀으로부터 들었을 때 작은 행동이 지구환경에도 충분히 도움을 줄 수 있다는 확신을 갖게 되었어요."

Q3
에너지소비를
최소화할 수 있는
장치도 설치했다고
들었어요?

PART 6

건축디자이너로서
햇빛이 풍부한 목조주택에
2년간 살아보니

14장

집을 지으면서 얻은 교훈들

55

결정 장애로부터 탈출하라

집을 지어야겠다고 마음먹고 일련의 과정을 준비하면서 건축주가 유난히 힘들어하는 것은 무엇인가를 '결정'하는 문제다. 일생 동안 집짓기 경험을 몇 번이고 하는 사람들도 있겠지만 대부분의 사람들에게는 평생 경험하지 못한 일이기 때문에 모든 것이 낯설다. 무엇이든 처음 접하는 일은 어렵고 힘이 드는 것이 당연하다. 그래서 무엇 하나 결정하기가 쉽지 않다. 더군다나 결정할 것이 한두 개로 끝난다면 그래도 수월하게 넘어갈 수 있겠다. 그런데 집짓기는 땅을 고르는 일에서부터 입주할 때까지 스스로 결정을 내려야 할 항목이 셀 수도 없이 많다. 예를 들어, 설계를 진행하는 동안에는 설계를 맡은 건축가가 제안하는 여러 가지 옵션 중에서 결정을 내려야 한다. 평면을 결정해야 하고, 외관 모양을 결정해야 하며, 각종 마감재를 결정하는 등 그야말로 결정할 항목이 줄을 서고 있을 정도다. 결정이 또어려운 것은 스스로 내린 결정에 대해서는 그 결과가 어떻게 나오던지 전적으로 스스로 책임져야 하기 때문이다. 이처럼 무엇인가를 결정한다는 것에는 책임이 따르기 때문에 더욱 어려운 것이다.

　우여곡절 끝에 설계를 마쳤더니 시공사를 결정해야 하고, 시공사를 결정하면 시공을 준비하면서 건축가와 시공사 사이에서 나름대로의 역할을 해야 한다. '전문가들이니까 어련히 알아서 하겠지'라고 생각하고 집이 다 지어질 때까지 손을 놓고 있으면 나중에 후회할 일이 반드시 생긴다. '설계도면에 모든 내용이 표시되어 있고 시공사가 그 도면대로만 지으면 무슨 문제가 있을까'라고 생각할 수도 있을 것이다. 하지만 어떤 설계도면도 건축주나 건축가의 생각이나 의도가 100% 표현될 수 없다. 건축가는 건축주의 생각을 도면으로 최대한 표현한다고 하지만, 건축주로서의 어려움은 공간적인 개념이 머릿속에 떠올려지지 않는다는 데 있다. 건축을 전공하지 않은 일반인이 2차원의 설계도면을 공간적으로 해석할 수 있는 능력을 갖는다는 것은 거의 불가능하기 때문이다. 컴퓨터 기술의 발달로 인해 거의 실제 지어진 것과 같은 모습을 컴퓨터로 구현이 가능하게 되었음에도 불구하고 건축주가 복잡한 설계도면을 이해하는 데는 분명 한계가 있다.

　친구 건축가에게 들은 이야기가 생각난다. 거의 1년에 걸쳐 설계를 진행한 주택 프로젝트 이야기다. 친구 건축가는 설계에 투입된 시간이 1년이나 되었으니 건축주의 웬만한 생각이나 원하는 것들은 도면에 다 적용시켰다고 생각하고 있었다. 나름대로 3D 모델링을 통해서 외관뿐 아니라 내부까지도 거의 실제와 비슷하게 디자인해서 꼼꼼하게 건축주에게 설명도 해주었다. 하나에서부터 열까지 건축주가 이해할 때까지 설명하며 몇 번이고 확인을 받았기 때문에 시공할 때도 문제가 없을 것이라고 생각했다. 그런데 막상 공사가 시작되고 벽 골조가 세워지고 지붕골조까지 완성되고 나니 건축주는 실내 천장 높이가 너무 높다고 난색을 표했다고 했다. "이런 일이 생길 수 있어서 설계할 때 건축주에게 확인을 다 받았지 않았느냐"며 친구 건축가가 얘기했더니, "그런 말을 언제 했느냐, 기억이 나지 않는다, 내가 전문가도 아닌데 천장 높이가 얼마나 되는지 어떻게 알겠느냐"며 책임을 회피하더란다. 이해가 가는 상황이지만 이처럼 집이 실제로 지어지기 전까지는 건축주가 도면을 파악하는 데는 한계가 있다. 이렇게 건축가가 느끼는 것과 건축주가 느끼는 것에는 미묘한 차이가 생길 수밖에 없다. 결국 이 건축주는 천장 높이 차이에 대한 아쉬움이 있었지만 원안대로 공사를 다시 진행할 수밖에 없었다.

집짓기는 '결정하는 것으로 시작해서 결정하는 것으로 끝이 난다'해도 과언이 아닐 정도로 시작부터 끝날 때까지 결정할 일들이 많다. '산 넘어 산'이라는 표현은 그야말로 집짓기에 딱 어울릴 만한 얘기인 듯하다. 그도 그럴 것이 집짓기는 대개 일생에서 처음으로 경험하는 일이라 모든 것이 낯설다. 자유롭게 자전거를 타려면 넘어지고 또 넘어지는 경험을 한 후에 비로소 가능해진다. 넘어지고 또 넘어지는 과정이 바로 '시행착오'다. 시행착오를 반복하면 낯선 일이 익숙한 일로 바뀌면서 원하는 결과를 얻을 수 있다. 넘어지는 아픔 없이는 자전거를 타면서 얻을 수 있는 기쁨도 없다. 집짓기도 마치 자전거를 배우듯 시행착오를 거쳐서 마침내 내 취향에 딱 맞는 결과를 가져올 수 있다면 얼마나 좋을까. 하지만 집짓기는 시행착오를 가져서는 안 된다. 한 번 지어지면 짧게 잡아도 수십 년 동안은 쉽게 뜯어 고칠 수 없기 때문이다. 연습 삼아 집짓기를 한다는 것은 가당치도 않은 말이다. 집짓기는 평생에 한 번의 기회밖에 없다는 생각으로 무엇인가를 결정할 때는 신중을 기해야 한다. 그리고 한번 결정한 것에 대해서는 미련을 갖지 말고 집중력을 가지고 끝내야 한다.

'결정'을 내리지 못하면 한 발자국도 나아갈 수 없다

내가 지금 살고 있는 집은 듀플렉스^{duplex house} 형태의 2층 주택이다.
집의 뼈대는 경골목구조로 되어 있다. 하지만 겉으로 봐서는 어떤 구조로
지어졌는지 알 수가 없다. 목골조는 실내외 마감재로 치장이 되어서 목구
조가 눈에 보이지 않기 때문이다. 나는 20년 넘게 건축디자이너로 일하면
서 수많은 사람들의 집을 설계하고 감리하고 시공에도 참여한 경험을 갖고
있다. 이들 주택 프로젝트의 대부분은 목구조였다. 목조주택 분야에서는
나름 전문가라는 이야기를 들을 수 있을 정도의 전문적인 지식과 경험을
갖고 있다. 그래서 내 집을 짓는 것도 '식은 죽 먹기'나 다름없다고 생각했
었다. 그러나 그 생각은 오산이었다. 하루빨리 아파트 생활을 청산하고 더
늦기 전에 '단독주택을 지어 살아야지'라는 생각은 오래전부터 머릿속에 있
었다. 내 집을 짓고 살겠다고 꿈꾸어 온 지 10년. 내 집 짓기 프로젝트를 시
작할 수 있다는 확신이 들었다. 그때 내 마음은 뛸 듯이 기뻤다. 그러나 기
쁜 마음도 잠깐. 곧이어 현실적인 부분들로 인해 나는 한 발자국도 앞으로
내디딜 수 없었다. 근본적인 원인은 바로 '결정'에 있었다.

나와 친분이 있는 사람들은 나를 어떻게 생각할지 모르겠지만 나는 결
정 장애로 인해 고통(?)받고 있는 '우유부단(優柔不斷)'한 사람들 중 한 사람이
다. 우유부단의 사전적 의미는 '어물어물 망설이기만 하고 결단성이 없다'
는 것이다. 무엇인가를 쉽게 결정하지 못하는 사람을 두고 '저 사람 참 우유
부단해'라고 말한다. 업무를 진행할 때는 우유부단한 성격이 잘 드러나지
않지만, 개인적으로 물건을 사거나 여행지 같은 곳을 결정할 때는 정말 머
리가 아플 정도로 고민에 빠지는 성격이다. 내가 원하는 물건을 사고 싶을
때는 결정을 미루거나 정히 머리가 아프면 안 사면 그만이다. 하지만 집짓

기에서 결정을 미룬다거나 결정하지 못하면 꼼짝달싹하지 못하는 수렁에 빠질 수 있다. 결정을 미루거나 아예 결정하지 못하는 것보다 더 큰 문제가 있을 수 있는데, 결정을 빠르게 내렸어도 잘못된 결정으로 인해 일이 다른 방향으로 가버리는 것이다. 일이 순조롭게 진행되고 만족스러운 결과를 내기 위해 결정을 했는데 그 결과가 좋지 않으면 낭패가 아닐 수 없다.

집짓기에서는 한번 내린 결정 때문에 일이 잘못된 방향으로 흘러가면 다시 바로잡기가 쉽지 않다. 특히 한정된 예산을 가지고 있는 건축주에게는 치명타가 될 수도 있다. 공사 초기에 그 결정이 잘못되었다는 것을 파악할 수 있으면 그나마 고칠 수 있는 여력이 있다. 하지만 '결정'이란 놈은 일이 끝날 때쯤에야 그 본색을 드러내는 특성을 가지고 있다. 앞서 말했듯이 만약 잘못된 결정의 결과가 공사 초기에 나타난다면 바로잡기가 쉽다. 하지만 애석하게도 공사가 한창 진행되는 중반 이후에 그 결정에 대한 파급 효과가 나타난다. 시간에 쫓기게 되면 잘못된 결정을 할 수 있는 확률도 그만큼 높아진다.

지금까지의 이야기는 내 집을 지으면서 제때에 결정하지 못해 일어났던 시행착오에 대한 결과였다. 결정에 있어서 많은 시행착오를 거치면서 나는 물질적으로나 정신적으로 엄청난(?) 손해를 봤다. 다시 뒤돌아 생각해보면, 이런 시행착오를 겪은 이유는 처음부터 단추를 잘못 맞추어 일을 시작했기 때문이 아니었을까 싶다. '내가 갖고 있는 경력이 어느 정도인데!'라는 자만도 시행착오를 겪는데 크게 한몫을 했다.

공사를 시작하기 전까지 평면을 확정하면 되고, 골조작업이 끝날 때까지만 마감재를 선택하면 일정에 전혀 지장을 주지 않고 공사가 진행될 수 있다는 생각은 금물이다. 내 집을 지을 때 내가 저질렀던 가장 큰 실수 중 하나가 안일하게 일을 대처했다는 것이다. 물론 다른 사람들의 집을 설계하고 감리할 때는 되도록 공사 시작 전에 가능한 모든 사항을 결정해 놓고 일을 시작했다. 하지만 내 집을 지으면서는 공사 중간중간에도 공정을 충분히 컨트롤할 수 있다고 생각했던 것이다. 결과적으로 이런 내 생각은 완전히 오판이었음이 나중에 증명되었다.

내 집의 경우 건축허가에 필요한 도면만을 가지고 공사를 시작했다. 원래 '허가도면으로 공사를 하는 거 아닌가'라며 의아해 할 수 있겠지만, 일반적으로 허가도면은 건축허가를 빠른 시간 내에 득하도록 꾸려진 일종의 관공서 제출용 도면인 경우가 대부분이다. 건축허가를 위한 도면은 평면도, 입면도, 단면도와 같은 건축도면, 전기와 설비 배관을 위한 설비도면, 골조 시공을 위한 구조도면으로 구성되어 있다. 그런데 허가도면 외에도 정확한 시공을 위해서는 상세한 내용이 첨부된 추가적인 도면들이 필요하다. 나는 그 상세 시공도면을 머릿속에 가지고 있었다. 건축디자이너로서 20년의 내공이 있으니 시공용 상세도면 없이도 충분히 공사를 컨트롤할 수 있을 것이라 생각했다. 필요하면 머릿속에 있는 것들을 꺼내어 시공팀에 설명해주면 되니까. 이 방법은 처음에는 잘 먹혀 들어가는 것처럼 보였다.

골조를 시공하는 단계에서야 시공팀에게 싫은 소리 몇 마디 들으면 있던 벽을 없애고 새로운 벽을 세우고 위치를 이동하는 등의 일이 그나마 가능했다. 목조로 뼈대를 세웠기 때문에 콘크리트 골조에 비해 벽 골조를 이동하거나 없애거나 새로 만드는 일이 훨씬 쉬웠다. 콘크리트구조와 같이 습식으로 구조체를 굳히는 경우 이미 시공된 벽체를 없애거나 만들거나 이동하는 것은 거의 불가능하다. 반면 목구조는 건식공법으로 철물에 의해 접합되기 때문에 구조의 해체와 조립이 상대적으로 쉽다. 이 부분은 건축주나 건축가 입장에서는 상당한 장점이 될 수 있지만 시공팀에게는 여간 괴로운 일이 아닐 수 없다. 건축주나 건축가의 변경 요청이 골조 단계에서 빈번히 발생하기 때문이다. 철근콘크리트 구조에서는 큰 문제가 아니고서는 요구할 수조차 없는 일들이 목조주택 현장에서는 빈번히 일어나고 있다.

건축주 입장에서 시공팀에게 골조를 변경해 달라고 요청하는 것은 신중하게 결정해야 할 문제다. 왜냐하면 그 자체를 변경하는 것은 어렵지 않지만, 변경으로 인해 후속 공정에까지 줄줄이 영향을 미치게 될 수도 있기 때문이다. 아이템 하나 정도 바꾸는 것이 집 전체 공정에서 뭐 그리 큰 영향을 미칠까라고 생각할 수도 있다. 하지만 골조를 변경함으로써 첫 번째로는 전기 배선이나 설비 배관이 처음과 전혀 달라질 수 있다. 두 번째로는 추가적인 구조 검토 없이 하중을 견디는 내력벽과 같은 구조체를 없애고 이동시키는 것은 전체 집의 구조에도 영향을 미친다. 구조가 잘못되면 집의 수명이 짧아지는 문제뿐만 아니라 그 안에 살고 있는 사람들의 생명까지 위협할 수 있기 때문에 신중히 결정해야 한다.

56

선택과 집중이 필요하다

갈림길에 섰을 때 어떤 선택을 하느냐에 따라 우리 인생 여정은 180도 달라질 수 있다. 그 선택이 좋은 결과를 가져오면 다행이지만 최악의 결과로 이어질 수도 있다. 집짓기는 인생에 비교할 만큼 다이내믹하지는 않지만 집짓기를 하면서 올바른 선택과 집중은 아주 중요하다. 집짓기를 준비하면서부터 완성할 때까지 매 순간마다 어떤 선택을 하느냐에 따라 그 결과는 분명한 차이를 보여주기 때문이다. 올바른 선택을 위해서 해야 할 가장 효과적인 일은 집짓기에 관한 정보를 수집하고 분석하며 장단점을 파악하는 것이다. 정보 수집 단계를 거쳐야만 판단 기준이 서고 최종적으로 어떤 선택을 할지 결정하게 되는 것이다.

설계를 시작해서 집을 완성할 때까지 짧게는 6개월 길게는 1년이 넘는 시간이 걸린다. 공사를 시작해서 완성할 때까지의 기간을 약 4개월에서 6개월가량 본다면 설계에 투입할 수 있는 시간은 짧게는 2개월에서 길게는 6개월 정도다. 이 기간 동안 건축가는 건축주와 상담을 통해 건축주가 생각하는 집에 관한 정보를 수집하고 분석한다. 정보를 수집하고 분석하는 일은 전체 설계과정으로 보면 상당히 많은 부분을 차지한다. 건축주는 이 기간 동안에 건축가와 긴밀하게 협력해서 정보를 수집하고 수집한 정보를 공유하는 것이 좋다. 설계는 반드시 전문가의 도움을 받아야 한다. 전문가는 해당 분야의 전문지식과 실전 경험을 가지고 있는 사람이다. 오랫동안 다양한 집을 지어왔다고 해서 건설사가 실무경력이 얼마 되지 않은 설계자에 비해 설계에 대한 지식과 경험을 더 많이 가지고 있다고는 볼 수 없다. 설계비용을 아끼려고 혹은 어떻게 시작해야 할지 막막하니까 집을 지어 줄 시공사를 추천받아 설계까지 진행하는 경우가 많다. 이런 경우에는 해당 건설사가 주택 설계에 대한 지식과 경험이 얼마나 있는지 반드시 체크해 보는 것이 좋다.

집에 관한 정보를 수집하는 일은 분명히 예전보다는 쉬워졌다. 문제는 수많은 정보 중에서 어떻게 양질의 정보를 수집하느냐다. 특히 일반인의 입장에서 '정보의 홍수' 속에서 출처가 명확하고 신빙성 있는 건축 관련 자료를 찾기는 더욱 어렵다. 집짓기의 정보 수집은 복불복(福不福)이나 다름없다. 제품 정보의 출처가 아무리 명확하다 하더라도, 제품 사용자의 리뷰가 아무리 좋다 하더라도 다른 사람에게 맞는 그 정보가 내 집에는 오히려 독이 될 수도 있기 때문이다.

집짓기에 대한 정보는 없어서가 아니라 너무 많아서 오히려 걱정일 정도다. 시중에 주거, 건축, 인테리어에 관한 책과 잡지의 종류는 셀 수도 없을 만큼 많다. 인터넷에 올라오는 전 세계 주택관련 이미지는 원하는 만큼 얼마든지 다운로드가 가능하다. 자재를 취급하는 회사마다 제공하는 조명, 가구, 창문, 벽지, 바닥재, 외장마감재와 같은 다양한 제품 카탈로그catalog

도 넘쳐난다. 발품을 팔지 않고도 인터넷으로 요청만 하면 샘플도 얼마든지 받아 볼 수도 있다. 정보의 홍수에서 헤어 나오지 못할 정도로 집짓기 정보가 넘쳐나기 때문에 정확하고 질이 좋은 정보 수집은 어렵고 힘들 수밖에 없다.

일반적으로 건축주는 제품이나 시공방법을 판단하는 기준이 명확히 서 있지 않다. 이런 상황에서 건축주가 정보를 잘못 인식하게 되면 실제 공사 중에 문제가 발생할 수 있는 여지가 높다. 따라서 건축주는 집짓기에 대한 정보를 받아들이는데 신중을 기해야 한다. 자칫 잘못하면 이런 정보들로 인해 건축주, 시공자, 설계자 사이의 신뢰가 떨어질 수도 있다. 상호간의 신뢰에 금이 가기 시작하면 집짓기 과정은 더 이상 평탄하지 못한 상황이 된다. 혼란이 가중되어 원하던 결과를 얻지 못할 확률도 높아진다. 예를 들어, 기초공사가 시작되자마자 건축주는 목조주택의 기초에 대한 정보를 인터넷에서 찾는다. 찾은 정보를 가지고 지금 시공 중인 건축주의 집 기초현장과 비교해 본다. 그리고 인터넷에서 본 현장의 기초와 건축주 집의 기초에 들어간 철근의 두께와 간격이 차이가 있음을 발견한다. 만약 건축주가 "인터넷에서 찾아봤는데 우리 집 기초와 비교해보니까 너무 약한 것 아닌가요?"라고 시공자와 설계자에게 얘기한다면 시공자와 설계자는 과연 어떤 반응을 보일까 한번 생각해보라. 기초는 땅의 종류, 건물의 무게, 지역에 따라 다를 수 있다. 이런 예는 수도 없이 많다.

목조주택을 지으면서 건축주가 가장 신경 쓰이는 부분은 아마도 나무로 골조를 세우는 도중에 비를 맞혀도 되는지 여부다. 나무가 빗물에 젖으면 문제가 있을 거라는 생각은 누구나 가질 수 있다. 이런저런 불안한 생각을 가진 일부 건축주는 비가 오면 천막으로 집 전체를 씌워 달라고 시공사에 요구하는 경우도 있다. 일부 시공회사는 이 부분을 자랑삼아 홍보하기도 한다. 우리 회사는 이렇게 철저하게 공사관리를 하고 있다고 말이다. 상식적으로는 맞는 얘기 같지만 이 또한 잘못된 정보에서 나온 불필요한 조치다.

미국의 시애틀이나 캐나다의 밴쿠버와 같은 도시는 1년 중 6개월이 우기다. 이 기간 동안에는 한 달 내내 비가 내리는 경우도 있다고 한다. 미국과 캐나다는 전체 주택의 90% 이상이 목조주택이다. 위에 언급한 두 도시에서 비가 올 때 나무로 된 집의 골조를 보호하기 위해 천막을 덮어 보양하면서 공사를 한다는 것은 본 적도 들어본 적도 없다.

이 밖에도 건축주가 잘못된 정보를 설계자나 시공자에게 전달하면서 오히려 집짓기의 효율성을 떨어뜨리는 경우는 너무나 많다. 잘못된 정보의 인용은 비단 건축주 혼자만의 문제가 아니다. 설계자와 시공자가 건축주에게 피해를 입히는 사례도 적지 않기 때문이다.

판단력이 흐려지면 선택하기가 힘들다. 수많은 제품들 중에서 어떤 제품이 내 집에 가장 잘 맞을지를 판단하는 일은 결코 쉽지 않다. 그런 면에서 양질의 정보를 수집하고 진단해서 최종적으로 선택하는 것에 더 신중을 기해야 한다. 양질의 정보를 확보하는 일은 집짓기에서 기초를 튼튼하게 만드는 일과 흡사하다. 탄탄하게 세워진 기초는 주변환경에 쉽게 무너지지 않는다. 이와 마찬가지로 양질의 정보를 가지고 있으면 주변 상황과 상관없이 내 생각을 밀고 갈 수 있다. 선택을 앞두고 우왕좌왕하는 사람은 정보력이 부족해서가 아니다. 자신이 수집한 정보가 제대로 된 정보인지 확실하지 않기 때문이다.

평생 가는 것에 집중해야 후회가 없다

집은 살아보면서 비로소 알게 되는 것들이 많다고 한다. 맞는 말이다. 나도 집을 짓고 처음에는 느끼지 못했지만 그곳에서 2년간 살면서 알게 된 것들이 너무나 많다. 이제부터 내가 지은 집에서 2년간 살면서 예비건축주에게 꼭 들려주고 싶은 몇 가지 얘기를 나누려고 한다. 집짓기를 준비할 때 조금이나마 도움이 되기를 소망하면서 이야기를 시작하겠다.

평생 가는 것에 집중하라! 유행 타는 인테리어나 장식은 시간이 지나면서 아니면 유행이 바뀔 때마다 식상해질 수 있다. 그러면 결국 또 바꿔야 한다. 우리나라에서 아파트 문화에만 익숙해 있던 나는 1997년 1월 처음으로 선진국의 단독주택 문화를 직접 체험해 볼 수 있었다. 미국과 캐나다 여러 도시를 돌아다니며 다양한 주택개발 사례를 경험했던 2주간의 시간은 참으로 귀중한 시간이었다. 그 당시에는 주로 목조주택을 보러 다녔는데, 규모가 아주 큰 주택에서부터 일반인들에게 대량으로 분양하는 중소형의 주택단지에 이르기까지 다양한 모델하우스를 둘러보며 주택 트렌드를 체험했던 기억이 난다. 20년이 지난 지금도 그 당시 보고 느꼈던 목조주택의 모습이 눈에 선하다. 오랜 세월이 지나서도 내 기억 속에 남아 있을 만큼 내가 받았던 문화적인 충격이 컸었던 것 같다.

그 당시의 기억을 떠올려보면 미국과 캐나다의 주택은 우리나라 아파트나 단독주택에서 보았던 느낌과는 너무 다른 모습이었다. 글로 다 표현하기에는 내 표현력이 부족하지만, 미국과 캐나다의 목조주택에서는 외관이나 실내에 일부러 장식적인 모습을 드러내 보이고 있지 않았다. 주택의 외부 모양도 어쩌면 그리도 단순하던지. "아니 목조주택 선진국이라는 나라들이 주택 디자인 수준이 겨우 저 정도인가"라는 탄식이 나올 정도로 심플한 모습에 실망했던 기억도 떠오른다. 시간이 많이 지나고 나서야 이렇게 말했던 나 자신을 심하게 꾸짖었지만 그때 당시에는 정말 그런 느낌을 받았다. 외벽이나 지붕에 쓰인 마감재도 우리나라에서는 저급으로 생각하고 있는 사이딩이나 아스팔트 슁글과 같이 흔하고 저렴한 제품이 사용되고 있었다. 집 안으로 들어가서 보면 각양각색의 벽지로 화려하게 벽을 치장하거나 요란한 조명을 사용해서 공간을 두드러지게 나타내 보이게 하는 우리나라 주거 인테리어와는 거리가 멀었다. 벽은 대부분 무채색의 페인트로 마감되어 있었고, 조명도 크게 눈에 띄지 않도록 천장에 매입되어 있었다. 이런 상황이다 보니 우리나라와 비교해 보면 그들의 집은 단조롭고 단순하기 그지없는 모습이었다.

나중에 알게 된 사실이지만 미국과 캐나다의 주택은 유행을 거의 타지 않는다. 따라서 아주 실용적인 디자인을 추구하고 있다. 이렇다보니 수십 년 전에 지은 집이나 최근에 지은 집이나 외관에서는 차이점을 느끼기 어렵다. 외부마감재도 유행에 따라서 그 종류를 완전히 바꿔서 설치하지 않는다. 특별하게 사용하고 싶은 독특한 재료가 있다면 부분적으로 사용해서 포인트를 줄 뿐이다. 20년 전에 미국과 캐나다 목조주택 외부마감재로 주로 사용했던 시멘트 사이딩이나 아스팔트 슁글 지붕재는 지금도 여전히 대부분의 목조주택에서 사용되고 있다. 위의 두 제품군은 우리나라도 한때는 목조주택의 외부마감재로 각광을 받았지만 주택시장에서 사라진지 이미 오래되었다. 유행은 사람들이 만들어내서 '일시적으로 널리 퍼지는 현상'이다. 유행에 휩쓸리지 않는다는 것은 일시적으로 바라보지 않고 한시적인 것에 매이지 않겠다는 뜻이다. 이런 측면에서 요즘 우리나라에서 지어지는

미국이나 캐나다 주택은 유행을 크게 타지 않는 외관 스타일을 가지고 있다

집들을 한번 살펴보자. 그리고 과거 5년 전에 지어졌던 집들과 사용된 재료와 스타일과 모양을 비교해보라. 얼마나 빠르게 그것들이 변해 왔는지 금방 알 수 있을 것이다.

실내마감의 경우 우리나라 주택에서는 대개 벽이나 천장을 치장하는데 시간과 비용을 많이 투입한다. 반면 미국이나 캐나다 주택에서는 단조로운 색으로 페인트를 칠하고 가구, 소품, 간접조명으로 집주인의 개성을 표현한다. 그래서인지 벽이나 천장 마감이 같을지라도 집주인의 취향에 따라 집 안 분위기가 완전히 달라 보인다. 어떤 스타일의 가구를 사용하는지, 어떤 소품을 사용하는지, 간접조명은 어떤 방식으로 사용하는지에 따라 개성 있는 집 안 분위기가 만들어지는 것이다.

무조건 지금 유행하는 트렌드를 좇지 마라!

트렌드는 시간이 지나면 반드시 변하게 마련이다. 유행에 민감하지 않으면 남들보다 뒤처진다는 생각이 드는가? 남들도 다 하는데 나만 못하니까 억울한 생각이 드는가? 편안하고 안락한 생활환경은 유행에 의해 좌우되지 않는다는 것을 명심하자. 그렇다고 꼭 하고 싶은 것까지 포기하라고는 얘기하고 싶지 않다.

요즘 아파트 리모델링을 하면서 아주 유행하는 제일 핫한 아이템이 하나 있다고 한다. 단조로운 거실 창을 철거하고 대신 카페에서 전망을 확보하기 위해 주로 사용하는 폴딩 도어folding door를 설치하는 것이 그것이다. 얼마나 유행처럼 번지고 있던지 폴딩 도어 때문이라도 아파트를 리모델링 해야겠다는 말이 나돌 정도다. 내 집을 지을 때에도 아내는 그토록 폴딩 도어를 원했다. 거실 벽을 넓게 뚫어서 폴딩 도어를 설치하고 햇빛 좋은 날이면 활짝 열고 커피 한 잔을 마시는 모습을 늘 상상했다면서 말이다. 그렇게 꼭 설치하고 싶다고 했지만 나는 결사코 반대했다. 그 이유는 우리 집 주변환경을 볼 때 폴딩 도어를 설치하는 것이 전혀 어울리지 않았고 기능적으로도 쓸데없다는 판단에서였다. 아내는 2년이 지난 지금도 가끔 폴딩 도어 얘기를 꺼내지만 그때마다 나는 한 귀로 듣고 한 귀로 흘려보낸다. 유행은 시간이 지나면 잊히기 마련이다.

집의 뼈대는 쉽게 바꿀 수 없다

실내외 장식 또는 마감재는 언제든 여건만 허락되면 바꿀 수 있다. 하지만 집의 뼈대가 되는 골조는 한 번 선택하면 여간해서는 변경하기 어렵다. 골조를 콘크리트로 세웠는데 그것을 철거하고 목구조로 만든다거나, 목구조의 골조를 없애고 대신 콘크리트로 골조를 대체하는 것은 거의 불가능한 일이다. 한 번 집의 뼈대를 선택하면 철거되기 전까지는 바꿀 수 없다. 따라서 어떤 구조를 선택할지를 결정하는 것은 단순하게 생각하고 넘어갈 문제가 아니다. 남들이 다들 그렇게 지으니까 나도 따라가면 별문제 없을 것이라고 쉽게 선택했다가는 평생 후회할 수도 있다. 나와 가족에게 잘 맞는 골조를 선택하는 것을 결코 가볍게 여겨서는 안 된다.

나는 집짓기를 준비할 때 애초부터 두 가지에 초점을 두었다. 첫째는 나와 가족의 안락한 생활을 위해 건강한 집이 되었으면 하는 것이었고, 둘째는 단열과 기밀성능도 좋아 에너지소비를 절약할 수 있는 집이었으면 좋겠다는 것이었다. 내가 선택한 골조 방식은 목구조였다. 목조주택은 내가 원했던 두 가지 모두를 충족시켜 줄 수 있는 구조방식이라는 판단에서였다.

57

주변환경을 살피지 않는 설계,
그 피해는 고스란히 건축주의 몫

동대문 디자인 플라자를 설계한 영국 건축가 자하 하디드Zaha Hadid는 주변환경을 고려하지 않고 독특한 외관에만 신경을 쓴다는 비판을 종종 받고 있다. 동대문 디자인 플라자는 건물 자체만 놓고 볼 때는 어느 정도의 상징성을 가지고 있다. 독특한 건물 외형만 가지고도 충분히 상징적이라고 얘기할 수도 있을 것이다. 하지만 논란이 끊이지 않은 것은 동대문 주변환경을 살피지 않은 채 디자인을 한 것 아니냐는 비판이 있었기 때문이다.

집의 경우도 집 자체로만 보면 아주 멋지고 독특한 모습 때문에 톡톡 튀는 경우가 있다. 하지만 이런 집은 주변환경을 고려하지 않은 채 집 자체만을 두드러지게 만드는 경우다. 정말로 이렇게 개성 넘치고 튀는 집을 짓고 싶은 사람들을 제외하고는 주변환경을 살피고 그 환경과 어울리도록 설계에 반영하는 것은 아주 중요하다. 그렇지 않으면 그 피해는 고스란히 건축주의 몫이 되기 때문이다.

집짓기를 준비하는 과정에서 가장 범하기 쉬운 오류 중 하나는 모든 관심사를 내 집에만 맞추는 것이다. 설계할 때에도 내 집만 들여다보게 되면 나중에 생각지도 못한 불편함을 갖게 될 수도 있다. 그런데 주변환경을 고려한다는 것이 말처럼 쉬운 일은 아니다. 특히 도심지에 짓는 단독주택의 경우 주변환경을 살피는 설계가 반드시 고려되어야 한다. 주변환경을 무시한 채 내 집에만 초점을 맞추어 설계하다 보면 짓고 난 후에 무용지물이 될 만한 요소가 나올 수밖에 없다. 자의에 의해서건 타의에 의해서건 사용하지 못하는 건축적 요소가 나타난다는 것이다.

우리 집의 경우 촉박한 이사 날짜와 성급한 성격 탓에 제대로 설계할 시간을 충분하게 갖지 못했다. 그렇다보니 주변환경은 생각할 여유조차 없었다. 내 집을 들여다볼 시간도 부족한 판국에 주변환경까지는 돌아보지 못했던 것이다. 이 때문에 공사를 진행하면서 옆집과의 이격거리 때문에 몇 가지 문제가 발생했다.

처음 설계도면에는 우리 집 2층 측면에는 발코니가 계획되어 있었다. 커다란 창문을 열고 나가면 크지는 않지만 발코니 의자에 앉아 주변 풍경을 보며 커피 한 잔 마실 수 있는 충분한 공간이 될 것이라는 콘셉트로 설계에 반영했던 것이다. 1층 벽체가 세워질 때까지는 몰랐는데 막상 2층 벽체가 세워지고 나서 보니 설계도에 있는 2층 발코니는 바로 옆집 발코니와 불과 1미터 정도 떨어져 있었다. 물론 설계대로 발코니를 만든다고 법적으로 문제가 되는 것은 아니었지만 나는 시공자에게 발코니를 없애고 대신에 작은 창문을 넣어 시공하도록 양해를 구했다. 이렇게 해서 발코니 문제는 일단락되었다.

또 한 가지 예상치 못했던 일은 옥상 테라스에서 발생했다. 원래 설계에서 옥상 테라스의 난간은 벽으로 되어 있었다. 시공자는 설계도면에 따라

2층에 발코니를 없앴다. 옆집 발코니까지는 거리가 불과 1미터밖에 안 떨어져 있다

정확히 벽을 세웠다. 그런데 옆집에서 문제를 제기했다. 이유는 옥상 테라스 난간이 벽으로 막혀 있으니 자기 집 정원에 그림자가 드리워진다는 것이었다. 옆집에서는 난간 벽 대신 햇빛이 통과할 수 있는 난간으로 교체해 줄 것을 요구했다. 법적으로 따지고 들자면 난간 벽을 세우는 것은 전혀 문제가 없었지만 어쩌겠는가. 옆집보다 늦게 집을 지어서 이런 일을 당한다고 한탄해봐야 나만 손해라는 생각으로 그 요구를 받아들였다.

옆집에 햇빛이
차단된다는 이유로 막힌
난간 벽 일부를 철거하고
금속 난간를 교체했다

한 가지 문제는 내가 스스로 설계를 변경한 것이었고, 또 한 가지는 옆집의 요구에 의해 울며 겨자 먹기로 설계를 변경해 준 것이었다. 자의가 되었던 타의가 되었던 주변환경을 고려하지 못한 설계로 인해 생긴 피해는 고스란히 건축주인 내가 받았다. 골조까지 세워진 난간 벽을 허물고 예상에도 없던 금속 난간을 추가로 설치하는데 상당한 비용과 더 많은 공사기간이 소요되었다. 2층 발코니를 없애는데 따른 마감디테일이 바뀌게 되면서 후속 공정에 영향을 미치기도 했다.

이웃 간 대지 경계선에서 담장을 치는 부분에서도 마찰이 생길 수 있다. 우리 집의 경우도 옆집과의 합의하에 결국은 담장을 치지 못했다. 담장을 치지 않으니 마음만 먹으면 측벽을 따라 거실 앞 데크까지 들어올 수 있어 프라이버시 침해를 걱정하기도 했지만 옆집과의 원만한 관계를 위해 이 또한 양보했다. 사실 공사 들어가기 전에 옆집과 충분하게 교류하고 상의도 했으면 공사 초반부터 거기에 맞춰 공사를 진행할 수 있었을 텐데 하는 아쉬움이 남기도 했다. 하지만 내 집을 지으면서 옆집에 가서 설계도면을 놓고 의견을 나누는 것도 우습지 않은가.

우리 집 안방은 2층에 있고 남쪽 방향을 바라보고 배치되어 있다. 남쪽을 바라보고 있고 안방이라는 특수성 때문에 큰 창문을 설치하는 것이 일반적인 상식일 터인데, 우리 집 안방은 커다란 창문 대신 남쪽 벽 위쪽에 가로로 긴 창문을 배치했다. 이유는 우리 집 안방을 마주보고 있는 곳이 앞집의 2층 방이 배치되어 있는 곳이기 때문이었다. 앞집은 북쪽을 바라보고 있지만 가로 세로 크기가 넓은 미세기 창문이 설치되어 있다. 우리 집보다 훨씬 전에 지어졌기 때문에 그때는 그 방에서 창밖을 바라보는 풍경이 좋았을 것이다. 하지만 우리 집이 들어서고 난 후 나는 그 집의 방 창문에서

우리 집 안방은 앞집의 방과 마주하고 있다. 그렇지만 낮고 좁은 창문 계획으로 프라이버시가 확보된다

블라인드가 걷힌 상태를 한 번도 못 보았다. 얼마나 안타까운가. 창문은 설치했으되 하루 종일 블라인드로 창문을 가리고 있어야 한다는 상황이. 블라인드 때문에 햇빛을 끌어들이지 못하니 대낮에도 인공조명을 켜지 않으면 어둡고 칙칙한 실내환경이 될 수밖에 없다.

다시 우리 집 안방 창문 이야기로 돌아가면, 우리 집 안방 창문에도 블라인드가 달려 있지만 앞집과 다른 점은 밖이 어두워지기 전까지는 블라인드를 걷어 놓을 수 있다는 것이다. 그로 인해 충분한 빛도 들어온다. 무슨 차이 때문일까? 우리 집은 앞집의 상황을 고려해서 창문 크기와 배치를 설계에 반영한 반면 앞집은 그렇게 하지 않은 차이다. 만약 앞집도 장차 앞에 집이 들어설 것을 염두에 두고 조금만 더 신경을 썼더라면 창문을 조금 높은 곳에 배치하거나 지붕창을 설치하는 것과 같이 다른 방법으로 햇빛이 들어올 수 있는 방안을 찾았을 것이다.

우리 집 2층에는 초등학교에 다니는 딸아이 방이 있다. 설계할 때 딸아이 방 측면에 좁고 기다란 창문을 넣었다. 3D 조감도로 집의 외관을 보았을 때 그 창문이 측면의 모양을 독특하게 보이게 하는 디자인 요소로써 중요한 역할을 하고 있다고 생각했기 때문에 굳이 없애지는 않았다. 하지만 결국 공사를 하면서 없어지고 말았다. 그 창문은 옆집 침실 창문과 정면으로 배치되어 있었기 때문이었다.

옆집 방 창문과 마주보고 있어 딸아이 방 침대 헤드 위 측면 창은 공사 중에 없앴다

원래 계획되었던 창문을 없애기도 했지만 설계에는 없었던 창문을 새롭게 설치하기도 했다. 계단실 측벽에는 2층부터 창문이 설치되어 있다. 지붕에 지붕창문이 설치되어 있어서 1층 계단실까지 빛은 들어왔지만 안쪽에 있는 주방에 들어오는 빛이 부족했다. 골조가 다 섰을 때 그것을 느끼고 현장에서 즉석으로 1층 계단실 측면에 창문을 설치했다. 이유는 그쪽으로 빛을 추가로 끌어들일 수 있을 것이라는 판단에서였다. 그 판단은 정확히 들어맞았다. 예상에 없던 창문을 추가로 설치했더니 주방은 전보다 훨씬 밝아졌다.

주변환경을 고려해야 할 이유가 어디 이것뿐이겠는가. 아무리 경험이 많고 노련한 설계자라 할지라도 모든 것을 완벽하게 고려해서 설계에 반영하기란 결코 쉽지 않다. 하지만 할 수만 있다면 시간을 많이 들여서라도 주

주방에 빛을 더 끌어들이기
위해 설치한 시계 위쪽으로
보이는 창은 처음부터 계획
되었던 것은 아니었다

변환경을 고려한 설계를 하기 바란다. 그럴 만한 충분한 가치가 있기 때문이다. 나는 공사 도중에 현장에서 주변환경을 확인하고 즉석에서 설계를 변경했다. 이로 인해 내가 치러야 했던 대가는 생각보다 훨씬 컸다. 피할수 있으면 피하는 것이 좋다. 그렇게 하려면 설계단계에서 더 많은 고민을하는 것이 좋다. 부디 나와 같은 시행착오를 겪지 않기를….

디자인을 따를 것인가, 기능을 따를 것인가?
-폼나는 집 vs 편안한 집

"어딘가 편안하게 머물 수 있는 곳을 찾는 능력 면에서 본다면 개나 고양이에게 이길 수 없을 것이다." 나카무라 요시후미는 그의 책《집을 생각한다》에서 집 안에서 편안하게 머물 수 있는 안락한 공간을 알아내는 가장 좋은 방법 중 하나는 개나 고양이가 머무는 곳을 찾는 것이라고 말한다. 그런 곳을 찾는 일은 '동물적인 감각'을 빌리는 것보다 더 나은 것은 없을 것이다. 고양이나 강아지를 키우는 집이라면 겨울철에는 햇살이 내리쬐는 창문 옆에 사람보다 고양이나 강아지가 누워 있다는 사실에 별로 놀라지 않을 것이다. 여름철에는 또 어떤가. 그늘이 나지막이 드리우며 바람이 선선하게 통하는 곳에 자리를 잡고 앉아 있다.

처음에 내 집을 짓고자 마음먹었을 때 제일 먼저 떠오르는 생각은 '어떻게 하면 멋지게 지을 수 있을까?'였다. 외관도 크기도 제각각인 단독주택이 즐비한 주택단지 중간에 끼어 있는 내 땅에서 어떻게 하면 주변 집들보다 독특하게 튀어 보이게 지을 수 있을까를 고민했던 것이다. 대학에서 건축과 학생들에게 집을 설계할 때 가장 중요하게 생각해야 할 부분은 '집의 외관보다는 실내환경이다'라고 가르치고 있음에도 불구하고 정작 내 집을 지을 때는 '주변에서 어떻게 볼 것인가'에 더 관심을 쏟고 있었던 것이다. 주변의 관심을 끌려는 마음을 가지고 있는 한 내실을 다지기는 쉽지 않다. 집의 모양에 신경 쓰게 되고, 외부마감재에 더 많은 투자를 아끼지 않게 된다. 집의 외관에 투자를 하기 시작하면 실제로 하루의 대부분의 시간을 보내게 되는 실내환경을 위해서는 제대로 예산을 투입하기가 어렵다. 겉으로 보기에 폼 나는 집의 내부는 십중팔구는 아파트와 다를 바 없이 마감이 단조롭고 따분하다.

내가 지은 집에 2년간 살아보니 폼 나는 집보다는 편안하고 안락한 생활을 할 수 있는 집 안 분위기를 조성하는 것이 무엇보다 중요하다는 것을 절실히 깨닫고 있다. 살면서 내가 얻은 또 하나의 깨달음은 집의 외관은 너무 튀지 않고 주변환경과 잘 어울리는 정도면 딱 좋겠다는 것이다. 내 집만의 독특한 외관을 갖기 원하는 마음은 이해하겠다. 하지만 그것을 위해서 마감재에 지나치게 투자하는 것은 소위 '가성비'가 너무 떨어지는 투자라고 볼 수 있다.

이 집에 살면서 나는 집에 대한 개념을 다시 잡고 있다. 아파트에서는 수십 년을 살았지만 아파트에서 살 동안에는 집의 개념, 가치에 대해서 전혀 생각한 기억이 나지 않기 때문에 신기할 정도다. 수많은 개념 중에서 외벽이 갖고 있는 개념을 다시 보게 되었다. 이전에는 장식적이고 디자인적인 요소로서 외벽을 생각했다. 이를테면, 벽돌로 마감을 하면 단조로운 수직 벽을 거칠고 투박한 느낌으로 바꿀 수 있다. 스타코stucco와 같은 뿜칠 재료를 사용하면 지중해풍, 빈티지 스타일 등 이국적인 외관 스타일을 비교적 자유롭게 표현할 수 있다. 나무는 또 어떤가. 나무 마감재는 벽의 전체 느낌을 자연에 가깝도록 표현해 준다.

내가 사는 집의 외벽은 회색 톤의 벽돌과 흰색 톤의 스타코로 마감되어 있다. 두 가지의 재료를 사용해 전면과 측·후면이 다른 느낌을 가지도록 디자인한 것이다. 사실 우리 집을 둘러싸고 있는 주변 상황을 보면 전면 말고는 외부에서 보이는 면은 없다. 따라서 애초에 가졌던 전면과 측·후면의 대조는 집이 들어서는 순간 그 효과가 사라져 버렸다. 측면에서나 후면에서는 다른 집들 때문에 우리 집의 형체를 볼 수가 없었기 때문이었다. 초기 설계 스터디를 할 때 외관 스타일에 대해 꽤 많은 시간을 쏟아 부었던 것으로 기억한다. 결과적으로 보면 주변의 집들로 인해 보이지 않는 집의 측면과 후면의 스타일을 위해 너무 많은 시간적 물적 투자를 했던 것이 아닌가 싶은 후회가 들기도 한다. 외관에 쏟은 시간에 비해 더 나은 실내환경을 위해 노력한 시간은 상대적으로 적게 들였던 것이 조금은 아쉬운 부분으로 남는다.

집의 외관은 그것이 가지고 있는 최소한의 기능만 충족시키는 선에서 해야지 더 과하면 안 된다. 한마디로 외부마감재는 '가성비'가 높으면 더할 나위 없이 좋은 것이다. 유지 관리하는데 어렵지 않고 비용도 높지 않으면서 스타일에 뒤처지지 않는 그런 재료 말이다. 백년도 훨씬 전부터 목조주택을 지어오고 있는 캐나다와 미국의 경우 일반주택이나 럭셔리주택의 차이가 외관에서 결정되는 경우는 거의 없다. 외관에 사용된 마감재의 경우 비싸게 짓는 럭셔리주택도 일반적인 주택에서 사용하는 동일한 재료를 사용하는 경우가 일반적이다.

캐나다의 고가의 주택 외관에 사용된 사이딩 마감재

2011년쯤으로 기억한다. 호주에 본사를 둔 외장 마감재 회사의 담당자가 우리나라 주택 외장재 시장을 조사하기 위해 한국을 찾았을 때 며칠을 동행하며 건축가, 시공사, 자재회사 관계자들과 미팅에서 통역을 했던 적이 있다. 그 미팅을 통해 나는 우리나라 주택시장의 민낯을 볼 수 있었다. 결론부터 말하자면 우리나라 주택의 값어치, 즉 평당 가격의 높고 낮음을 결정하는 중요한 요소가 외장재의 종류였던 것이다. 소위 말하는 목조주택의 평당 가격이 외장재의 종류에 따라 평당 400, 평당 500, 평당 600 이상 이런 식으로 나눠지더라는 얘기다. 지금도 이런 식의 평당 가격표를 가지고 영업을 하는 시공회사들이 꽤 있는 것으로 알고 있다. 실내환경과는 상관없이 외장재가 대리석이냐, 벽돌이냐, 시멘트 사이딩이냐에 따라 그 집의 시공 가격이 많게는 평당 수백만 원의 차이를 보이고 있다는 사실이다.

나는 지금도 '시멘트 사이딩^{cement siding}'이라는 재료가 목조주택에서는 가성비의 '끝판 왕'이라고 생각한다. 캐나다, 미국과 같은 목조주택 선진국에서는 여전히 인기를 끌고 있는 마감재다. 일반주택이나 럭셔리주택이나 할 것 없이 아주 광범위하게 사용된다. 유지 관리가 쉽고 비용도 저렴하면서 설치 방법이나 색을 매기는 패턴에 따라 다양한 외관 스타일을 표현해 낼 수 있는 장점이 있다. 그런데 이와 같은 재료가 적용된 목조주택은 우리나라에서는 몇 년 전부터는 자취를 감췄다. 외장 마감재로 집의 값어치를 판단하는 그릇된 기준에 의해 철저하게 시장에서 배제되어 버린 대표적인 제품 중에 하나가 시멘트 사이딩이다.

시멘트 사이딩이 적용된 목조주택

한때는 목조주택 지붕 마감재의 대표적인 재료로 꼽혔던 아스팔트 슁글 asphalt shingle 역시 시멘트 사이딩과 마찬가지의 이유로 시장에서 외면당하고 있다. 이들 재료와 비교해보면 현재 우리나라 목조주택 지붕과 외벽에서 주로 사용되는 징크패널이나 스타코stucco는 가격 면에서만 보더라도 2배 이상 비싼 제품들이다. 나도 이 부분에 대해서는 할 말이 없다. 예산이 넉넉지 못한 건축주들에게는 아스팔트 슁글이나 시멘트 사이딩을 제안하곤 했던 나였지만 막상 내 집에서도 적용을 하지 못했으니 말이다. 사실 내 집의 경우, 정면을 제외하고 집의 측면이나 후면에는 시멘트 사이딩을 시공하자고 제안하기는 했지만 기본 설계를 진행했던 친구 건축가의 만류를 뿌리칠 수 없어 스타코로 마감을 하게 되었다. 지금도 이 부분은 아쉬움으로 남는다. 이처럼 집짓기를 하면서 내 집이지만 내 마음대로 지을 수 없는 상황이 생기는 경우가 적지 않다.

편안한 집을 지을 것인가, 폼 나는 집을 지을 것인가?

그렇다면 우선 초심으로 돌아가서 '집의 가치'에 대한 생각을 해보는 것이 도움이 될 것이다. 집의 가치를 먼저 생각한다면 외적인 부분보다는 내적인 부분에 신경이 쓰이는 것이 당연하다. 집의 가치를 생각하는 사람은 거주자의 삶의 가치를 어떡하면 더 높일 수 있는지를 더 생각하게 된다. 집짓기의 우선순위가 무엇인지 되돌아보게 된다. '디자인이 우선이냐, 기능이 우선이냐' 하는 것은 어쩌면 부차적인 문제일 수 있다. 그에 앞서 집의 본질을 먼저 찾는 노력을 기울여야 한다. 본질을 찾기 위해 노력하는 사람은 적어도 바른길을 가고 있다고 확신해도 좋다. 하지만 집의 본질을 찾는다는 것은 말처럼 쉽지 않다.

　건축주의 입장이 되어 보면 집짓기는 모든 것이 낯설다. 어디서부터 어떻게 시작해야 할지 방향을 잡기조차 어려운 게 바로 집짓기다. 2년째 살고 있는 내 집을 지을 때만 하더라도 나는 '집의 본질'이나 '삶의 가치'에 대해 생각조차 하지 못했다. 머릿속에는 하루빨리 공사를 시작해야 한다는 생각으로 가득 차 있었다. 설계도 어떻게 진행되어 가는지도 모를 정도로 빨리 결정되었다. 그리고 허가가 난 후에는 곧바로 착공신고를 하고 공사를 시작했다. 초반에 방향도 제대로 잡지 못한 채 첫 삽을 떴으니 결과는 불 보듯 뻔했다.

　집을 지을 때 디자인에 초점을 맞출 것인지 아니면 기능을 따를 것인지를 고민하는 일은 전체 방향을 잡는데 어느 정도 역할을 할 수 있다. 하지만 그보다는 집이 그 안에서 사는 사람들에게 편안함과 안락함을 제공할 수 있는 생활환경을 제공하느냐 그렇지 못하느냐에 더 큰 의미를 두어야 할 것이다. 내 경우에 외관은 집을 짓고 딱 1개월 정도만 눈에 들어왔고 그 이후부터는 집 전체를 바라보는 일은 거의 없었다. 내 머릿속에 전혀 들어와 있지 않다 해도 과언이 아닐 정도로 집의 외관은 내게 큰 의미를 부여하지는 않는다.

　누구나 꿈꾸고 있는 이상적인 집의 모습은 거주자가 그 안에서 정말 편안하고 매일매일 행복한 삶을 사는 것이 아닐까. 이런 모습을 기대하고 있다면 '폼 나는 집'에 초점을 두기보다는 '편안한 집'이 되기 위해 어떤 조치를 취해야 할지에 시간과 노력을 더 투입해야 한다.

햇빛을 끌어들인
집에 살아보니

초등학교에 다니는 내 딸아이의 친구도 2층 단독주택에 살고 있다. 베스트 프렌드 중 한 명이라 그 친구 집에 종종 가서 놀고 오는 경우가 있다. 하루는 딸아이가 그 친구 집에서 놀고 오더니 "아빠 있잖아요, ○○이는 혼자서 계단을 못 올라간데요."라고 얘기하는 것이다. 내가 의아해하면서 "왜? 무슨 문제라도 있는 거야?"라고 물었더니, 딸이 하는 얘기가 "아니요, 계단이 무섭데요."라며 말을 이어갔다. 자초지종을 듣고 보니 그 친구는 자기 집 계단실이 낮에도 어두워서 혼자 오르내리기가 무섭다는 얘기였다. 평소에도 계단실에 햇빛이 잘 들지 않아 그 어린 마음에 '계단실은 어두워서 무서워'라는 생각으로 가득 차 있었던 것 같다.

우리 집은 계단실이 참 밝다. 내가 개인적으로 좋아하는 공간이기도 한 우리 집 계단실은 인공조명을 켜지 않아도 해질녘까지는 불편함 없이 오르내릴 수 있을 정도로 밝고 화사하다. 이것이 가능했던 이유는 자연광이 1층까지 드리워지도록 미리 계획을 세웠기 때문이다. 우리 집은 앞서 말했

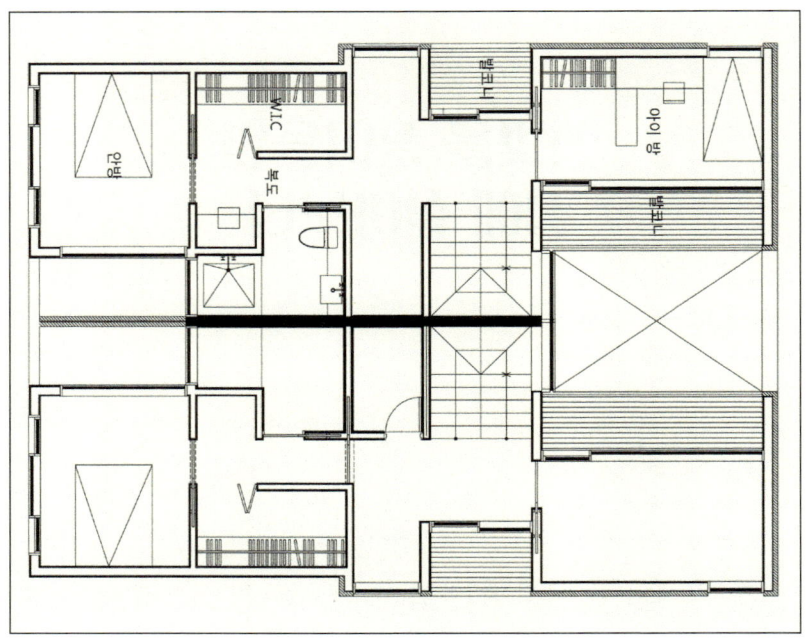

계단을 마주하고 중앙에 세워진 벽을 중심으로 양쪽으로 세대가 분리되는 듀플렉스 하우스

듯이 듀플렉스 하우스duplex house, 즉 한 필지에 2개의 집이 붙어 있는 형태의 집이다. 듀플렉스 하우스의 가장 큰 단점 중 하나는 2세대가 마주보고 있는 한쪽 벽이 옆집 벽이자 동시에 내 집 벽이 된다는 것이다. 2세대가 하나의 벽을 중심으로 대칭으로 배치되어 있는 평면상의 단점 때문에 채광 계획을 잘 세우지 않으면 실내가 어둡고 칙칙할 수밖에 없는 구조다. 양쪽 집의 중앙을 가로지르는 벽에는 창문을 낼 수 없기 때문에 설계상에서 잘 반영하지 않으면 어두울 수밖에 없다.

중간 벽을 2세대가 공유하기 때문에 세대 간의 소음 문제가 발생할 확률도 상당히 높다. 따라서 세대 간벽에는 침실을 배치하기보다는 공용공간이 들어서도록 배치하는 것이 일반적이다. 이런 이유로 듀플렉스 하우스의 계단실은 대개 두 세대를 구분하는 중간 벽, 즉 세대 간벽 쪽에 배치하는 것이다. 그러다 보니 계단실은 하루 24시간 인공조명을 켜지 않고서는 오르내리기조차 어려울 정도로 어두울 수밖에 없는 공간이 되고 마는 것이다. 우리 집 계단실도 세대 간벽을 마주하는 그 위치에 배치되어 있다. 세대 간벽에 창문을 설치할 수 없으니 어두울 수밖에 없는 그런 구조다. 아마도 공사 시작 후 얼마되지 않아 덴마크를 방문하지 않았다면 우리 집도 자연 빛이 들어올 수 없는 구조라 상당 부분 어둡고 칙칙했을 수도 있었을 것이다.

처음에 이 집을 설계할 때만 하더라도 그저 모던한 외관에 현대적인 감각을 드러낼 수 있는 심플한 실내 이미지를 머릿속에 담고 있었다. 설계 또한 그런 방향으로 진행되었다. 기초공사가 끝나갈 무렵에 나는 2015년 4월 덴마크 벨룩스 그룹의 초청으로 4박 5일간 코펜하겐 근교에 머물면서 자연의 빛을 집 안으로 끌어들여 여러 가지 혜택을 받는 '액티브 하우스Active House' 개념을 처음으로 접하게 되었다. 유치원, 초등학교, 대학교 캠퍼스에서부터 단독주택, 문화센터에 이르기까지 액티브 하우스 개념이 접목된 실제 건물들을 방문하면서 햇빛이 건물 내부 환경에 미치는 영향이 상당히 크다는 것을 알게 되었다. 더불어 그 안에 거주하고, 공부하고, 업무를 보는 사람들에게 밝고 명랑한 생활환경을 제공하고 있다는 사실에 깊은 감명을 받았다.

사실 덴마크를 방문하기 전까지는 지붕창을 이용해 집 안으로 빛을 끌어들이는 것, 그리고 자연환기가 실내환경에 얼마나 큰 영향을 미치게 되

지붕에서 끌어들인 빛으로 항상 밝고 환한 우리 집 계단실.
초겨울 오후 4시가 지났지만 계단실은 여전히 햇빛으로 가득하다

는지에 대해 전혀 생각하지도 못 했었다. 학창시절 건축계획 수업 때 잠깐

배웠던 기억은 나지만 실제로 그 효과를 보고 느껴보기는 덴마크를 방문했

을 때가 처음이었다.

우리 집은 면적으로 따지면 이웃집에 비해 크지 않다. 따라서 법규에서 허용하는 최대한의 면적을 사용하려고 고민을 많이 하고 있었던 터였다. 특히 실내환경만큼은 밝고 건강한 요소를 넣어서 짓기를 원했었기 때문에 덴마크에서의 경험이 내게 직접적으로 다가왔던 것 같다. 혹시나 하는 마음에 덴마크 액티브 하우스 전문가에게 우리 집 얘기를 꺼냈다. 공사 중이기는 하지만 지금이라도 가능하면 액티브 하우스 개념을 일부분이라도 우리 집에 적용하고 싶다고 요청했다. 내 요청은 흔쾌히 받아들여졌고 설계 도면을 보내주면 빠른 시간 내에 자연광을 최대한 집 안으로 끌어들이기 위해 필요한 기술적인 검토와 기술지원을 해주겠다는 약속을 받아냈다.

한국으로 돌아와 보니 1층 골조공사가 막 시작되고 있었다. 마음이 조급했다. 이번에는 골조가 너무 빨리 진행되는 것에 대한 조급함이었다. 공사가 시작되기 전에는 빨리 끝내고 입주하고 싶은 조급함 때문에 안절부절못했는데 상황이 달라지니 다른 조급함이 자리 잡은 것이다. 한국으로 돌아오자마자 곧바로 설계도면을 벨룩스 그룹 기술부서로 보냈다. 완벽한 액티브 하우스 개념은 아니지만 지금 상황에서 햇빛을 최대한 집 안으로 끌어들일 수 있는 방법이 있기를 기대했다. 그로부터 일주일 후 덴마크에서 검토한 도면이 도착했다. 기본적으로 경사지붕과 평지붕에 지붕창과 썬터널 sun tunnel을 몇 개씩 설치해보자는 제안이었다. 다행히 2층 골조가 끝나고 지붕골조 작업이 시작될 상황이어서 벨룩스 그룹에서 제안한 지붕창과 썬터널은 다 적용할 수 있었다.

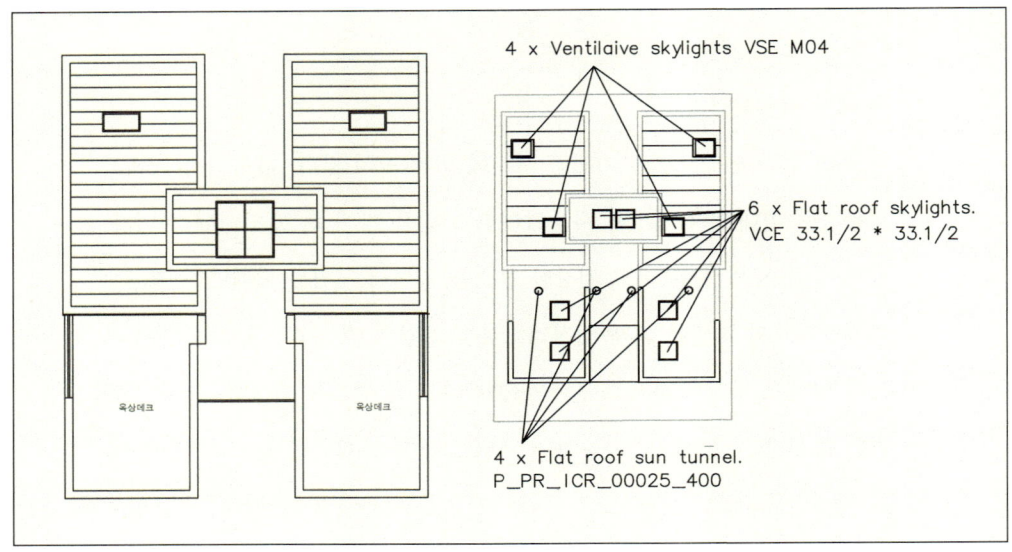

우리 집 초기 도면 vs 벨룩스 그룹 기술팀이 제안한 지붕창과 썬터널이 추가된 변경 후 도면

벨룩스 기술부서에서 제안한 썬터널의 위치는 내가 전혀 생각지 못했던 위치에 놓여 있었다. 그곳이 어디인지 확인했을 때 나는 내심 놀라지 않을 수 없었다. 비록 짧은 시간이지만 철저하게 우리 집 설계도면을 분석해서 좋은 제안을 해주었다는 생각에 담당자에게 감사의 이메일을 보냈다.

썬터널이 위치한 곳은 안방 옆에 있는 워크 인 크로젯walk in closet이었다. 이곳은 설계할 당시부터 어쩔 수 없이 창문을 낼 수 없었다. 벽에 창문을 설치하면 옆집 2층 발코니에서 정면으로 보이는 곳에 있었기 때문에 창문을 내봐야 커튼을 치지 않고서는 옷을 갈아입기가 수월하지 않겠다고 판단했다. 그렇다면 굳이 창문을 설치하지 말자고 결론을 내린 곳이었다. 그때 당시에는 뚜렷한 대안이 없었기 때문에 창문을 없애는 것이 최선책이라고 생각했다. 물론 다른 것 다 무시하고 환기를 위해서라도 창문을 설치할까도 생각했지만, 공간이 협소해 옷을 걸면 어차피 가려질 거 같아 창문을 내지 않았다. 아쉬운 부분이었지만 어쩔 수 없는 상황이었다.

집짓기를 하면서 이런 부분은 한둘이 아니었다. 하지만 원하는 것을 원하는 대로 모두 적용할 수는 없는 법. 상황에 맞게 대처하는 게 맞을 거라고 생각했다. 설계 당시 이런 내막이 있었던 공간이었는데 벨룩스 기술팀에서는 시뮬레이션을 통해 정확하게 이런 상황을 파악했던 것이다. 그리고 창문을 낼 수 없어 어둡고 칙칙한 공간이 될 수밖에 없었던 이곳에 썬터널을 제안했던 것이다. 보내온 도면을 하나씩 체크하면서 나는 그저 그들의 제안에 감탄할 수밖에 없었다. 썬터널과 비슷한 제품은 2006년 영국의 목조회사 설계 부서에서 일할 때부터 알고 있었지만 솔직히 나한테 와닿는 제품은 아니었다. 그래서 무심코 그냥 넘겼던 제품이었는데 내 상황이 바뀌니까 제품도 달라 보였다.

우리 집 워크 인 크로젯 천장에 설치된 썬터널은 아침에 해가 떠서부터 저녁에 해가 질 때까지 지붕으로부터 빛을 끌어모아 내부를 환하

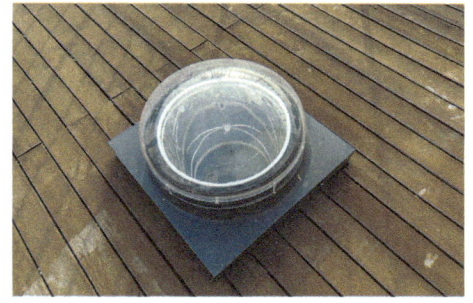

썬터널이 설치된 옷장 안은 창문이 없음에도 항상
밝은 빛이 투과되고 있다

게 밝힌다. 썬터널을 설치한 후부터 지금까지 하루 중 이곳에서 인공조명을 켜는 일은 거의 없다. 썬터널이 인공조명보다 훨씬 더 나은 성능을 발휘하기 때문이다. 맑은 날뿐만 아니라 흐린 날에도 빛의 밝기는 조금 흐려도 맑은 날과 차이를 느낄 수 없을 정도로 밝은 빛을 발산시킨다. 빛만 끌어들이기 때문에 열획득으로 인한 실내 쾌적성을 해치는 일도 없다. 자연의 빛이 우리 집에 제공해주는 첫 번째 혜택은 썬터널을 통해서 충분히 나타나고 있다.

워크 인 크로젯 바로 앞은 조금은 긴 중복도가 있다. 계단을 올라와 안방으로 가려면 이 중복도(中複道)를 지나쳐야 한다. 왼쪽으로는 화장실 벽, 오른쪽으로는 워크 인 크로젯 벽이 있는 복도다. 이곳은 처음부터 인공조명의 사용이 빈번할 것이라 예측한 곳이었다. 콘도나 호텔과 같은 숙박시설에서는 중앙에 복도가 있다. 복도를 중심으로 양쪽에 객실을 배치해야 하기 때문이다. 이렇게 양쪽 방 사이에 있는 복도를 중복도라고 일컫는다. 중복도는 항상 인공조명이 켜져 있다. 양쪽에 있는 객실에서 바깥에서 들어오는 빛을 다 차단하니 복도까지 빛이 들어올 리가 없다. 숙박시설의 중복도는 항상 어두울 수밖에 없는 구조적인 취약점을 가지고 있다.

우리 집 2층 복도는 바로 중앙에 복도가 배치되어 있다. 물론 숙박시설과 비교해 볼 때 복도의 길이는 얼마 되지 않지만 대낮에도 인공조명이 없으면 어두울 수밖에 없는 구조였다. 벨룩스 그룹 기술팀은 이곳도 정확하게 시뮬레이션을 통해 찾아냈다. 그리고 해결책으로 제시한 것이 지붕창을 설치하는 것이었다. 그런데 이 복도의 바로 위쪽은 옥상 테라스가 있다. 우리 집은 좁은 땅 면적 때문에 1층에 정원을 쓸 수 있는 공간이 좁아서 지붕을 평지붕으로 하고 그곳에 옥상 테라스를 계획했다. 이곳에 지붕창을 설치하면 옥상 테라스로 사용할 수 있는 면적이 줄어드는 문제 때문에 설치를 잠깐 고민하기도 했다. 하지만 쾌적한 실내환경을 조성하는 것이 옥상 테라스 면적을 빼앗기는 것보다 더 중요하다는 판단을 내렸다. 그리고 그

평지붕용 지붕창 덕분에 우리 집의 복도는 항상 빛이 머물고 있다

곳에 평지붕용으로 제작된 평평한 정사각형의 지붕창^{flat roof window}을 설치했다. 리모트 컨트롤을 사용하면 자동으로 시간을 조정해서 열리고 닫을 수 있다. 빗물 센서가 달려 있어 비가 오면 자동으로 닫힌다. 복도 위에 설치한 지붕창을 통해서도 풍부한 빛이 중복도로 들어온다. 그 빛으로 인해 인공조명 사용 빈도수도 현저하게 줄어들었다. 바깥이 어두울 때에만 인공조명을 켜니까 하루 중 인공조명을 사용하는 횟수는 그다지 많지 않다. 아침에 방에서 나오면서 햇살이 드리워지는 밝은 복도를 바라보는 것만으로도 상쾌하게 하루를 시작하기에 충분하다.

우리 집에 다녀간 사람들은 1층에서 다락까지 이어져 있는 계단을 오르내리면서 가슴을 쓸어내린 경험을 했다는 얘기를 지인들에게 많이 듣는다. 우리 집 계단실에는 다른 집에서는 쉽게 볼 수 없는 특별한 무언가가 있기 때문이다. 찾아온 손님들은 자작나무 계단 판을 딛고 1층에서 2층을 오른다. 여기까지는 여느 집과 별다른 점을 느끼지 못한다. 2층을 둘러보고 다락방과 옥상 테라스를 구경하기 위해서는 다시 계단을 올라가야 한다. 그런데 2층에서 다락까지 올라가는 중간 계단참에 도착해서는 "어머나! 이게 뭐야"라며 십중팔구는 화들짝 놀라곤 한다. 그리고 계속해서 올라갈지 아니면 다시 내려와야 할지 잠깐 동안 고민한다. 결국에는 다 올라가지만 1층 계단에서는 잘 올라오다가 2층 계단에서는 멈칫하는 이유가 있다. 계단참을 덮고 있는 판이 1층 계단까지 훤히 비치는 유리로 되어 있기 때문이다. 아래가 보이기 때문에 멈칫거리며 처음에는 올라갈 생각을 못하는 경우가 다반사다. 올라가면 깨지는 것 아니냐는 불안감 때문이다. 그러나 그 유리판을 딛고 올라서야 비로소 다락에 도달할 수 있고 옥상 테라스에 나

가 볼 수 있기 때문에 용기를 내어서 올라가기는 한다. 그 모습을 볼 때마다 웃음이 나오는 것을 참을 수가 없다.

계단참을 유리로 시공해야겠다는 아이디어는 사실 즉흥적이었다. 이 아이디어를 아내에게 말했을 때 아내의 반응은 정말 싸늘했다. 내가 의견을 제시하면 거의 토를 달지 않고 따라 주었기에 아내의 그런 반응에 놀라지 않을 수 없었다. 그 표정은 한마디로 말해 '말도 안 된다', '무서워서 유리를 어떻게 딛고 다니냐'는 것이었다. 아내의 강력한 저항에도 불구하고 이것만은 양보 못한다는 심정으로 내 뜻을 굽히지 않았다. 결국 현장에 요청해서 이미 설치되어 있던 자작나무 판을 뜯고 대신 유리를 깔아 달라고 했다. 시공팀도 의아해했지만 나는 확신이 있었다.

사람들의 만류에도 불구하고 이렇게까지 계단참을 유리로 바꾼 결정적인 이유는 바로 빛 때문이었다. 계단실 꼭대기 천장에는 지붕구조를 뚫어 설치한 천창skylight이 있었다. 계단실을 밝게 해주기 위해 벨룩스 기술팀에서 제안한 것이었다. 그 지붕창을 통해 들어오는 자연의 빛은 계단실을 환하게 밝혀준다. 그런데 문제는 그 빛이 계단 중간에 있는 계단참 때문에 1층까지 내려가지 못한다는 것이었다. 2층 계단실은 충분한 빛이 들어오지만 1층 계단실은 늘 어둡고 침침한 공간이 될 수밖에 없었다. '계단참이 없다면 1층 계단실까지 충분히 빛이 내려가고도 남을 텐데. 그렇다고 계단참을 없앨 수도 없고' 이렇게 혼자 생각하다가 문득 '밟아도 깨지지 않는 튼튼한 유리를 설치하면 계단참 역할도 하고 그 유리를 통해 빛도 투과하지 않을까?'라는 아이디어가 떠올랐던 것이다. 이것이 발단이 되었다. 해외 사례를 찾아보니 역시 유리로 된 계단 판을 설치한 집들이 있었다. 그래서 더 확신을 가질 수 있었다. 결과는 대성공이었다! 처음에는 올라 다니기 무서워하던 아내와 딸도 이제는 전혀 의식하지 않고 계단을 오르락내리락 잘 다니고 있다. 집에 찾아오는 손님들도 처음에는 계단참이 유리라는 사실에 부담을 갖지만 계단실이 너무 밝아서 아늑하다며 부러워하기도 한다.

집 안으로 자연의 빛을 최대한 끌어들이는 것은 생각보다 어렵지 않다. 나도 처음에는 호기심으로 시도했었지만 지금은 나를 포함한 온 가족이 햇빛이 주는 수많은 혜택을 제공받으며 즐겁고 행복하게 하루하루를 살아가고 있다.

15장

예비건축주, 설계자, 시공사에게 드리는 조언

내 집은 설계자와 시공사의
연습 대상이 아니다

"프로젝트에 참여하는 모든 사람들이 행복하면 걱정할 일이 없다." 집짓 기를 계획하는 건축주, 그 집을 설계하는 건축가, 설계도면을 기준으로 공 사를 하는 시공자 모두가 행복한 집을 지을 수 있다면 얼마나 좋을까. '집을 지으면 십 년은 늙는다'는 옛 속담이 있다. 즐겁고 행복해야 할 집짓기가 결 코 즐겁지도 행복하지 않은 결과를 가져오기 때문에 생겨난 속담이다. 나 한테는 해당되지 않는 속담이면 좋으련만 특단의 조치가 없는 한 그럴 확 률은 그리 높지 않다.

왜 이런 결과가 생기는 걸까? 즐겁고 행복해야 할 집짓기가 모두가 불쾌 하고 불행한 집짓기로 끝이 나는 것은 대체 무엇 때문일까? 모두가 즐겁고 행복한 집짓기는 정말 불가능한 것일까?

주관적인 생각일지는 모르지만 집짓기를 통해서 모두가 즐겁고 행복하 려면 각자 쥐고 있는 것 중에서 일부를 조금씩이라도 내려놓아야 한다. 내 가 가지고 있는 것을 먼저 내려놓는 것이 말처럼 쉬운 일이 아니기 때문에 양자(건축주와 설계자, 건축주와 시공자, 시공자와 설계자) 간 또는 삼자(건축주, 시공자, 설계자) 간에 마찰이 생기는 것이다. 뭔가 내려놓을 때에는 희생이 뒤따른다. 하지만 집짓기 초기에 각자의 작은 희생을 통해 나중에 주어지는 만족감은 이루 말할 수 없을 정도로 크다.

나는 한때 목조주택을 전문으로 시공하는 건설사를 2년간 운영한 적이 있다. 이전에는 건축가로서 예비건축주들의 주택을 목구조로 설계한 경험도 가지고 있다. 2015년 8월부터 목조주택을 지어 살고 있는 건축주이기도 하다. 건설사의 역할, 건축가의 역할, 건축주의 역할을 한 번씩은 다 경험해 보았다. 지금 생각해보면 내가 어떤 위치에 있었느냐에 따라 생각하는 것이 너무나도 달랐었다는 것을 알겠다. 건설사를 운영했을 때는 어떻게 하면 이윤을 더 낼 수 있을까 고민했고, 설계를 할 때는 어떻게 하면 작품으로 한번 만들어서 나를 알릴 수 있을까를 고민했으며, 또한 건축주의 위치에 있었을 때에는 어떻게 하면 남들보다 더 싸게 좋은 품질의 집을 지을 수 있을까를 생각했다. 각각 다른 목적을 가진 사람들이 집짓기로 인해 어쩔 수 없이 연결되다 보니 삼자가 다 만족하기가 너무 어려운 것이 집짓기다.

건설사 대표로, 건축가로, 건축주로 각각의 역할을 감당했던 그때를 돌아보면 즐겁고 행복한 경험은 그리 많이 떠오르지 않는다. 건설사를 운영했을 때도, 설계를 하고 있었을 때도, 그렇게 갈망하고 고대했던 내 집을 짓고 있을 때도 기쁘고 행복했던 날보다는 힘들어하고 업무와 사람들과의 관계로 인한 스트레스로 괴로워했던 날들이 더 많았다. 왜 그럴 수밖에 없었는지에 대해 깊이 생각해본 결과, 즐겁지 못했던 이유는 앞서 언급했던 '내려놓기'를 제대로 하지 못했기 때문이었다. 다른 사람 때문에 내가 희생해야 한다는 생각은 절대로 할 수 없었기에 더 힘들었던 것 같다.

솔직히 말해 그 중에서도 건설사를 운영했던 2년간은 내 생애에서 지울 수 없는 많은 오점을 남겼던 시기였다. 한편으로는 건축주의 입장, 설계자의 입장을 많이 이해할 수 있었던 소중한 경험을 한 것에 감사함을 느끼기도 한다. 나는 그때 2년간의 경험을 끝으로 다시는 건설사를 운영하지 않겠다고 스스로 다짐했다. 지금도 그때를 생각하면 낯이 뜨거워질 정도로 건축주와 설계자의 마음을 이해해주지 못한 것에 대해 미안함을 가지고 있다. 지금도 내 주변에서 시공하는 분들을 보면 그렇게 존경스럽게 느껴질 수 없다.

건설사를 운영하면서 내게 일어난 몇 가지 에피소드를 소개하려고 한다. 건축주, 시공자, 설계자의 관점에서 집짓기에서 필요한 무엇인가 판단을 내릴 때 조금이나마 도움이 될 수 있기를 바라는 마음에서 그 얘기를 나누고 싶다. 따라서 나만의 주관적인 생각이 들어가 있을 수도 있다는 것을 참고해서 들어보시길….

시공사의 역할

어떤 건축주가 전화로 울면서 억울함을 호소했던 적이 있다. 이유를 물어보니 현장을 책임지고 있는 소장을 다른 사람으로 교체해 주면 좋겠다는 것이었다. 건축주가 요청하는 것들을 현장 소장이 너무 들어주지 않으니까 점점 나쁜 감정들이 쌓여서 급기야 대표인 나와 전화 통화를 했고, 거기서 그간 쌓였던 감정들이 폭발하고 만 것이었다. 건축주의 말을 듣는 내내 가슴이 아팠지만 현장 소장은 회사를 대변하고 회사의 이익을 조금이라도 더 내기 위해 일을 하고 있다. 회사에서 승인되지 않는 사항들에 대해서는 아무리 현장 책임자라고 할지라도 쉽게 판단해서 결정해 줄 수 있는 부분이 많지 않다. 건축주의 요청이라 할지라도 말이다.

또 다른 건축주와는 이런 에피소드가 있었다. 처음 공사를 시작해서 골조가 마무리되기까지의 공정은 별 무리 없이 지나갔다. 그런데 마감 공사에 들어가면서부터 현장 소장과 건축주 간에 의견이 맞지 않았다. 나중에 들어보니 커뮤니케이션의 문제도 약간 발생했다. 처음부터 끝까지 과정을 들어보니 건축주는 본인이 생각했던 것을 현장 소장이 잘못 이해해서 시공을 했다고 하고, 현장 소장은 분명 건축주가 얘기한 대로 시공했는데 이제 와서 다른 소리를 한다는 거였다. 이럴 때가 건설사 대표로서는 가장 난감하다. 누구의 편을 들어줄 수 없는 정말 난해한 상황이기 때문이다. 결국은 건축주가 원하는 대로 그 부분에 대해 재시공을 지시해서 마무리가 되었지만, 그 이후부터 건축주는 소소한 문제들을 제기하기 시작했다. 처음 계약할 때 내가 보여줬던 건축주와의 신뢰를 공사가 끝날 때까지 지켜내지 못했기 때문이었다. 둘 사이의 신뢰에 금이 가니 더 이상 서로를 믿을 수 없게 되었다. 그러니까 평소 같으면 그냥 넘어갈 수 있는 부분도 건축주 입장에서는 다시 짚고 넘어갈 수밖에 없다. 우여곡절 끝에 완성을 시킨 후 건축주와 자리를 함께한 나는 그분의 말을 듣고 또 한 번 충격을 받았다. 나를 믿고 일을 맡긴 건데 왜 정작 중요한 마감 공정 때 내가 신경을 써주지 않았는지에 대해 불만을 털어놓았던 것이다. 그때 나는 건축주의 마음을 헤아리지 못했던 부분을 깊이 반성할 수밖에 없었다.

건축비가 높은 목조주택 프로젝트를 시공관리 했던 적이 있었다. 상당히 복잡한 모양에 시공 디테일도 꽤나 풀기 쉽지 않은 프로젝트였지만 그래도 도전해 보기로 하고 시작하게 된 경우였다. 나중에 완공되고 난 후에 건축전문가들이 방문해서 "이 건물이 정말 목조로 가능하냐? 콘크리트구조로 시공했어도 쉽지 않았을 것 같은 건물"이라고 얘기할 정도로 공사가 까다로운 프로젝트였다. 이 프로젝트에서는 건축주와 설계자 사이의 중재 역할을 하면서 참 어려운 시간을 보냈다. 설계자의 말을 듣자니 나중에 완공 후 건축주가 생활하면서 겪게 될 일들이 불 보듯 뻔히 보이기에 그대로 따르기가 어려웠다. 어떤 경우는 건축주가 우리에게 직접 시공에 대한 변경을 요청하는 경우가 있었는데 그때는 건축가에게 디자인 컨펌을 받는 것이 쉽지 않았다. 요청한다고 바로 답변이 오는 것이 아니기 때문에 최종 답변이 올 때까지 공정은 꼬이기 마련이다. 건설사 입장에서는 피곤하면서 보이지 않는 손실도 서서히 드러나기 시작하는 시점이 된다. 한번은 벽 길이의 반이 넘는 부분에 'ㄱ'자 형태의 코너 창을 설치하는 곳에 보강 기둥을 설치하는 것을 놓고 건축주, 건설사 그리고 설계자가 한참 동안 현장에서 씨름을 한 적이 있다. 구조기술사가 코너 부분의 구조설계를 통해 문제를 해결했지만 건축주는 그래도 시간이 지나면 구조적으로 불안할 것이라는 생각에 설계자에게 얇은 철재 기둥이라도 설치하자고 건의하던 중이었다. 건설사의 입장도 건축주와 같았다. 하지만 설계자는 단호하게 거절했다. 코너에 기둥을 설치하면 그것 때문에 멋진 전망이 가려진다는 것이 거절의 이유였다. 할 수 없이 그냥 코너에 기둥 없이 시공할 수밖에 없었다. 그런데 완공 후 1년 쯤 지났을 때 건축주에게 연락이 왔다. 코너창이 있는 부분에 기둥을 설치해 달라는 것이었다. 도저히 불안해서 안 되겠다면서 말이다. 참 아이러니하게도 기둥을 설치하러 현장에 가서 보니 문제의 코너 쪽으로 창문 양쪽의 커튼이 몰리도록 설치되어 있었다. 설계자가 처음에 의도했던 코너창의 구실을 제대로 하지 못하고 있었다. 평소에는 커튼이 코너에 뭉쳐 있었기 때문에 전망을 가리고 있었던 것이다. 결국 얇은 철재 기둥을 설치한 후에야 건축주는 혹여나 지붕이 내려앉을까 하는 불안감을 떨쳐버릴 수 있었다.

건축가의 역할

건축가로서 설계 작업에 임하는 자세는 건설사를 운영하기 전과 후가 완전히 달라졌다. 건설사를 운영하기 전에는 정말 내 생각에만 심취해서 작업을 하곤 했다. 건축주가 입주해서 겪게 될 고충이나 발생할 일에 대해서는 솔직히 말해 관심이 별로 없었다. 반면 건설사를 운영한 경험을 가진 이후에는 그곳에 사는 건축주를 최우선으로 생각하고, 건축주가 가지고 있는 예산에 최대한 맞도록 설계 작업을 하려고 했다. 건설사를 생각하는 마음도 생겼다. 어떻게 하면 건설사가 고충을 겪지 않고 집을 지을 수 있을까를 고민하기 시작했다. 시공 디테일에 더욱 신경 쓰고 건설사의 측면에서 한 번 더 내 설계를 바라보게 되었다.

건축주의 역할

건축주로서의 경험은 또 다른 배움의 시작이었고 험난한 과정의 연속이었다. 건축가로서 건설사 대표로서 경험을 했던 나조차도 내 집을 짓는 것이 이렇게 어려운 일이라는 것을 미처 몰랐었다. 내 집을 테스트용으로도 생각했던 터라 공사기간도 더 오래 걸리고 밸런스가 맞지 않는 부분도 있었다. 그러나 무엇보다 큰 실수는 아내가 원하는 몇 가지 안 되는 요구사항을 무시해 버렸다는 것이다. 가족의 의견을 무시하고 그냥 내 생각만 적용시켰기 때문에 문제였다. 그동안 건축가로 건설사 대표로 건축주로부터 경험하고 배웠던 것들을 내 집을 지을 때는 정작 반영하지 못했던 것이 지금에서야 후회로 남는다.

내 집을 지을 때 나도 역시 빠듯한 예산으로 시작했다. 비싼 땅값을 지불하다 보니 정작 건축에 투입할 비용은 많이 남아 있지 않았다. 살고 있던 아파트를 팔았기 때문에 마음도 조급해졌다. 주어진 시간 안에 이 집을 완성하지 못하면 당장 거주할 곳이 없었기 때문이었다. 그나마 잘한 일 중 하나는 설계를 내가 하지 않고 친구 건축가에게 맡겼던 일이다. 지금 생각해도 설계를 맡긴 일은 잘 판단한 것 같다. 만약 내가 설계를 직접 진행했었다면 아마 1년이 지났어도 공사를 끝내지 못했을 것이다. 해보고 싶은 것은 많고 예산은 한정되어 있으니 얼마나 고민에 고민을 거듭했겠는가. 집을 짓는 과정에서도 이것저것 바꾸기를 밥 먹듯 했을 것 같다. 친구 건축가가 설계해 준 도면도 끝내는 몇 가지를 즉석으로 바꾸어 공사에 반영했다. 그런데 내가 설계를 했으면 얼마나 많은 생각에 오락가락했겠는가.

나는 앞서 즐겁고 행복한 집짓기가 가능해지려면 각자가 내려놓을 것은 조금씩이라도 내려놓는 것이 하나의 방법이 될 수 있다고 얘기했다. 건축주, 건축가, 시공사가 내려놓을 수 있는 것은 무엇일까? 그것은 욕심이다. 욕심을 내려놓을 수 있으면 모두가 행복한 집짓기가 가능할 수 있으리라 생각한다. 욕심을 내려놓을 때는 희생이 따른다. 희생을 통해서 건축주는 원하는 것들을 다 취할 수 없게 될 수도 있고, 건축가는 집을 소위 작품으로 만들 수 없을지도 모르며, 시공사는 높은 마진을 챙기지 못할 수도 있다. 하지만 적어도 좋은 관계는 계속 유지할 수 있다.

집짓기를 끝내고 가장 많이 벌어지는 현상은 건축주와 시공사의 관계가 좋지 않게 끝나는 것이다. 시공사는 도면에 나와 있는 것보다 더 많이 일을 했고, 견적서에 있는 사양보다 더 좋은 제품으로 설치하는 등의 서비스를 하며 최선을 다했다고 생각한다. 하지만 건축주의 입장은 정반대다. 뭐 해준 것이 있다고 '생색을 내느냐'는 반응이 많다. 그 정도 이윤을 챙기는데 이 정도는 '당연히 해주는 게 맞지'라는 생각을 하는 것이다. 이와는 정반대로 건축주는 최선을 다해서 시공사를 지원해 주는데 시공사는 건성으로 일을 처리하는 경우도 있다. 이러면 좋은 관계를 유지할 수 없다. 즐겁고 행복한 집짓기도 기대할 수가 없다. 결국 집짓기 결과가 좋으려면 좋은 건축주, 좋은 설계자, 좋은 시공사가 서로 잘 만나야 한다.

좋은 설계자는 어떻게 찾을 수 있을까?

좋은 설계자를 만나는 일은 쉽지 않다. 사람마다 개성이 있기 때문에 잘한다는 건축가를 소개받아도 소개해 준 사람에게는 좋은 설계자일지 몰라도 소개받은 사람에게는 코드가 안 맞을 수도 있다. 건축주 입장에서는 집짓기에 있어 꽤나 중요한 과정이 좋은 설계자를 만나는 일이다. 그래서 가볍게 여길 수 있는 일은 아니다. 여러 매체에 소개된 건축가들은 어느 정도 검증이 되었다지만 설계용역비가 부담이 될 수 있다. 그렇다고 비용을 아끼자고 아무에게나 맡기자니 불안하다. 이 부분은 누가 대신 판단해 줄 것이 아니다. 건축주가 직접 본인의 상황에 맞게 판단해야 하는 것이 맞다.

설계자들은 그들만의 개성과 특징이 설계에 잘 반영되어 있다는 것을 알면 나에게 맞는 설계자를 선정하는데 도움이 된다. 어떤 이들은 작품성을 강조하는 반면 다른 이들은 실용적인 면을 강조한다. 설계자들은 각자가 좋아하는 자재가 따로 있다. 유난히 벽돌을 좋아하는 설계자가 있는 반면 나무를 마감재로 자주 사용하는 설계자도 있다. 어떤 설계자는 독특한 외관을 선호한다. 꽃의 잎사귀를 형상화 한다든지, 어떤 특정한 사물을 형상화해서 집에 반영하는 것을 좋아하는 설계자도 있다. 스타일에 있어서도 모던한 스타일을 좋아하는 설계자가 있는 반면 전통적이고 클래식한 스타일을 좋아하는 설계자도 있다. 구조적으로는 콘크리트 주택을 주로 설계하는 사람이 있고 목조주택을 전문으로 설계하는 사람이 있다.

소규모 주택을 짓기 위해 필요한 설계자는 세 가지 경로를 통해 찾을 수 있다. 첫 번째는 협회 회원사를 통해서, 두 번째는 건축을 전공하고 실무로 설계업무를 하고 있는 건축가를 통해서, 마지막으로는 주택시공회사 내부 설계팀을 통해서 설계 의뢰가 가능하다.

설계, 내가 직접 해도 될까?

나의 직업은 건축가, 디자이너다. 대학교 건축학과 학생들을 가르치는 일도 병행하고 있다. 다른 건축물은 몰라도 단독주택을 기획하고 컨설팅하며 디자인하는 일을 20년 이상 해오고 있다. 그런 나도 내 집은 친구 건축가에게 의뢰했다. 객관적으로 봐줄 수 있는 누군가의 도움이 필요했기 때문이다.

설계는 건축주들이 생각하고 있는 것보다 훨씬 복잡하다. 목공이 몇 주간 뚝딱하면 원하던 가구가 만들어지듯 그렇게 뚝딱 그려지는 것이 아니다. 내 집은 내 손으로 짓겠다는 일념으로 시공교육센터에서 단기간 시공

방법을 익혀 해낼 수 있는 일도 아니다. 내 집을 내가 직접 설계할 수만 있다면 얼마나 좋겠는가. 머릿속에 있는 집에 대한 생각을 끌어내어 스케치해보는 것 정도는 얼마든지 그렇게 하라고 권면하고 싶다. 하지만 내가 설계해서 집을 지을 수 있을 것이라는 착각은 금물이다. 특히 주택 설계는 반드시 그 분야에 전문성을 가지고 있는 전문가에게 의뢰하는 것이 가장 빠르고 정확하게 가는 길임을 다시 한 번 강조하고 싶다.

건축 공사비가 싸다면
반드시 이유가 있다

집짓기를 계획하고 있는 건축주가 가장 궁금해하는 것 중에 하나는 총 공사비용일 것이다. 하지만 마음속에 상상하고 있는 집을 얼마면 지을 수 있을지 좀처럼 감을 잡을 수 없다. 아파트의 경우 면적이나 지역, 주변 여건에 따라 가격 책정이 거의 일괄적으로 정해져 있기 때문에 쉽게 전체 건축비용을 예상할 수 있다. 그러나 단독주택의 경우 집집마다 설계가 다르고 외장마감재, 내부마감재 등의 자재 사양이 다르다. 그리고 자재마다 제품가격과 시공비용이 천차만별이다. 설사 설계를 다 끝내고 시공사에 견적을 의뢰한다고 해도 시공사마다 견적비용의 차이가 심하면 10% 이상도 날수 있다. 이런 차이는 아무리 설계도면을 완벽하게 작성한다고 해도 건축가의 생각을 종이 위에 100% 표현한다는 것은 불가능하기 때문이다. 건축가는 설계를 시작하기 전에 건축주가 가지고 있는 예산, 즉 집짓기에 총 투입할 수 있는 자금이 얼마나 확보되어 있는지 알기를 원한다. 다른 이유는 없다. 가지고 있는 예산을 알아야 그 예산에 맞게 설계를 하고 마감재를 선정하는 등의 전체 계획을 잡을 수 있기 때문이다.

이 단계에서 건축주는 가능하면 동원할 수 있는 최대 예산범위를 솔직하게 건축가에게 얘기해 주어야 한다. 건축주가 쓸 수 있는 예산이 얼마인지 모른 채 설계를 하는 것은 캄캄한 터널을 불빛 없이 걸어가는 것이나 다름없다. 불빛 없이는 터널을 빠져나가기 위해 얼마나 더 가야 하는지 어디가 끝인지 좀처럼 감을 잡을 수 없다. 예산은 터널을 빠져나가기 위한 불빛과 같은 역할을 하는 것이다. 가능한 정확한 금액을 건축가에게 오픈해야 할 이유가 여기에 있다. 그래야 그 금액에 맞춰 집을 지을 수 있도록 설계에서 가이드를 제공할 수 있다.

집짓기를 계획하는 사람들이 공사비와 관련해서 가장 많이 하는 질문은 "요즘은 평당 얼마면 지을 수 있나요?"다. 아마 이 글을 읽고 있는 예비건축주라면 누구에겐가 한 번쯤은 물어보고 싶은 질문일 수도 있다. 주택을 주로 설계한 나도 예비건축주들로부터 이런 질문을 수도 없이 많이 받는다. 질문을 받을 때마다 내 대답은 똑같다. "평당 가격은 의미가 없습니다. 잊어버리세요." 아파트와 같이 모든 세대가 동일한 조건으로 건축되는 경우에는 평당 가격을 쉽게 예상할 수 있다. 하지만 단독주택의 경우 건축주의 생활방식, 마감재료의 선호도, 가구 등 선택사항이 건축주의 개성에 따라 완전히 다르기 때문에 평당 가격은 의미가 없는 것이다.

예를 들어, 형제 둘이서 면적이 같고 외부 모양도 같은 2채의 목조주택을 각각 짓는다고 가정해보자. 형이 선호하는 집은 외부에서 보기도 좋고 실내에는 건강에 좋은 소재를 사용하고 싶어 한다. 그래서 외부에는 돌 마감을 하고 내부에는 나무로 마감하기로 했다. 반면 동생은 집에서 요리하는 것을 좋아해서 최고급 주방가구를 주문 제작해서 들여놓기로 했다.

그렇다면 면적이나 외부 모양이 똑같은 두 집을 같은 비용으로 짓는 것이 가능할까? 주방가구 하나만 비교해 보더라도 두 집의 평당 가격 차이는 확연하게 날 수가 있다. 왜냐하면 브랜드 없는 주방가구를 공장에서 제작하는 것과 대기업 주방제품 중 최고급 제품의 가격을 비교해보면 5배 이상의 가격 차이가 날 수도 있다. 주방가구 하나의 아이템만 가지고도 평당 가격에 있어서 상당한 차이가 나는 것을 알 수 있다. 집에 설치되는 인공조명, 실내마감재, 외부마감재, 욕조 등의 가격은 제품 사양에 따라 천차만별이다. 어떤 가격대의 제품을 선택하느냐에 따라 평당 가격이 달라진다. 따라서 주문형 주택은 평당 가격을 매길 수 없다.

만약 누군가 예비건축주에게 집을 평당 500만 원에 지어주겠다고 말한다면 평당 얼마라는 정확한 근거를 체크하고 검증해보는 것이 중요하다. 그가 말하는 평당 공사비에는 어떤 항목들이 포함되어 있고 어떤 항목들이 빠져있는지 체크하는 것이 필요하다는 말이다. 자재는 인증된 것인지, 구조용 자재는 빼먹지 않고 정확한 물량을 사용하는지, 주방가구는 친환경 몇 등급짜리 인증 제품을 사용하는지, 붙박이장은 평당 가격에 포함되어 있는 것인지 등등 많은 부분을 꼼꼼히 체크해야 한다. 터무니없이 평당 가격을 싸게 얘기해서 집을 지어주겠다는 업체 또는 시공팀이 있다면 반드시 의심을 해보고 앞서 얘기한 부분을 사전에 꼭 체크해 보아야 한다. 싸게 지어 준다는 곳은 옵션을 숨기는 경우가 많이 있다. 평당 300만 원에 지어 주겠다고 광고를 하지만 막상 찾아가서 상담해보면 꼭 필요한 옵션들이 빠져있다.

건축비 예산은 한정되어 있는데 원하는 평수를 좋은 품질에 짓고 싶은 마음은 누구나 가지고 있다. 비용을 적게 쓰면서 품질이 좋은 집을 짓는 것이 과연 가능한 일일까? 단언컨대 싸고 좋은 집은 절대로 존재하지 않는다. 싸면 싼 대로 비싸면 비싼 대로 그 이유가 반드시 존재한다. 상식적으로 생각해봐도 그렇지 않은가. 자동차의 경우, 같은 모델이지만 가격 차이가 크게 나는 이유는 바로 옵션에 따른 선택사항 때문이다. 차가 움직이는데 필요한 기본적인 기능은 갖고 있지만 안정성, 편리성 등을 추가로 원할 경우는 돈을 더 지불하면 된다. 집도 마찬가지다. 비싼 집은 자재가 다르고 편리함과 안락함을 더해주는 여러 가지 옵션들이 아무래도 추가로 적용될 수 있다. 물론 엉뚱한 데다 돈을 써서 이런 혜택을 누리지 못하는 경우도 있지만 말이다.

건축비는 한정되어 있는데 원하는 평수와 품질 두 가지를 모두 얻기란 쉽지 않다. 이런 경우에는 가지고 있는 총 건축비에 평수를 맞추라고 권하고 싶다. 예를 들어, 150㎡(약 50평) 주택을 지으려고 설계를 마쳤고, 건축비용을 알아보기 위해 견적을 받았는데 총 건축비가 3억 원이 나왔다고 가정해보자. 그런데 내가 최대로 동원할 수 있는 건축비는 2억 5천만 원밖에 없다. 이런 상황이라면 어떻게 하는 게 좋을까? 옵션을 줄이지 않고 내가 가진 2억 5천만 원을 가지고 내가 원하는 50평 크기의 주택을 지어 줄 다른 시공사를 찾는 것이 최선의 방법일까? 백방으로 찾아보면 아마도 그렇게 집을 지어 주겠다는 시공사가 나타날 수도 있다. 하지만 3억 원의 건축비를 2억 5천만 원으로 줄여서 같은 품질로 지어 줄 시공사는 절대로 없다. 50평 주택을 2억 5천만 원 정도의 건축비에 맞춰 지을 뿐이다. 5천만 원의 차이를 시공사가 감수하면서, 즉 손해를 보면서까지 건축주를 위해서 시공해 줄 수 있다고 생각하는가?

반면에 전체 면적을 줄여서 집을 짓는다고 생각해보자. 평수는 줄었지만 2억 5천만 원에 맞는 품질의 좋은 집을 완성할 수 있는 확률이 그만큼 높아질 것이다. 편리함과 안락함을 더해주는 여러 가지 옵션을 선택할 수도 있다. 따라서 집을 지을 때는 내가 가지고 있는 예산에 맞춰 눈높이를 조정하는 자세가 필요하다.

62

시간이 없고 돈이
부족하면 미뤄라

앞서도 얘기했지만 집짓기를 계획할 때 가장 풀기 어려운 숙제 중 하나가 돈 문제다. 집을 짓는데 필요한 돈이 풍족하면 시행착오를 조금 겪더라도 큰 문제가 되지 않는다. 돈으로 부족한 부분을 메꾸면 되기 때문이다. 하지만 집짓기를 계획하는 사람들 중 십중팔구는 넉넉지 못한 예산을 가지고 일을 시작한다.

돈 이외에 해결해야 할 또 다른 숙제는 시간이다. 집짓기를 계획하는 사람들은 대개 살고 있는 아파트를 정리하고 팔아야 새로 지은 집으로 이사할 수 있다. 따라서 아파트가 팔리는 시기를 예상하고 공사를 준비한다. 팔린 아파트를 비워 줘야 하는 일정이 확정되고 나면 그때부터는 시간이 왜 그렇게도 빨리 가는지 모를 정도다. 그 기간 안에 집을 완성하지 못하면 길거리(?)로 나가야 할 판이다. 마음이 조급해질 수밖에 없다. 자! 집짓기는 해야겠는데 돈도 부족하고 시간도 없다면 어떻게 해야 할까? 섣불리 시작했다가는 낭패를 보기 십상이다. 이럴 때는 한 템포 늦추는 것도 현명한 방법이다. 그 기간만큼 조금 더 시간을 가지고 예산 계획도 다시 짜고 시간 계획도 다시 짜보자. 나쁜 결과 때문에 평생을 후회하느니 예정보다 조금 늦게 시작하더라도 여유 있게 일을 시작하고 마치는 것이 훨씬 이롭기 때문이다.

집짓기를 시작하면 여러 가지 변수가 따르게 마련이다. 그런 변수들로 인해 애초에 계획했던 것보다 시간뿐 아니라 비용도 더 많이 투입될 수 있다. 설계를 마쳤더라도 건축허가를 득할 때까지 여러 가지 변수가 있다. 완성된 설계도면을 가지고 공사를 진행할 때도 불쑥불쑥 튀어나오는 문제들로 인해 예상했던 시간과 비용이 초과되는 경우도 다반사로 생긴다. 여기까지는 내 의지와는 상관없이 일어난다. 주변환경에 의해서 일어나는 일들이니까. 집짓기를 하다보면 내 의지가 너무 강해서 또는 너무 우유부단해서 설계도면을 수정하도록 요구하는 경우가 있다. 공사가 한창 진행 중인 현장을 돌아다녀 보면 설계할 때 느끼지 못했던 공간 감각이 되살아나 이렇게도 바꿔보고 싶고 저렇게도 바꿔보고 싶은 생각들이 용솟음칠 것이다.

'집'이라는 녀석은 참 독특하고 묘한 공간적 특성을 가지고 있다. 특히 나무를 뼈대로 사용하는 목조주택의 경우 그 특성이 도드라지게 나타난다. 무슨 얘기인가 하면, 뼈대가 올라갔을 때의 공간의 느낌과 석고보드와 같은 면 부재를 설치한 이후에 공간에서 느끼는 것이 전혀 다르다. 이를테면 골조상태에서는 공간이 대개 좁아 보인다. 건축주들은 골조가 완성된 현장에 들어서면 "설계도면보다 공간이 훨씬 좁아 보여요"라며 대부분 비슷한 반응을 보인다. 급기야 "방을 좀 더 늘릴 수 없을까요? 거실도 좀 넓혀 주세요"라며 변경을 요청하게 된다. 그런데 석고보드로 벽과 천장을 막고 나면 이상할 만큼 넓어 보인다. 이처럼 같은 공간일지라도 골조상태

골조상태와 면부재가 붙어있는 공간은 같은 면적이지만 다르게 느껴진다

와 석고보드와 같이 면 부재가 설치된 공간은 느끼는 정도의 차이가 크다. 내가 목조주택 현장에서 만난 건축주들 대부분도 골조상태에서는 공간이 더 좁아 보인다는 얘기를 한다. 그럴 때마다 나는 건축주들에게 석고보드가 설치된 후에 다시 한 번 현장에서 느껴보자고 제안한다. 그리고 그때가 되어 현장을 찾은 건축주들은 대개 공간이 좁다는 불만은 꺼내지 않는다.

공사 중에는 사소한 변경이라도 시간과 비용이 늘어난다

설계도면대로 공사가 진행되더라도 개인의 성향에 따라 현장에서는 다르게 느껴질 수도 있다. 보는 사람마다 바라보는 시각이 주관적이기 때문에 어떤 사람에게는 좋은 느낌을 주더라도 다른 사람에게는 만족을 주지 못할 때도 있다. 공사 중에는 사소한 요소라도 추가하거나 변경되면 건설사 입장이 참 곤란해질 때가 많다. 현장에서 변경을 요청하는 주체는 건축주 아니면 설계자다. 집에 대한 애정과 관심을 가지고 있기 때문에 더 잘하고 싶은 마음은 충분히 이해할 수 있다. 물론 간혹 건설사가 요청하는 경우가 있기는 하다. 건축주는 자신의 집이니까 당연히 애정을 쏟는다. 설계자도 마찬가지다. 설계한 집이 완성되면 그 집이 없어지지 않는 한 자신의 이름이 붙어 다니기 때문에 애정을 쏟는 것이다. 그런데 지나친 애정은 부작용을 일으킬 수 있기 때문에 주의를 기울여야 한다. 부작용의 대표적인 케이스가 공사 중 변경 요청을 자주 하는 것이다.

공사를 진행하다 보면 사소한 변경은 있을 수 있다. 하지만 빈번하게 변경이 일어나면 비용도 공사기간도 그만큼 늘어날 수 있다는 것을 알아야 한다. 공사 중 여러 가지 변경 요청으로 인해 일의 양이 늘어나면 그에 상응하는 비용을 반드시 건설사에게 지불해야 한다. 건축주나 설계자가 애초에 설계도면대로 시공하고 있는 건설사에게 그것과 다른 사항을 요구한다면 당연히 비용이 발생한다. 건설사는 설계도면대로 공정을 짜고 그 공정에 따라 인력을 투입해서 공사를 하고 있는데 중간에 변경이 생기면 여러 공정이 엉키게 된다. 공정이 뒤죽박죽되면 눈에 보이지 않는 간접비용이 상승할 수밖에 없다. 눈에 띄는 비용이 아니기 때문에 건축주나 설계자는 간접비용에 대해 그냥 지나쳐 버리기 쉽다. 그러면 그 피해는 고스란히 건설사에게 돌아가게 된다. 비용 상승에 따른 희생을 건설사에게만 강요하는 것은 부당한 일이다. 따라서 추가비용이 발생하는 것에 대한 부담이 있다면 건축주나 설계자는 건설사에게 공사 중 변경을 요구하는 것을 신중하게 생각할 필요가 있다.

건축주가 가지고 있는 예산은 늘 빠듯하다. 예산에 맞게 설계가 되면 좋으련만 공사비 내역을 산정해 보면 건축주가 가지고 있는 예산보다 훨씬 많이 나오는 경우가 대부분이다. 건축주 입장에서는 이때처럼 난감한 경우가 없다. 설계를 전면 수정할 수도 없고 그대로 진행하자니 비용이 부담스럽다. 공사를 진행시키기 위한 해결 방법은 누군가의 희생이다. 희생 없이는 공사가 제대로 진행될 확률은 그리 높지 않다.

우선은 건축주가 결단해야 한다. 예산에 맞게 설계 스펙을 낮추던지 아니면 면적을 줄여서라도 가지고 있는 예산에 공사를 맞출 필요가 있다. 설계 원안대로 집을 짓고 싶다면 예산을 더 확보해야 한다. 그러나 현실은 녹록지 않다. 원하는 것들을 반영해서 설계도면을 완성 지었기 때문에 어느 것 하나 스펙을 바꾸고 싶지 않다. 그렇다고 필요한 공간을 딱 맞게 배치해 놓았는데 건물 면적을 줄이기도 아쉬워 포기하지 못한다. 결국 해결을 위한 열쇠는 건설사에게 넘어가게 된다. 건설사는 회사 운영에 필요한 적정 마진을 포기하면서까지 위험을 무릅쓰고 공사를 수주하느냐 마느냐의 갈림길에 서게 된다. 아주 특별한 경우가 아니면 건설사는 적정 마진 없이 공사를 수주하지 않는다. 예산을 넉넉하게 확보해 놓지 않은 채로 집짓기에 들어가면 공사능력이 우수한 건설사를 선정하기가 쉽지 않다. 결국 건축주가 위험 부담을 안고 적은 예산으로 시공할 수 있는 건설사를 선정해야 한다. 이렇게 되면 좋은 품질의 집은 기대하기 어렵다. 그냥 돈에 맞춰 지어지기 때문에 공사가 진행되는 동안에 건축주로서의 목소리를 내기도 힘들다. 눈치가 보이기 때문이다.

'급할수록 돌아가라'는 옛 속담도 있듯이 어떤 일을 확실하게 성취하기 위해서는 적절한 시간이 필요하다. 급하다고 서두르다가는 오히려 많은 것을 잃어버릴 수도 있다. 집짓기를 준비할 때도 마찬가지다. 급할수록 한 템포 늦춰 가는 지혜가 필요하다. 특히 예산에 대한 확실한 계획 없이 급하다고 무작정 일부터 진행하는 것은 금물이다. 소규모 주택을 시공하면서야 그럴 일은 없겠지만, 예산을 어느 정도 확보하고 있음에도 불구하고 애당초 공사 예산보다 2배가 넘는 비용이 들어가는 프로젝트도 실제로 많이 있다. 왜 이런 일이 생기는 것일까? 공사비용이 증가되는 근본적인 이유는 공사기간이 늘어나기 때문이다. 공사기간이 늘어나는 근본적인 이유는 건축주나 설계자의 요구사항이 큰 영향을 미치기 때문이다. 공사기간이 늘어나는 또 다른 이유는 처음부터 명확하게 건축재료, 특히 마감재를 결정짓지 않고 공사를 진행했기 때문이기도 하다. 공사는 마감작업이 시작되면서부터는 가속도가 붙듯이 매우 빠르게 진행된다. 이때 마감용 재료를 변경하거나 결정을 우물쭈물 미루다가는 공사 진행속도를 따라가기 어렵다.

건축주는 설계 단계에서 설계자와 충분하게 자신이 생각하고 있는 것들에 대해 의견을 나눈다. 그리고 건축주가 최종 결정을 내려주지 않으면 설계자 마음대로 설계를 마칠 수 없다. 설계가 끝났다는 것은 건축주가 지금까지 진행된 설계에 대해 최종적인 결정을 내렸다는 의미다. 건축주가 확정한 도면으로 공사를 진행함에도 불구하고 현장에서는 공사 중에 수정이나 변경이 자주 일어나고 있다. 그 이유를 살펴보면, 첫째는 건축주의 마음이 상황에 따라 바뀔 수 있고, 둘째는 건축주가 설계에 대해 최종 결정을 내렸어도 실상은 설계가 디테일하게 마무리된 것이 아니기 때문이다.

설계가 디테일하게 마무리되지 않았다는 얘기는 이런 거다. 설계도면을 보면 '건축주 지정'이라는 표기가 되어 있다. 이 표기의 뜻은 재료는 정했더라도 그 재료에 대한 세부적인 사항에 대해서는 '건축주가 지정하는 것으로 시공할 것'이라는 의미를 가지고 있다. 가령 집의 외관을 벽돌로 쌓는 것이 어울리겠다고 설계자가 제안했고 건축주가 그 의견에 대해 그렇게 하겠다고 최종 결정했다고 가정해보자. 건축주는 벽돌이라는 재료를 결정했으니 나머지는 건설사가 그대로 시공하면 될 것이라고 생각하기 쉽다. 그런데 설계도면에서 외장 마감재가 표기되어 있는 곳을 확인해보면 '벽돌마감-건축주 지정'이라고 표기되어 있다. 이게 무슨 뜻인가 하면, 벽돌로 외장 마감재를 시공하되 벽돌의 크기, 색깔, 종류 등의 세부 내용은 건축주가 최종 지정하는 것에 따르라는 것이다. '수성 페인트마감-건축주 지정색'이라고 설계도면에 표기되어 있다면 페인트를 사용하되 페인트의 브랜드, 종류, 색깔은 건축주와 상의해서 결정하라는 의미인 것이다. 건축주 지정에 해당하는 품목이 어디 하나둘이겠는가. 조명, 가구, 바닥재, 벽지, 주방

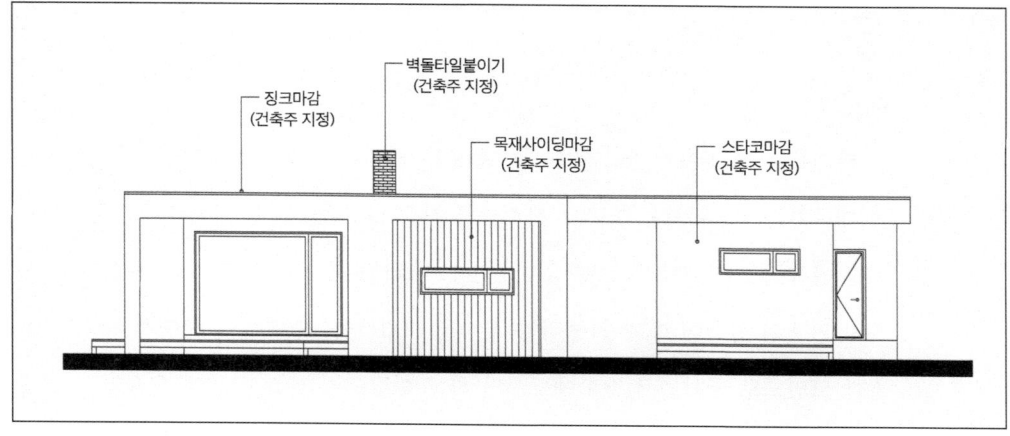

설계도면에서 재료를 표기할 때 '건축주 지정' 항목이 의외로 많다

가구, 세면대, 수전, 콘센트, 타일 등 집에 들어가는 품목은 수도 없이 많다. 이런 품목 하나하나를 설계 단계에서 모델명, 색깔, 규격에 이르기까지 확정한 후에 공사에 들어가는 것과 공사 중간에 그때그때 결정하는 것과는 공사기간이나 비용 면에서 엄청난 차이를 가져오게 된다.

우리 집은 후자의 경우에 해당된다고 볼 수 있다. 건축주 지정으로 그 많은 재료를 다 남겨 두었으니 골조 공사가 끝난 이후부터는 정말이지 정신이 하나도 없었다. 공사는 계속 진행되고 있고 건축주로서 결정해 줘야 하는 것들은 넘쳐났다. 요즘은 인터넷이 발달되어 굳이 제품을 판매하는 곳에 직접 가서 확인하지 않고도 얼마든지 제품 주문이 가능하다. 하지만 집짓기에 필요한 건축자재는 그렇게 인터넷으로 주문할 제품보다는 절대적으로 눈으로 보고 손으로 만져보며 결정해야 할 것들이 더 많다. 우리나라는 미국이나 캐나다와 같이 집에 관련된 거의 모든 제품들을 취급하는 자재백화점이 있는 것도 아니다. 그 제품들을 직접 경험하려면 판매처를

444

일일이 돌아다닐 수밖에 없다. 이 모든 일을 하루나 이틀 만에 할 수 있을 거라는 생각은 아예 하지 않는 것이 좋다. 돌아다니며 발품을 파는 시간도 시간이지만 그 종류도 너무 많다 보니 내 집에 맞는 제품을 선택하기가 생각만큼 쉽지 않다. 따라서 공사 전에 시간을 충분히 가지고 건축재료를 확정하는 것은 아주 중요하다. 나는 우리 집 각 실마다 어울릴 만한 인공조명을 찾아서 주문하는 데에만 꼬박 일주일 이상이 걸렸다. 인터넷을 통해 각 실에 맞는 분위기를 파악하고, 조명회사 홈페이지에 들어가서 그 분위기에 어울릴 만한 인공조명을 검색하고 실제 매장에 들러 실물을 확인하고 난 후에야 주문을 했으니 얼마나 시간이 많이 들었겠는가. 페인트를 선정하고 벽지를 고를 때도 마찬가지였다.

건축 자재회사를 방문하면 직접 보고 체크해야 할 제품이 한두 가지가 아니다(사진제공: ㈜엔에스홈)

세부적인 예산 계획 없이 일을 진행하다 보니 비용에 대한 분배의 문제도 발생했다. 어느 곳에 얼마의 비용을 투입해야 하는지에 대한 실제 경험이 없었기 때문에 공사 초기에 비용을 많이 투입하게 되었다. 공사 초기에는 예산에 대한 압박이 비교적 덜하기 때문에 원하는 것이 있으면 일단 저지르게 된다. 사람 심리가 그런 것 같다. 그러다 보니 정작 집 내부에 투입해야 할 비용은 줄어들게 되고 급기야 '일단 완성만 시켜 놓자'라는 포기 모드로 마음이 바뀌게 된다. 이렇게 하다 보니 외관은 그럴듯하게 보일지 몰라도 전반적인 실내환경과 마감 품질은 떨어질 수밖에 없다.

나는 예산에 대한 계획을 확실하게 세우지 않고 집을 짓기 시작했다. 진행하다 보면 '어떻게든 해결되겠지'라는 안일한 마음으로 일을 시작했던 것이다. 설계 경험도 있고 시공 경험도 있기 때문에 얼마든지 현장을 컨트롤할 수 있다고 자만했다. 하지만 그 자만심 때문에 커다란 시행착오를 겪게되었다. 그래도 내 집을 지으면서 일어난 일이라 다행이란 생각이 든다. 입주하고 나서 2년이 지난 지금에서야 내가 겪었던 시행착오에 대한 값을 거의 다 치른 것 같다. 2년 동안 잘못된 부분, 미진했던 부분을 수정하고 보완하면서 안정을 되찾았기 때문이다. 그런 조치가 끝나가는 요즘 난 그전까지 느끼지 못했던 집에 대한 애착을 충분히 느끼며 살고 있다. 시행착오를 겪지 않았더라면 입주하면서부터 집이 제공하는 안락함과 편안함을 느꼈을 텐데 하는 아쉬움이 있기는 하지만 말이다.

내가 경험한 집짓기는 풍랑이 거센 바다 위에 떠 있는 배와 같이 불안하고 또 불안했다. 몸도 마음도 힘들었다. 하지만 집짓기를 통해 얻은 교훈은 철저한 준비 과정을 거치면 결과가 잘 나올 수 있고 그 결과에 따라 분명 안락하고 행복한 삶을 누릴 수 있다는 확신을 가지게 되었다는 것이다. 집짓기는 힘들고, 지치고, 신경이 곤두서기도 하고, 속이 새까맣게 타들어가는 경험을 할 수도 있는 복잡한 일이지만 집짓기는 분명히 도전해 볼 가치가 있는 일임에 틀림없다.

"알아서 다 해주겠지!"보다는
깐깐한 건축주가 훨씬 낫다

나는 건축디자이너로서 지금까지 수많은 건축주와 다양한 주택 프로젝트를 진행해 오고 있다. 주택은 설계자 입장에서 보면 사무실, 카페, 학교 등 다른 용도의 건축물과는 확실한 차이점이 있다. 주택은 다른 용도의 건물과는 다르게 건축주의 입김(?)에 의해 설계가 좌지우지되는 특징이 있기 때문이다. 집을 설계할 때는 건축주의 의견을 상당 부분 반영시켜야 나중에 탈이 없다. 건축주가 스마트하면 설계도 스마트해질 수 있다. 그런데 건축주가 제시하는 의견이라는 것이 "방이 3개 정도 필요하고, 화장실은 최소 2개는 있어야 하며, 거실은 햇볕이 잘 드는 곳에 배치하고, 주방에는 수납 공간이 많이 있으면 좋겠어요"와 같이 단순하다면, 집 설계 역시 아주 평범하기 짝이 없는 틀에 박힌 공간 나누기밖에 안 된다.

나와 가족의 삶이 잘 반영되고 그곳에서 안락하고 행복한 삶을 누릴 수 있는 집짓기는 어쩌면 설계를 의뢰하는 것에서부터 시작되는 것이 아닐 수 있다. 설계 의뢰보다 먼저 선행되어야 할 것은 가족끼리 이야기를 충분히 나누고 그 이야기를 꼼꼼하게 정리하는 것이다. 가족이 각자 생각하고 있는 집에 대한 얘기를 자유롭게 풀어 놓기 시작하면 단순한 '공간 나누기'에서 벗어나 '집의 가치'를 생각하게 되는 패러다임의 전환이 이루어질 것이다.

나는 집을 지어야겠다고 마음먹었을 때 가족과 충분한 이야기를 나누지 않았던 것을 지금도 크게 후회하고 있다. '내가 전문가니까 그냥 나한테 다 맡기면 돼'라는 식으로 친구 건축가에게 설계를 급하게 맡겼다. 설계를 검토해 볼 시간적 여유도 갖지 못한 채 급하게 공사를 시작했다. 그러다 보니 가족의 이야기 특히 아내의 의견이 전혀 반영되지 않은 집이 되어 버린 것이다. 가족의 이야기가 충분하게 녹아져 있어야 할 집이 아니라 반쪽짜리 집이 되었다. 소위 건축전문가로서의 의견만 들어간 우리 집은 그래도 우여곡절 끝에 완성되었다. 하지만 아내는 집이 다 지어졌어도 꽤 오랜 시간 동안 집에 대한 애정을 느끼지 못했다. 아내가 그동안 마음속에 그렸던 집에 대한 생각들이 적용되지 않았으니 그 집에 마음이 끌릴 리가 없었다. 아내의 마음이 그렇다 보니 내 마음 또한 편치 않았다. 아내는 조금 더 간간하게 자기의 의견을 내게 피력하지 않았고, 나는 또 다른 건축주(아내)의 의견을 철저하게 묵살해 버렸다. 그러니 둘 다 만족스러운 결과를 얻을 수가 없었다.

내가 지금까지 경험한 건축주들의 성향을 보면 크게 두 가지 유형으로 분류해 볼 수 있다. 첫 번째 유형은 무엇이든지 사전에 궁금한 사항이 있으면 철저하게 정보를 수집하고 분석해서 검증을 요구하는 '검증형'이다. 두 번째 유형은 자신의 의견을 내세우기보다는 설계자나 건설사에게 모든 것을 맡기는 '의존형'이다. 집짓기를 계획하고 있는 사람들이라면 자신이 어떤 유형에 더 가까운지 생각해보는 것이 좋다. 그래야만 유형에 따라 어떻게 상황에 대처해야 할지 감이라도 잡을 수 있을 테니 말이다. 나는 지금까지 두 가지 유형의 건축주와 집짓기 프로젝트를 모두 해본 경험이 있다. 집짓기를 계획하고 있는 예비건축주들에게 도움이 되기를 바라는 마음으로 내가 경험한 이야기를 나누려고 한다. 두 가지 유형의 건축주가 겪은 시행착오를 간접적으로 경험하는 좋은 기회가 되길 바라는 마음이다.

사소한 것도 검증해야 속이 풀리는 검증형 건축주

'검증형'의 유형에 속한 건축주는 같이 일하기 까다로운 사람으로 오해받기 쉽다. 설계자나 시공자의 전문 영역까지 침범해 하나에서부터 열까지 꼼꼼하게 체크하고 검증한 후 일을 진행하기 때문이다. 설계자나 시공자 입장에서는 건축주가 그렇게까지 설계나 시공 과정에 관여하는 것이 매우 신경 쓰인다. 설계자나 시공자는 지금까지 자신들의 전문성을 무기 삼아 건축주를 리드하면서도 큰 탈 없이 일을 진행해왔다. 그런데 이런 유형의 건축주를 만나면 일반적으로 설계와 시공에 투입되는 시간과 노력이 늘어날 수밖에 없다.

검증형의 건축주는 설계와 시공에 대한 전문적인 지식 범위까지 넘어와서는 다양하게 궁금한 점들을 쏟아낸다. 전문가가 들으면 정말 아무것도 아닌 것까지 묻고 답변을 기다린다. 아주 기술적인 내용을 묻기도 하는데 답변을 해주자니 전문적이고 기술적인 배경 지식부터 설명해 줘야 하기에 많은 에너지와 시간이 소모되곤 한다. 그렇다고 답변을 안 해주자니 건축주를 무시한다고 생각할까 봐 역시 고민된다.

내가 경험한 검증형 건축주는 처음부터 나름대로 철저한 준비과정을 거

첬다. 건강을 생각하는 나이인 만큼 친환경 재료에 대한 관심을 갖고 건축 방식도 친환경적이면 좋겠다는 생각을 하고 있었다. 그래서 내린 결론이 나무로 지어진 목조주택이었다. 나무로 집의 뼈대를 만드는 구조방식-통나무, 한옥과 같은 기둥·보 구조, 경량목구조가 있지만 그 중에서 미국이나 캐나다에서 가장 흔히 지어지고 있는 경량목구조 방식을 선택했다.

건축주는 친구 중에 규모가 제법 큰 건설회사 임원도 있고 다방면으로 인적 네트워크가 잘 되어 있어 목조주택에 대한 의견을 물어보았다고 한다. 주변에서는 그래도 철근콘크리트가 튼튼하고 시공하자가 별로 없지 않겠느냐며 콘크리트 집을 지으라고 한결 같은 이야기를 하더란다. 이런 얘기들을 듣고 있다 보니 잠깐 마음이 흔들리기도 했지만 그래도 결심을 굽히지 않고 결국 목조주택을 지어서 살고 있다. 아이러니한 사실은 콘크리트 집이 더 좋다는 얘기를 한 그 누구도 목조주택에 대해 잘 알고 있거나 살아본 경험이 있는 사람들은 없다는 것이었다.

이런 일은 우리 주변에서 흔히 일어난다. 다른 사람의 의견을 참고하는 것도 나쁘지 않지만 그렇다고 그 의견에 괜한 신경을 쓸 필요는 없다. 주변 사람들의 의견을 다양하게 수렴하는 것은 약이 될 수도 있지만 독이 될 수도 있기 때문이다. 조언을 얻으려고 누군가에게 의견을 물었을 때 상대방의 반응은 대개는 다음과 같다. 대기업을 다니고 있는 청년이 있다고 생각해보자. 이 청년은 자신의 뜻이 있어 연봉이 높은 직장을 그만두고 1인 창업을 준비하고 있다. 이 청년을 아는 사람들은 안정된 직장을 그만두고 1인 창업을 준비하고 있다는 말을 듣고 어떤 반응을 보일까? 십중팔구 그 좋은 직장을 왜 그만두고 험난한 창업의 길을 가려고 하느냐는 반응일 것이다. 주변 사람들에게 조언을 듣고 도움을 받으려다가 오히려 기가 꺾일 수도 있는 상황이 되어버리는 경우다. 청년의 말을 듣고 의견을 건넨 사람들이 대기업에 다닌 경험이 있고 1인 창업을 해본 경험을 가지고 있다면 그들의 의견은 충분히 참고할 만하다. 하지만 실상은 그렇지 못한 경우가 대부분이다. 집짓기의 경우도 마찬가지다. 집을 지으려는 계획을 가지고 있으면 어떻게 알았는지 주변 사람들은 자신들의 의견을 그냥 툭툭 던진다. 당사자는 물어보지도 않았는데 말이다.

전문가도 아니고 비슷한 상황을 경험해본 사람이 아니라면 그들이 던지는 의견은 미안하지만 한 귀로 듣고 한 귀로 흘려보내도 괜찮다. 따라서 궁금한 사항이 있다면 건축주 스스로 해답을 찾으려는 노력이 필요하다. 다만 인터넷에 떠도는 불확실한 정보에 현혹되는 우를 범하지 않도록 주의를 기울여야 한다. 설계나 시공 과정에서 의문점이 생기면 설계자나 시공자에게 반드시 질문하고 검증단계를 거치는 것이 현명하다. 비록 설계자나 시공자가 싫어하는 행동을 보이더라도 집을 다 짓고 나서 문제가 생기는 것보다는 사전에 짚고 넘어가는 것이 훨씬 낫다. 질문에 대한 대답을 들었다 하더라도 또 다른 전문가에 의한 검증단계를 건너뛴다면 낭패를 보기 쉽다.

예를 들어, 문이나 창문을 자재회사에 주문할 때 난감한 상황이 특히 많이 발생한다. 설계도면에는 창문이나 문이 열리는 방향이 표시되어 있다. 창문의 스타일이나 열리는 방향은 건축주가 설계자와 충분히 의견 교환을 통해 확정했을 것이다. 그런데 창문회사가 설계도면 상의 창문의 방향을 잘못 이해해서 건축주와 설계자의 의도와 정반대로 창문을 제작하는 경우가 종종 있다. 의도와 다르게 제작되어 현장에 도착한 창문은 그냥 설치하던지 아니면 다시 주문해야 한다. 그냥 설치하면 디자인과 기능이 깨질 수 있고, 다시 주문하면 공사기간이 그만큼 늘어나는 문제가 생긴다. 집짓기 전체 과정에서 체크하고 검증해야 할 부분이 어디 이뿐이겠는가.

건축주 입장에서는 이렇게 하나에서 열까지 신경을 쓰다 보니 피곤하고 머리가 복잡해진다. 전문분야가 아니기 때문에 놓치는 것들도 많다. 사실 전문가에게 일을 맡기는 이유는 건축주가 신경 쓰는 일을 대신 해주기 때문이다.

대개 검증은 그 일에 대해 믿지 못하기 때문에 거치는 확인 과정이다. 건축주가 집을 짓는 동안 의문 사항들에 대해 검증을 한다는 것은 아이러니하게도 신뢰를 바탕으로 깔고 있다. 서로 간에 신뢰가 있으면 행복하게 공사를 마칠 확률이 높아진다. 따라서 행복한 집짓기를 위해서는 건축주, 설계자, 시공사 간의 신뢰관계를 높이고 그 관계를 끝까지 가져가는 노력이 필요하다.

설계와 시공을 위한 계약서상에서는 건축주는 '갑', 설계자와 시공자는 '을'로 각각 표기된다. 갑은 프로젝트를 의뢰한 사람이고 을은 갑의 의뢰를 받아 일을 수행하는 사람이다. 눈에 보이지 않는 수직관계가 계약서에 표기되어 있는 셈이다. 계약서에서와 같이 갑으로서 건축주가 일방적으로 을에게 '이렇게 해라 저렇게 해라' 식의 태도로 일관하는 것은 바람직하지 않다. 아무리 갑이라 하더라도 설계자, 시공자를 수평적인 관계로 대하지 않으면 좋은 결과를 기대할 수 없다. 설계자가 시공자와 건축주를 대할 때나 시공자가 설계자와 건축주를 대할 때도 마찬가지다.

이런 수직적인 관계를 지향하는 태도는 서로 간의 신뢰에 금이 가도록 만든다. 신뢰에 금이 가면 수동적으로 움직일 수밖에 없다. 누군가의 지시대로 일을 진행할 뿐이다. 스스로 무엇인가를 하고 싶은 마음이 있더라도 능동적으로 행동하지 않는다. 이런 상태가 지속되면 설계와 시공 전문가로서의 역량을 발휘할 수 있는 상황임에도 불구하고 그렇게 실행에 옮기지 않는다. 결국 건축주, 설계자, 시공자 모두 손해를 보는 구조가 되는 것이다. 같은 이유로 설계자와 시공자가 전문지식이 없다는 이유로 건축주를 무시하는 태도는 바람직하지 않다.

나는 모르니까 알아서 해달라는 의존형 건축주

집짓기를 계획하는 대부분의 건축주들은 '검증형'보다는 '의존형'에 더 가깝게 행동하는 경향이 있다. 집짓기에 꼭 필요한 설계나 시공이 전문분야에 속하는 일이기 때문이다. 따라서 설계자에게 설계를 맡기고 건설사에게 시공을 일임하곤 한다. 전문적인 분야는 전문가에게 맡기는 것이 어쩌면 당연한 일이다. 그래야 실수가 없으니까. 집짓기는 전문적인 분야에 속하지만 그렇다고 모든 것을 전문가에게만 맡길 수 없는 독특한 영역에 속한 일이다. 집짓기에 있어서 의존형의 건축주가 되는 것은 웬만하면 피하라고 권면하고 싶다.

모든 것을 맡기면 분쟁의 소지가 없을 것 같다. 하지만 내가 경험한 의존형의 건축주는 그 결과가 대개는 좋지 않았다. 따라서 건축주로서의 역할을 신중하게 생각해 보아야 한다. 의존형 건축주의 경우 일이 진행되는 동안 신경 쓸 일이 많지 않기 때문에 마음이 편할 수는 있다. 모든 것을 전문가에게 맡기고 의존하는 것은 당장은 편할 수 있다. '아무것도 모르는 내가 괜히 나서봐야 일을 그르칠 수도 있다'는 생각을 갖는 것도 충분히 이해가 간다. 하지만 아무리 능력이 있고 경험이 많은 설계자라 할지라도 건축주가 지으려는 집에 대한 생각, 라이프스타일, 추구하는 삶의 가치를 건축주만큼은 잘 알지 못할 것이다. 어쩌면 그런 부분에서는 건축주가 그들보다 더 전문가일 수 있다.

계약서상에서는 갑과 을이 반드시 존재한다. 하지만 일을 진행할 때는 건축주, 설계자, 시공자가 동등한 위치에 있어야 한다. 수직구조가 아니라 수평적인 구조를 가지고 있어야 자유롭고 창의적인 생각이 공유될 수 있다. 어느 누구 하나가 군림하려고 하면 수평적인 구조의 균형이 무너진다. 균형이 무너지면 한쪽으로 쏠릴 수밖에 없다. 마치 두 사람 중 무게가 더 나가는 쪽으로 시소가 쏠리듯 말이다. 의존형 건축주는 스스로 균형을 무너뜨리는 특징을 가지고 있다. 설계나 시공 쪽에 힘을 실어주기 때문에 언뜻 생각하기에는 잘하는 행동처럼 보이기도 한다. 전문가들에게 일을 맡기는 것이 더 현명하다는 생각을 하기도 한다. 틀린 말은 아니다. 하지만 어떤 일을 하던지 지나치면 탈이 나듯 균형이 깨질 정도로 힘을 한쪽으로 실어주다 보면 최종 결과에 대한 책임은 건축주에게 돌아오기 마련이다.

몇 년 전 양평 근교에 목조주택을 설계해 준 건축주는 내가 경험해본 전형적인 의존형의 건축주다. 회사 일로 눈코 뜰 새 없이 바빠서 좀처럼 시간을 내지 못하는 상황이었지만 더 늦기 전에 집짓기를 결심한 것이다. 설계할 때는 겨우 짬을 내서 나름 마음에 들게 설계안이 확정되었다. 문제는 시공이었다. 시공에 대해서는 전혀 알고 있지 못한 데다 현장까지 가서 볼 시간조차 내지 못하는 상황이라 시공사에 모든 것을 맡겼다. 시공하는 동안 현장에 가볼 수 없을 것 같으니 알아서 잘 해달라는 말을 남기고 정말 완성되기 바로 직전까지 한 번을 방문하지 못했다고 한다. 디자인 감리를 내게 의뢰하지 않은 상황에서 설계자가 끼어들 상황도 아니었다. 시공자가 건축주의 의도를 잘 알았다면 더할 나위 없이 좋았겠지만 그것이 어디 말처럼 쉬운 일이겠는가. 건축주는 집 짓는 동안 신경 쓰지 않고 본업에 충실하고 시공사 역시 건축주나 설계자의 잔소리 없이 시공할 수 있으니 이론적으로는 이보다 더 좋을 수는 없다. 서로 간에 만족스런 결과가 나왔다면 문제가 되지 않지만 그 반대의 결과라면 문제가 심각해진다.

성격도 성향도 원하는 것도 좋아하는 것도 싫어하는 것도 가지각색인 건축주들과 설계를 하면서 배운 한 가지 교훈이 있다. 설계를 하는 설계자는 '건축주를 위해서' 일하는 것이 아니라 '건축주와 함께' 일해야 한다는 것이다. 건축주와의 갈등은 건설사와의 관계에서만 일어나지 않는다. 설계자와의 갈등 또한 무시할 수 없을 만큼 빈번하게 일어난다. 갈등이 없는 것처럼 보이는 현장도 있지만 실상은 갈등이 없는 게 아니라 건축주가 모르니까 아무 말 못하는 것일 수도 있다. 이처럼 집짓기를 준비하는 예비건축주들은 자신들이 원하는 것이 무엇인지조차 모르는 경우가 대부분이다. 하지만 그렇다고 손을 놓고 있어서는 절대로 안 된다. 스스로 알아보고 가족들과 더 많이 대화하고 설계자와 건설사에게 궁금한 사항들은 무엇이든지 물어보라. 설계자와 건설사는 집짓기에 관해서는 건축주가 아무것도 모르는 취학 전 아동과 같은 지식만 가지고 있다고 생각하는 것이 바람직하다. 따라서 건축주가 설계, 시공에 있어 궁금해하는 사항에 대해 아주 자세히 설명해 줄 필요가 있다. 그저 바라만 보고 먼발치에서 의심의 눈초리만 보낸다면 신뢰는 쌓이지 않는다. 무엇이든지 그냥 의존하지 말고 깐깐하다는 얘기를 들을 정도로 서로의 영역을 침범하라. 단 조건이 있다. 상대방을 존중하지 않고 인격을 깎아내리는 말과 행동은 금물이다.